CUBA: EXILIO Y CULTURA

MEMORIA DEL CONGRESO DEL MILENIO

COLECCIÓN CUBA Y SUS JUECES

EDICIONES UNIVERSAL, Miami, Florida, 2002

ASOCIACIÓN NACIONAL DE EDUCADORES CUBANO-AMERICANOS

HERENCIA CULTURAL CUBANA

Editor General:
Julio E. Hernández-Miyares

Editores Asociados:
Gastón Fernández-Torriente
y Leonardo Fernández-Marcané

CUBA: EXILIO Y CULTURA

MEMORIA DEL CONGRESO DEL MILENIO

EDICIONES UNIVERSAL

Copyright © 2002 por los autores de los ensayos incluidos

Primera edición, 2002

EDICIONES UNIVERSAL
P.O. Box 450353 (Shenandoah Station)
Miami, FL 33245-0353. USA
Tel: (305) 642-3234 Fax: (305) 642-7978
e-mail: ediciones@ediciones.com
http://www.ediciones.com

Library of Congress Catalog Card No.: 2002102920
I.S.B.N.: 0-89729-983-3

Composición de textos: María Cristina Zarraluqui
Diseño de la cubierta: Luis García Fresquet

Obra en la cubierta: «Naturaleza muerta en piedra»
de Humberto Calzada
© 1999 Humberto Calzada
www.insulaverde.com

Todos los derechos
son reservados. Ninguna parte de
este libro puede ser reproducida o transmitida
en ninguna forma o por ningún medio electrónico o mecánico,
incluyendo fotocopiadoras, grabadoras o sistemas computarizados,
sin el permiso por escrito del autor, excepto en el caso de
breves citas incorporadas en artículos críticos o en
revistas. Para obtener información diríjase a
Ediciones Universal.

Índice

A manera de prólogo   7

Jueves, 7 de octubre
Palabras de apertura de los coordinadores del Congreso: 9
Armando F. Cobelo /9
Eduado Zayas-Bazán /10
Julio E. Hernández-Miyares /11

Viernes, 8 de octubre
Breves palabras de apertura: 13
Alberto S. Bustamante /13

Panel La narrativa   15
Ofelia M. Hudson. *Nostalgia y erotismo en las obras de cuatro jóvenes novelistas cubanas* /15
Leonardo Fernández-Marcané. *Simpatías y diferencias: influencias esclavas en la narrativa hispanoamericana* /30
Ellen Leeder. *Imagen de patria en la narrativa de Hilda Perera y Josefina Leyva* /39

Panel Pedro Pan: su impacto en la cultura del exilio   45
Rev. Bryan Walsh. *Operation Pedro Pan* /45
James Baker. *The Beginning of the Pedro Pan Program in Cuba* /49
Elly Villano-Chovel. *Operación Pedro Pan* /53

Panel Voces del "insilio"   55
Raúl Rivero. *Periodismo por fin, a fin de siglo* /55
Ramón Humberto Colás. *Del ingenio y el esclavo al central azucarero y el obrero actual* /59
José Prats Sariol. *Literatura cubana, 1999* /67
José Hidalgo Gato. *"Conquistas" socio-económicas del experimento comunista en Cuba* /72

Panel Arquitectura, ingeniería y escultura   76
Ysrael A. Seinuk. *Contribución de los ingenieros cubanos en el exilio* /76

Panel Poesía (1959-1980)   89
Rita Geada. *Escribir en el exilio: poesía de los primeros años* /89
Yara González. *El exilio como metáfora histórica* /95
Leonel de la Cuesta. *Las revistas literarias de los exiliados entre 1959 y 1979* /103

Panel Arte y cultura visual   110
Ricardo Pau-Llosa. *Cuba and its Artists: The Perils of Continuity* /110

Presentación de la obra *Exilio*   116
    Cartel de la obra *Exilio* /116
    Matías Montes Huidrobo. *Escribir teatro en el exilio* /117
    Opiniones sobre *Exilio* /121
    Cronología de *Exilio* /123
    Dumé y el Gran Teatro Cubano /124
    Ángel Cuadra. *Teatro en el Congreso: "Cuba: Exilio y Cultura"* /125

Sábado, 9 de octubre
Panel Crítica literaria y de arte y estudios martianos   127
    Eduardo Lolo. *Cuba: exilio y crítica literaria* /127
    Enrique José Varona. *Los pintores cubanos de París* /144

Panel Educación   149
    Elio Alba Buffill. *Los profesores universitarios cubanos del exilio y la preservación de la conciencia nacional* /149

Panel Literatura cubana en inglés   165
    Isabel Álvarez-Borland. *Poéticas híbridas: Gustavo Pérez Firmat y Pablo Medina* /165
    Gustavo Pérez-Firmat. *El sino cubano/americano* /172
    Jorges Febles. *"Para escribir como en español: la trayectoria lingüística de Roberto G. Fernández"* /180

Panel Ciencias sociales y economía   195
    Jorge Salazar y Antonio Jorge. *Economistas cubanos en Cuba y en el exilio* /195

Panel Teatro   199
    Teresa María Rojas. *Prometeo: El programa de drama del Miami Dade Community College* /199
    José A. Escarpanter. *Reflexiones sobre la dramaturgia cubana del exilio* /202
    Raúl de Cárdenas. *Notas sobre el teatro cubano en el exilio* /209
    Pedro Monge Rafuls. *Meditaciones teatrales –y exiliadas– desde adentro* /211

Panel Música   217
Teresa Escandón. *Jorge Bolet: pianista genial* /217
Aurelio de la Vega. *La música cubana de arte en exilio* /222

Panel Poesía (1980-1999)   231
    Luis A. Casas. *Tres poetas trascendentes del exilio cubano* /231
    Luis Mario. *Cuba exiliada en tres voces femeninas* /239
    Gastón Álvaro Santana. *Meditación poética* / 244

Reproducción del programa del Congreso *Cuba: Exilio y Cultura*   246

Tábula gratulatoria   259

A manera de prólogo

Al cumplirse en 1999 cuatro décadas del inicio del éxodo en masa de la nación cubana, resultado de la opresión y falta de libertad en la Isla, los directivos de la **Asociación Nacional de Educadores Cubano-Americanos (NACAE)** y de **Herencia Cultural Cubana**, tomaron el acuerdo de organizar un encuentro cultural en la ciudad de Miami que congregaría a los cubanos expatriados de la diáspora. A tales efectos, se convocó un congreso bajo el título: **CUBA: EXILIO Y CULTURA**, el que se celebró con gran asistencia y rotundo éxito durante los días 7, 8 y 9 de octubre de 1999. De más está decir, que a dicho éxito contribuyó el valioso apoyo moral y económico recibido de un amplio sector de compatriotas y de organizaciones universitarias, culturales, cívicas y profesionales que secundaron la iniciativa y la hicieron posible.

Este laudable propósito tenía como objetivo principal, reafirmar nuestra indeclinable solidaridad con la tradición de libertad, de dignidad y de respeto a los valores éticos que heredamos de nuestros mayores. También, llevar a cabo un recuento e inventario de los logros de la nación cubana del destierro en los diversos campos de la cultura y de las actividades profesionales y académicas durante ese período histórico.

A esta valiosa iniciativa, respondieron positivamente con su participación multitud de destacados profesionales e intelectuales cubanos de todas partes del mundo, incluidos representantes del llamado (in)silio. Todos se dieron cita en aquellos días para la presentación de ponencias y testimonios de valor inapreciable para nuestra historia cultural. Como se planeó, con esta labor se logró fijar, con precisión, el resultado de los esfuerzos de los cubanos expatriados, no sólo en abrirse camino y sobrevivir en un medio a veces hostil y cuando menos indiferente a su dolor de destierro, sino en mantener con un alto nivel de calidad, el fluir cultural de la genuina cubanía, siempre ligada a la lucha por la libertad y contra el totalitarismo.

La diversidad temática de los paneles ofrecidos en el congreso brindó clara evidencia del calibre de las contribuciones de los exiliados a la sociedad en la cual se desempeñan, así como del grado y nivel de dedicación a las labores del pensamiento y del espíritu. Resultó una gran recompensa para la nación en el destierro, el poder contemplar la magnitud de las contribuciones realizadas a la educación, las artes plásticas, la literatura y la música, además de los aportes a las ramas profesionales de la medicina, la arquitectura, la ingeniería, la economía, el periodismo y la tecnología en general.

Con este congreso, sin dudas, se cerraba un ciclo importante de nuestra cultura en el destierro, del cual era necesario tomar conciencia y dejar constancia para el futuro. Por eso ahora procedemos a la publicación de este volumen, que contiene la mayoría de las ponencias y testimonios presentados en el Congreso, y que nos fueron enviadas oportunamente para este propósito.

La publicación de esta Memoria se hace posible gracias, nuevamente, al generoso apoyo de la Junta Directiva de la Asociación Nacional de Educadores Cubano-Americanos (NACAE), del aporte económico de compatriotas exiliados cuya lista aparece en el presente volumen, y de la generosa cooperación de Ediciones Universal, de Juan M. Salvat. Una nota especial de agradecimiento es debida también a Matías y a Yara Montes, así como a Humberto Dumé y su grupo de artistas teatrales, por su generosa contribución a la presentación dramática llevada a cabo durante el Congreso. Idéntica gratitud debemos al conocido artista del pincel, Humberto Calzada, cuyo bello dibujo engalana la portada de este libro.

Confiamos que el contenido de este volumen resulte un testimonio legítimo del pensamiento presente de la nación cubana del destierro y permanezca como prueba indeclinable del tesonero esfuerzo de un pueblo en su lucha por la libertad y por el mantenimiento de su más genuina tradición cultural.

Julio E. Hernández-Miyares
Editor General

Gastón Fernández-Torriente
Leonardo Fernández-Marcané
Editores Asociados

Jueves, 7 de octubre

Palabras de apertura
de los coordinadores del Congreso

Dr. Armando F. Cobelo
Presidente
Herencia Cultural Cubana / Cuban National Heritage

A nombre de Herencia Cultural Cubana les doy la bienvenida a este evento, que al igual que los anteriores constituye un hecho cultural e histórico, aunando en este programa importantes temas que constituyen grandes aportes del exilio cubano.

Los ponentes traen un considerable número de información de acuerdo con la profesión que practican, lo que permitirá evaluar la contribución cubana en los Estados Unidos y podríamos decir mundialmente.

Es sorprendente lo que ha significado en años anteriores el aporte de los asistentes durante las intervenciones de preguntas, en dichos momentos, se logran aclaraciones y se ahonda en informaciones; les exhorto a preguntar y volver a preguntar para aclarar conceptos.

A todos muchas gracias por su presencia.

Eduardo Zayas-Bazán
Presidente
Junta Directiva, NACAE

Queridos amigos,

En nombre de la Asociación Nacional de Educadores Cubano-Americanos, me da un gran placer darles la bienvenida al Congreso Cuba: Exilio y Cultura, en el que honramos la labor del exilio cubano durante estas últimas cuatro décadas. Para nosotros ha sido una experiencia muy agradable y fructífera trabajar con Herencia Cultural Cubana para llevar este importante proyecto a feliz fruición.

Hemos contado con un comité organizador con gran capacidad de trabajo y con coordinadores nacionales y locales que llevan meses dedicados a este ambicioso y necesario congreso en el que se hará un recuento de los logros profesionales del exilio durante estos últimos 40 años.

Los invito a asistir a las sesiones programadas para el viernes y el sábado en el Miami Dadeland Marriott. En estas sesiones habrá ponencias sobre tópicos tan variados como el periodismo, los medios de comunicación, la literatura, la arquitectura, la educación, la historiografía, la música, el teatro, las ciencias sociales y la economía. No dejen de visitar la exhibición de libros de escritores cubanos exiliados, una fehaciente prueba de la laboriosidad de nuestro exilio, y particularmente los insto a acudir al almuerzo-banquete en el que será el orador nuestro queridísimo Luis Aguilar León, y en él recibirá el premio de Educador del Año el Dr. Antonio Jorge.

Termino agradeciéndole a Bacardí-Martini USA, en nombre de NACAE, esta generosa recepción de bienvenida, acto social que ha abierto de una manera exquisita este Congreso.

Julio E. Hernández-Miyares
Coordinador Nacional del Congreso
The City University of New York / Kingsborough College

En esta velada memorable con motivo de la apertura oficial de este Congreso, en el que durante los próximos días se examinarán las contribuciones culturales y profesionales de la nación cubana del destierro, no es difícil percibir las vibraciones de los sentimientos de emoción, aislamiento y lejanía que nos embargan, al meditar sobre la larga extensión de este expatriamiento de 4 décadas, y los sufrimientos, tanto de los exiliados, como de gran parte del pueblo cubano, aún sometido al asfixiante totalitarismo de la isla.

Han sido años difíciles, de sacrificios, ajuste, adaptación y lucha, en un medio, las más de las veces, hostil e indiferente y cuando menos, frío y sordo a nuestra lucha por la libertad en la isla y por el respeto de los derechos humanos en aquella pobre patria nuestra. No, no ha sido fácil este batallar muchas veces sin eco, que nos hace sentir cada vez más solos en este andar de la historia del final del siglo y del milenio.

Por eso, este Congreso que hemos titulado, CUBA: EXILIO y CULTURA, no lleva este nombre por mera coincidencia, sino como testimonio indicativo de una tradición ya fijada desde el siglo XIX en la nacionalidad cubana, la de destierro y expatriación, como símbolos de una indeclinable vocación de lucha por la libertad, y de rechazo a todo sistema que la suprima, además del deber insoslayable de propender al continuo desarrollo de la cultura cubana, dondequiera que estemos radicados y, desde luego, apegada siempre a los valores éticos que heredamos de nuestro mayores.

Bien conocemos los abrojos del camino y sabemos que cada uno de nosotros, probablemente, lleve la marca o huella de alguna herida o de alguna desilusión, cosas muy propias para los que vivimos en constante lucha contra el desarraigo, la incomprensión y la indiferencia. Pero sabemos también por experiencia, que los enemigos mayores con que contamos son nuestro propio egoísmo y complacencia, pues ambos pueden llevarnos a la aceptación de un sentimiento interno de descuido, de cansancio y abandono de nuestra lucha, muy cercano al sentimiento de derrota. Y lo que es peor, al debilitamiento de nuestras más intimas convicciones. Y así es como perdemos el foco de nuestra condición de exilados, pues al bajar la guardia podemos confundirnos y olvidar la verdadera razón de nuestro destierro.

Por eso, este Congreso, esperamos que sea un reencuentro de muchas voluntades con similares objetivos, uno de ellos el de reafirmarnos en nuestra indeclinable posición de lucha por la libertad, que no acepta compromisos de clase alguna y, además, el de brindar digno testimonio a la disidencia interna en Cuba, a ese llamado (in)silio, que se va abriendo con coraje y audaz determinación dentro de la propia isla, y que necesita cada día más del apoyo más sólido y del ejemplo más digno de la nación cubana del destierro.

En estos años de expatriación, los cubanos, en las distintas ramas del saber y del quehacer cotidiano, hemos ido poblando nuestra terrible soledad con los mayores esfuerzos individuales y colectivos de superación. Así, se han ido labrando las páginas, muchas de ellas heroicas, de esta batalla tanto por la supervivencia propia como la de nuestra genuina cultura y nacionalidad. Por eso hoy, reunidos en torno a un grupo representativo de los baluartes más destacados de nuestra cultura del exilio que nos honran con su presencia, se abre este Congreso, el que aspiramos que gracias a los fecundos trabajos que se presentarán, sea exponente legítimo de nuestro pensamiento presente y permanezca como testimonio documental para el devenir victorioso de la patria libre

Viernes, 8 de octubre

Breves palabras de apertura

Alberto S. Bustamante, M.D.
Presidente Junta Directiva
Herencia Cultural Cubana / Cuban National Heritage

Señoras y Señores Compatriotas:

Bienvenidos a este simposio. Es un orgullo estar entre ustedes.

La mayoría de los aquí presentes han escrito páginas de heroísmo, han sublimado sus valores con el sacrificio, han mantenido la fe con sus libros y sus artículos, han sido un faro de luz con sus enseñanzas y ejemplo en estos largos años de lucha. El exilio histórico como lo llama el Profesor Sánchez-Boudy, creo ha estado a la altura de las circunstancias y será evidente en el simposio sobre los logros en estos cuarenta años. Quiero compartir brevemente con ustedes nuestra experiencia en Herencia Cubana, el lenguaje común de entendimiento de la cultura y las raíces en la unidad de nuestro pueblo y lo que yo estimo básico en un enfoque futuro de Cuba.

Habiendo vivido intensamente el saqueo del Patrimonio Cubano, surgió la necesidad de una organización que denunciara antel el mundo esta tragedia. Viviendo día a día la destrucción de nuestra identidad, aumentó la ansiedad de buscar soluciones para salvar esa identidad y el orgullo en nuestros valores culturales. De ahí surge la idea en el 1993 de Herencia Cubana (Cuban National Heritage.)

En estos cuarenta años se ha producido una interrupción en la evolución del proceso cultural y en su continuidad los organismos internacionales de preservación mantienen como principio la necesidad de una continuidad entre el pasado y el futuro. Esa continuidad ha sido sistemáticamente falseada y eliminada por el regimen Castrista. En el año 1993, cuando estaba en proceso de formación nuestra organización, el Profesor Moreno Fraginals declaró en una conferencia en Miami, que la identidad nacional cubana iba desapareciendo en Cuba, que el exilio la había mantenido viva y que los de dentro de Cuba confiaban en que esa identidad la lleváramos de vuelta a Cuba. Eso nos lo manifiestan en un plano personal las personas envueltas en la cultura y el patrimonio dentro de Cuba con los que tenemos contacto. Mas de una vez nos han dicho. ¡No nos abandonen! En tonos bien emocionantes, por cierto. El callejón sin salida en que se encuentra el pueblo cubano se manifiesta en la desesperación de los Balseros, la visión de un futuro sin esperanza de los niños, que al preguntarle sobre sus aspiraciones cuando sean adultos, la mayoría declara que quieren ser turistas. No creo que haya nada mas devastador para un sistema que la observación y el juicio de esa juventud sin esperanza.

Traigo el tema a ustedes, educadores y formadores de las futuras generaciones, de la inminente necesidad de un enfoque optimista a esa juventud, de inspirarle un orgullo en sus raíces cubanas, una ilusión en la belleza de su naturaleza, sus ciudades, sus playas y prepararnos para la dura tarea de la vuelta a Cuba, a la reconstrucción con libertad, a la democracia, a un futuro feliz y que el amor a Cuba y a nuestros hermanos se imponga sobre el odio a Castro y su sistema.

Muchas Gracias.

PANEL: La narrativa
Moderador: *José de Armas*

Ofelia Martín Hudson
Miami Dade Community College

Nostalgia y erotismo en las obras de cuatro jóvenes novelistas cubanas

En este ensayo voy a analizar las obras más recientes de cuatro jóvenes escritoras nacidas en Cuba: Zoé Valdés, que nació en 1959, Daína Chaviano, en 1957, Yanitzia Canetti, en 1967 y Marcia Morgado, en 1951. Si bien Marcia tenía 8 años al triunfo de la llamada Revolución en 1959, Zoé nació ese mismo año, Daína tenía dos años y Yanitzia no nació hasta 8 años después de tomar el poder el régimen actual.

Las tres últimas autoras: Zoé, Daína y Yanitzia se formaron en la Cuba castrista y llegaron al exilio ya adultas. Zoé vive en París, Daína en Miami y Yanitzia en Boston. Marcia Morgado, que hace pocos años se mudó a Barcelona, llegó a Miami siendo aún una niña de 11 años y terminó de crecer en esa ciudad de Los Estados Unidos. Las obras de las cuatro novelistas reflejan su formación y sus experiencias vividas dentro y fuera de la isla, aunque analizadas con la óptica crítica que les ha concedido su distanciamiento espacial y temporal del país que las vio nacer.

Como dijo Zoé Valdés durante su presentación en la sesión de clausura de La Feria Internacional del Libro de Miami en 1997, "Nadie le puede quitar la patria a nadie . . . [estar fuera de Cuba] me permitió tener una visión más amplia. Allí nadie tiene una visión de nada . . . [sin embargo], el desgarramiento del exilio le permite a uno tener una visión propia.[1]

De Zoé, comentaré pasajes de su novela *Café Nostalgia* así como de su libro de cuentos *Traficantes de belleza*, ambos publicados en España por la editorial Planeta en 1997 y 1998 respectivamente. De Daína Chaviano hablaré de su novela premiada *El hombre, la hembra y el hambre* y de su última novela *Casa de juegos*, ambas publicadas también por Planeta en 1998 y 1999 respectivamente. De Yanitzia Canetti analizaré segmentos de su novela *Al otro lado*, publicada por la editorial española Seix Barral

---

[1] Citada por Rui Ferreira en El Nuevo Herald y The Miami Herald, Miami, 24 de noviembre, 1997, p.1B.

en 1997, y de Marcia Morgado comentaré pasajes de su novela *69: Memorias eróticas de una cubanoamericana*, publicada también en España por la editorial Casiopea en 1998.

Como se verá en el transcurso de mi presentación, todas las autoras revelan su visión crítica de la situación imperante en Cuba, de los cubanos de dentro y fuera de la isla y de los extranjeros que se aprovechan de las circunstancias. Esa visión crítica aparece dentro de narrativas cargadas de nostalgia y de un erotismo directo y sin tapujos, muy de moda entre las generaciones más jóvenes, pero que aún deja a muchos lectores de más edad con la boca abierta diciendo, "¿Cómo se atreve *una mujer* a escribir así?"

A ellos quiero recordarles que, desde hace muchos años, famosísimos y galardonados escritores de sexo masculino de España y América como Camilo José Cela, Gabriel García Márquez, Mario Vargas Llosa, Carlos Fuentes y Guillermo Cabrera Infante, entre otros, han usado el erotismo más descarnado en sus obras y pocos se han escandalizado por ello.

Hay que recordar además, que la revolución sexual que comenzó en los años sesenta y maduró en los setenta fue un fenómeno global y que el movimiento feminista derivado de esa revolución les hizo creer a las mujeres más jóvenes, como lo son estas escritoras, que tenían tanto derecho a expresarse y a ser tomadas en serio como cualquier escritor de sexo masculino.

Pero una cosa es lo que pensemos las mujeres y otra es lo que ocurre en la realidad. En una entrevista para el periódico *El País* de Madrid el pasado 25 de mayo, la conocida escritora feminista Erica Jong comenta que "parece que hay una gran libertad sexual, pero no la hay . . . la libertad sexual en la mujer es una contradicción. Cuando busca esa libertad, se le aplica un juicio muy duro . . . sólo sé que seguimos siendo algo secundario, el segundo sexo.[2]

Por otra parte, tanto los señores escritores antes mencionados como estas jóvenes escritoras cubanas no escriben pornografía per se, sino que usan el erotismo junto con otros elementos narrativos para presentar o adornar una realidad o irrealidad difícil de explicar por sus características casi increíbles o surrealistas.

Esto último es aún más patente en el caso de nuestras escritoras ya que en la Cuba esclavizada el erotismo parece ser una manera más, y para algunos tal vez la única forma, de rebelarse. Como dice la propia Daína Chaviano por boca de uno de sus personajes en su más reciente novela *Casa de juegos*.

---

[2] Entrevista con M. José Díaz Tuesta, "La Cultura", El País, Madrid, 25 de mayo de 1999, p.45.

> No hay erotismo sin audacia y no hay poder sin soberbia. A los tiranos les encanta controlar hasta los orgasmos de sus súbditos; pero no por puritanismo, sino porque no soportan que nada escape a su control. Por eso la cama es el único sitio donde los preceptos de las dictaduras son burlados a ultranza. Piensa un poco y te darás cuenta de la relación.[3]

Si pensamos un poco, nos daremos cuenta de que el erotismo en estas obras se usa como herramienta para presentar la monstruosa transformación de la isla y sus habitantes por un sistema diabólico. Además, el erotismo, como dice la Chaviano, es uno de los pocos medios que tiene el cubano de escapar de su aplastante realidad.

No creo que sea casualidad que críticas cubanas que viven fuera de Cuba sin exiliarse ni distanciarse del sistema castrista, se hayan mostrado escandalizadas con el erotismo de estas autoras. Por otro lado, esas mismas personas no hacen críticas del sistema y, mucho menos, comentarios acerca del absoluto y contundente testimonio que estas jóvenes novelistas presentan de la pornografía que Cuba representa hoy día con su corrupción física y espiritual a manos de su tirano y proxeneta máximo, Fidel Castro.

Pero pasemos ahora a nuestras jóvenes autoras y sus obras. *Café Nostalgia* de Zoé Valdés nos anuncia desde su mismo título la añoranza de la isla ausente pero siempre presente en el recuerdo. Además, notemos que la primera palabra de ese título, "café", nos lleva a evocar un sabor y un aroma estimulantes y sensuales. Esta será la tónica del resto del libro.

En la primera página del primer capítulo titulado "Olfato, Desasosiego," la protagonista se encuentra en París asistiendo a un *vernissage* de un escultor colombiano. Allí, mientras ella observa una escultura de tema marino, un desconocido le pregunta su nombre.

La joven comenta que la vista de la escultura la ayudó a que "recuperara mi *cicatriz* de nacimiento, la identidad." Obsérvese como, desde el principio, la autora relaciona su identidad cubana con una palabra que evoca algo doloroso: una cicatriz. Y continúa explicando con sensual exhuberancia poética tropical como el fenómeno ocurre al tener:

> El olor del mar como referencia: letargo perfumado a guayaba, brisa sosegada debajo de la nariz como cuando sube la espuma del mamey en el vaso de cristal de la batidora eléctrica, eco sudado del mango acabado de transformarse en una deliciosa tajada, candor del guarapo exprimido de la caña, jaibas saltarinas en el

---

[3] *Casa de juegos*, Barcelona: Editorial Planeta, S.A., 1999, p.45
De ahora en adelante, las citas de este libro se harán dentro del texto.

interior de las redes del pescador, uvas caletas vaciadas dentro de una jícara, café hirviente en la arena y a mis tobillos vendrían en busca de refugio cientos de alocados peces... ¡Ah, ya recuerdo!, exclamé retando a las neuronas; las tres letras de esta palabra son las mismas que las tres primeras de mi nombre, MAR... Me llamo Maricela...[4]

Todo, desde el nombre marino-celestial de la protagonista hasta sus sensuales palabras, todo, evoca y provoca los sentidos, incluso la sugerentemente erótica idea de que cientos de alocados peces vendrían en busca de refugio entre sus piernas.

Y así vemos que el segundo capítulo se titula "El Gusto, Peligro", el tercero "El Oído, Olvido", el cuarto "El Tacto, Duda", el quinto "La Vista, Armonía", y el sexto y último capítulo "A mi único deseo". En este capítulo final, se unen todos los sentidos en una orgiástica, macabra y antropófaga cena entre la protagonista y su amante que ésta dedica al fallecido escritor cubano Virgilio Piñera, creador de un cuento de tema parecido.

Finalmente, Maricela y su amante, inician, más apresurados que discretos, un proceso de recomposición: "sólo que en lugar de recuperar mi corazón me apodero del suyo; él hace lo mismo con el mío... Ya no distinguimos más si él soy yo, si yo soy él." (p.359)

Y, en eso, suena el contestador automático. Es un amigo, que llama desde Miami y les deja un detallado mensaje en el que les cuenta como casi todos sus amigos se han exiliado, incluyéndolos a ellos que están en Europa, y añade:

> Dondequiera que estemos no debemos dejar que nos venza el dolor, mucho menos el odio. No podemos permitir que el odio nos gane la partida, Marcela y Samuel, no podemos. Odio que tengan aquéllos, los responsables de toda la mierda que vivimos y a la que hemos sido condenados... Cuando me baja el gorrión voy para la calle Ocho y me embuto de papas rellenas bien grasientas... En fin, insisto en lo del amor. ¡La juventud fue un sueño cabrón! Dejémonos de boberías... Pienso cerrar la librería y abrir un sitio de encuentro, donde la añoranza no constituya la flagelación permanente para reivindicar la alegría... Le pondré Café Nostalgia... (p. 360-361)

---

[4] *Café Nostalgia*, Barcelona: Editorial Planeta, S.A., 1997, p.9-10.
De ahora en adelante, las citas de este libro se harán dentro del texto.

Aparte del tema de la añoranza, mezclada con el amor fraternal a los compatriotas, lo sensual y lo erótico, el libro va descubriendo poco a poco los horrores del sistema de odios que encierra el régimen existente en la isla. Un ejemplo es cuando narra un mitin de repudio que injustamente le hacen los vecinos a la protagonista cuando sus padres parten para Estados Unidos:

> El sábado... el mitin de repudio cayó sobre mí. Yo, que era una esperanza del ajedrez cubano, de hecho estaba internada en una escuela para promesas. Ningún vecino tuvo en cuenta ese detalle; a esa hora fui para todos aquellos que me habían visto crecer, plana y llanamente, la hija de unos vendidos al imperio y, por consiguiente, yo era una apestada también... (p. 15-16)

En otro pasaje, la protagonista se queja de cómo la falta de libertad deja una huella indeleble en aquel que la sufre: "Cuando te han quitado la capacidad de elegir, cuando has probado el amargo trago de no ser libre, nunca más podrás saborear la libertad sin que te destroce los labios la mordida de la memoria." (p.20)

El tema de la salida de la isla por cualquier medio, y en especial casándose con un turista sin amor, ilustra otra forma de esa carencia de libertad y así Marcela cuenta como,

> Conocí no por casualidad a un turista... yo esperaba la guagua... se ofreció a llevarme... contaba casi setenta años y yo diecinueve... nos casamos porque yo necesitaba largarme y reencontrar a mis padres y porque él se sentía viejo y abandonado... (p. 26-27)

Poco a poco, Zoé Valdés va mostrando en esta novela las injusticias, desaciertos y horrores del sistema imperante en Cuba que ha llevado a sus habitantes, incluso a ella, a escaparse a pesar de su amor por su país, sus recuerdos y la nostalgia. El testimonio de la autora es devastador para el régimen, de aquí que los lacayos del mismo traten de desmeritarla con la excusa del erotismo que no critican en otros.

En el otro libro de Valdés, *Traficantes de belleza*, el primer cuento repite el tema de la adolescente con el hombre mayor que puede darle algo. En este caso se trata de un funcionario del gobierno, de un "privilegiado".

> Contaba dieciocho años y era... la querindanga de un funcionario de cincuenta y nueve. El titimaníaco (viejo con poder, cazador de titis, es decir, pollitos, niñas, pedófilo en resumen) alquiló un

cuarto con televisor ruso a color, prometió un vídeo a su regreso de un viaje al extranjero, y fue a buscarla en Lada a la escuela...[5]

Y más adelante la autora añade el tema de la inseguridad que tienen todos en la isla, incluso los funcionarios cuando la narradora y protagonista, Beatriz, comenta como su amiga "La Polaca" le había dicho que ese tipo de relación ya no se usaba porque,

> El día de mañana [esos funcionarios] metían la mano, digo, robaban, se embarcaban en un lío político y adiós viajecitos. ¡De cabeza al plan pijama! . . . ahora, lo último de los muñequitos era *lavar para la calle,* [lo cual] significaba casarse con un extranjero. (p. 12)

Este tema del turismo sexual, que hace que los extranjeros se aprovechen de la miseria general, es uno de los que más ofenden a los cubanos. Zoé Valdés se venga haciendo que su protagonista se burle de ellos al hacer un detallado recuento de sus debilidades de acuerdo con su nacionalidad. En él, aparecen las ridiculeces de los franceses, los alemanes, los ingleses, los norteamericanos, los canadienses y, finalmente, de los latinoamericanos y españoles. De estos últimos dice que,

> Los latinoamericanos metían tremendas muelas sobre la deuda externa, . . . las posibles revoluciones venideras. . . la corrupción de los presidentes respectivos. . . [el] hambre y la miseria, sin querer ver el hambre y la miseria cubanos. El Tercer Mundo se les transforma. . . cuando les revientan los ojos detrás de un culo de negrita pandillera. Don primitivo que comparten con los gallegos [léase españoles], pues mientras éstos descargan sus complejos de conquistadores esclavistas pagando con espejitos y baratijas, los primeros [los latinoamericanos] no se han liberado de sus ambiciosos sueños de capataces, negreros, en fin. . . (p.13-14)

Y así, un día Beatriz cuenta que decidió "probar ser como ella [La Polaca], una putica culta, sana y barata, tal como las publicitaba el Comandante en sus discursos." (p. 26) Como se ve, Valdés acusa directamente al dictador Castro de la desmoralización general del país por boca de su protagonista. El siguiente episodio ilustra aún más descarnadamente la humillación al ser humano que resulta del sexo sin amor, motivado por la

---

[5] *Traficantes de belleza,* Barcelona: Editorial Planeta, S.A., 1998, p. 11
De ahora en adelante, las citas de este libro se harán dentro del texto.

satisfacción de las necesidades más básicas, como la alimentación. En él la narradora cuenta cómo, a pesar de todo, la protagonista seguía unida al viejo sátiro y que un mediodía,

> en plena histeria sadomaso de descojonar el cuerpo de Beatriz con pellizcos, mordidas, nalgadas, puñetazos, galletazos (así se vengaba de la vejez), el viejo rogó en un susurro algo tan desconcertante: que Beatriz le introdujera el dedo en el culo y lo llamara puta. –¿Cómo, qué, perdón?– inquirió ella sin entender – Que me metas el dedo y me digas puta. Beatriz lo lanzó de dos patadas en el estómago pellejúo, con los pies unidos, contra el espejo del escaparate. (p. 29)

Al leer este pasaje se ve claro cómo la autora utiliza lo erótico para apoyar su crítica política y no como pornografía barata, que es lo que precisamente está tratando de combatir.

Daína Chaviano, con un estilo diferente del de Zoé Valdés, también critica magistralmente las lacras del sistema. Su obra *El hombre, la hembra y el hambre* es una novela donde se alternan el presente y varios tiempos pasados en la vida de una mujer, así como el recuento de las experiencias de dos amigos con sus ex-amantes respectivas sin saber que se trata de la misma mujer, protagonista de la obra, a quien uno de ellos conoce como Claudia y el otro, como La Mora.

De la venta del patrimonio nacional por parte del régimen y la incomprensión de los problemas cubanos por parte de los extranjeros que visitan la isla nos dice Claudia:

> Esta isla se vende. Ni siquiera se subasta: se vende al por mayor. No sólo su mano de obra, sino también su alma; cada creencia, cada versículo, cada canto de sus religiones, cada pincelada de quienes la dibujaron durante siglos. Y ahí están esos que vienen con toda su cultura a cuestas, pero que siguen sin entender nada. Oyen la jerigonza de ese estafador con la misma ingenuidad con que aceptan todo lo que leen sobre esta isla. . . no hay Dios ni cristiano que entienda que carajos pasa aquí. . . los cubanos somos los marcianos de la tierra, y sólo un extraterrestre puede entender lo que le pasa a otro.[6]

---

[6] *El hombre, la hembra y el hambre*, Barcelona: Editorial Planeta, S.A., 1998, p.23. De ahora en adelante, las citas de este libro se harán dentro del texto.

La referencia al estafador, aunque tiene que ver directamente con un falso santero, se le puede aplicar muy bien al dictador Castro. En otro pasaje, la protagonista, una culta joven universitaria, se entera de que el gobierno también está traficando con los cuadros del museo de arte y se queja diciendo,

> no puedo quedarme con los brazos cruzados mientras venden mi isla a retazos . . . Esto es peor que 'la fiebre del oro' que ocurrió en mi época de estudiante, cuando abrieron aquellas casas de cambio y la gente entregaba sus dientes de oro, sus vajillas . . . las joyas familiares . . . porque era tanta la miseria que . . . nada importaba más que sobrevivir. Parecía el regreso de la colonia. . . porque allí cambiaban oro por baratijas como hacían los españoles con los indios... (p.24)

En cuanto al terrible asunto de la prostitución, comenta la protagonista que las cubanas son, de hecho, geishas. "En eso nos hemos convertido las cubanas: en las geishas del hemisferio occidental" (p.42)

Además, mientras el régimen opresor que desgobierna la isla se las da de revolucionario, benéfico y civilizado, ella observa que todo es una farsa porque, como casi todos allí, carece de velas, fósforos o combustible para el farol y tiene que vivir a oscuras por la noche. Esta reflexión la lleva a concluir que:

> Decididamente era mejor cuando los seres humanos vivían en cuevas. Nadie te obligaba a votar en unas elecciones que, de cualquier modo, ya estaban decididas de antemano; ni te coaccionaban con amenazas si no lo hacías porque había que mantener altas las estadísticas de participación; ni había que ir a las reuniones del comité y aplaudir, aunque uno no tuviera ganas. . . quizás se sonaran algún que otro mazaso, pero seguramente no había tanto miedo ni traumas." (p.51-52)

En referencia al perenne problema del hambre, la autora nos dice por boca del personaje:

> Pero ¿qué ocurre cuando hay hambre de todo y a todas horas? . . . Yo he vivido ese mal de hambres. . . La más evidente es el hambre física . . . es la más común, pero no la más dolorosa. Es peor el hambre espiritual, sobre todo cuando uno empieza a preguntarse cómo es posible soñar . . . Esa hambre de afecto es una pasión, un instinto . . . Yo he preferido escribir: escribo lo que me falta . . . lo que he soñado tener, y eso me purifica . . . Le di de comer a mi

fantasía, y con ella destruí héroes, desvestí dioses, idealicé amantes
. . . usé mi imaginación para mis orgías espirituales y con ellas
finalmente me conocí . . . es el mejor afrodisíaco. Y con ella hasta el
hambre se convierte en perpetuo orgasmo. (p.54-55)

Y si bien en *El hombre, la hembra y el hambre* aparece lo erótico como un elemento más, ése es precisamente el tema central de *Casa de juegos* su última novela, que fue publicada este año, pero que se terminó de escribir en 1996. Es más, la cita anterior bien pudiera ser un resumen de esa obra porque en ella la autora verdaderamente destruye héroes, desviste dioses, idealiza amantes, usa su imaginación para sus orgías espirituales y finalmente se conoce.

En la novela se presenta la historia de una joven hambrienta de amor que luego de una aventura amorosa con un pintor, que fallece pronto, se ha quedado frígida. Para curarse, se deja llevar por los consejos de una amiga versada en santería. Esta le aconseja que vea a una santera amiga suya para que la ayude a liberarse de su afición al difunto a fin de poder disfrutar de nuevo el amor.

La protagonista le hace caso a la amiga y se convierte en juguete de sus propias pasiones a manos de un tal Eri y de su hermana Oshún. Eri resulta luego ser el orisha médico por excelencia, Erinle, identificado con el Arcángel San Rafael en el panteón católico, y la orisha Oshún, con la Virgen de la Caridad. Guiada por ellos, la chica visita repetidas veces una vieja y aparentemente abandonada mansión de la Habana poblada de güijes (duendes) y otros orishas (dioses) de la religión yoruba.

Allí su hambre se convierte en perpetuo orgasmo y las descripciones eróticas de sus encuentros orgiásticos cubren todas las gamas del saber sexual, aún de los más pervertidos tabúes, descritos con detallada exactitud. Ahora bien, la autora ha escogido cuidadosamente el lenguaje usado en esos pasajes y en ningún momento alude a los vocablos populares para designar el acto ni los órganos sexuales.

Además, es importante aclarar que, así y todo, al leer la novela nunca se sabe a ciencia cierta si la protagonista vive situaciones reales, imaginarias o paranormales, porque ella comprueba que el tiempo no transcurre mientras ella está en esa casa. Es más, todo lo que ocurre aparece envuelto en una atmósfera fantasmagórica e irreal.

Por otra parte, si recordamos la cita que hice de *Casa de juegos* al comienzo de esta ponencia, donde se habla de que en un régimen tiránico la cama es el único sitio donde los preceptos de las dictaduras son burlados a ultranza, comprenderemos que lo sexual en esta novela es otra forma de escaparse y burlarse de esa tiranía estatal.

Además, Daína Chaviano no deja de criticar acervamente en esta obra las lacras del sistema bajo el cual habita la protagonista. Una de sus preocupaciones constantes es la doble moral en la que viven los habitantes de Cuba y aquí lo erótico también sirve para ilustrar en qué consiste esa doble moral.

> La hipocresía iba ganando terreno por doquier. La doble moral. Las máscaras. Sospechó que el fenómeno no era reciente, pero ella había tardado años luz en percibirlo. ¿Dónde estuvo metida? mientras jugaba a los novios, sus amigos se habían convertido en los actores más excelsos del planeta... Comprendió que de nada valdría su resistencia aislada... Además, estaba cansada de oponerse a una fuerza que siempre terminaba por vencerla. La imagen de la sombría mansión brotó en su mente... Aquella casa se parecía a su país: a esa isla onírica y engañosa, seductora y fraudulenta, embustera y libertina. Sólo que para notarlo había que vivir allí, habitar sus noches y sus días, fornicar con su miseria y sus encantos, no pasearse con el aire ausente de un turista llegado de otro mundo. Por doquier florecía una condición tortuosa que impedía saber dónde terminaba el delirio de la psiquis y dónde empezaban los absurdos de una sociedad que nadie quería, pero cuya destrucción nadie parecía dispuesto a enfrentar, una sociedad capaz de engañar al resto del mundo, pues incluso a sus propios ciudadanos les resultaba difícil descifrar los atroces mecanismos de su funcionamiento." (p."112-113)

La autora termina *Casa de juegos* con una reiteración de ese mismo estado de cosas arriba citado y se muestra totalmente desesperanzada:

> En su país tales eran las reglas del juego: ocultar, mentir, simular... Por eso no había nada que hacer. Lo mejor sería fingir y seguirle la corriente a toda esa locura. Después de todo, Cuba era también una inmensa casa de juegos donde no valía la pena preguntar, porque nunca obtendría la verdadera respuesta. (p.192)

Tal vez esta novela sea una respuesta a los que se preguntan ¿por qué los cubanos de dentro de la isla no se rebelan más? ¿por qué no hay más valientes disidentes? La autora menciona en la obra cómo su creencia a los orishas o dioses africanos les permitió a los esclavos escaparse espiritualmente y sobrevivir los siglos de esclavitud, ya que los pocos que se rebelaban eran prontamente castigados y no conseguían nada con su sacrificio. Parece ser que el estado de opresión que existe hoy día en Cuba es tal, que pocos son los que están dispuestos a convertirse en mártires y por eso se refugian en las religiones, la doble moral o el sexo.

Otra novelista que utiliza lo erótico para escapar de la realidad es la joven Yanitzia Canetti. Al comienzo de su novela *Al otro lado* la protagonista admite su falta de conciencia del pecado, o sea su falta de sentimiento de culpabilidad hacia las consecuencias de sus acciones: "No me siento culpable, pero todo parece indicar que eso es lo peor: no tengo conciencia del crimen." (p.10) La anterior declaración sirve para explicar el hecho de que en la novela alternan bellas descripciones arquitectónicas, a lo Alejo Carpentier, de una estupenda iglesia gótica de La Habana vieja, con las finamente escritas pero eróticas confesiones de una aparentemente ingenua feligresa a un joven y apuesto sacerdote llamado Johnathan del que se ha enamorado. El sacerdote, sorprendentemente, la escucha siempre con gran paciencia sin que nunca llegue a saberse exactamente su reacción física o espiritual a tan detallado y ¿por qué no decirlo? descarado erotismo en boca de una aparentemente inocente muchachita que sabe más que Eva, Cleopatra, Herodías o Salomé juntas y pretende seducirlo.

En fin, que se trata de una novela escapista donde Yanitzia Canetti, al igual que Daína Chaviano, le da de comer a su fantasía y con ella destruye héroes, desviste dioses, idealiza amantes y usa su imaginación para sus orgías espirituales a fin de conocerse. Así y todo, en los comienzos de la novela hay una velada crítica al sistema imperante en Cuba cuando cuenta:

> Vivo a finales de siglo en una isla bien poblada y condenada por algún pecado en su otrora encarnación. Somos el pueblo elegido por Dios para competir con el infierno. Ni Dante pudo jamás imaginar tan prolífera sarta de diabluras que abundan en esta isla diminuta del Caribe. Dicen que es por la lluvia torrencial y porque los huracanes nos adiestran en transgredir los límites de lo posible. Yo pienso que es porque tenemos dentro ríos de sangre tirando en todas direcciones... Yo, ¿dónde estás, eh? ¿dónde te has metido? Anda, sal... y dime quién eres.[7]

Pero nótese que al final de este comentario vuelve a surgir el tema de la necesidad de encontrarse uno mismo dentro del caos general del país. De aquí que la protagonista siga empeñada en su búsqueda personal de identidad al preguntarle a su propio yo dónde está y quién es.

El final de la novela es consecuente con lo presentado en el resto de la misma. Los últimos comentarios de la protagonista así lo evidencian:

---

[7] *Al otro lado*, Barcelona: Editorial Seix Barral, S.A., 1997, p. 10. De ahora en adelante, las citas de este libro se harán dentro del texto.

Mi vida es un signo grande de interrogación. Somos todos unos signos grandes de interrogación que vamos, pregunta a pregunta, por el planeta. Por eso yo me perdono de lo que me pueda condenar. Me perdono de todo lo que me acusé y me acusaron alguna vez. Yo me perdono de carecer de culpa . . . Yo existo sólo como prolongación de una vida que comenzó hace miles de millones de años pero cuya misión secreta tengo que completar en Vida y no Más Allá ni Más Acá . . . Al otro lado [título de la novela], estoy yo simplemente. Al otro lado vuelvo a estar yo infinitamente. Voy a esperarte allí, Johnathan. Tenemos que hacer el amor porque lo hemos deseado mucho. . . En el nombre de mi corta existencia, de mi larga muerte y en mi propio nombre desconocido. Amén. (p.251)

Esta novela, tan bellamente descriptiva y finamente erótica (ya que no cae en la vulgaridad), toca un tema prohibido, el intento de seducción de un sacerdote. La protagonista se confiesa amoral, pero de la culpabilidad del sacerdote nunca sabemos nada, sólo lo que imagina su enamorada, ya que el sexo entre los dos nunca ocurre en la novela, a pesar de que la protagonista todavía tiene esperanzas de que se lleve a cabo "al otro lado".

Igual que las novelas anteriores, *Al otro lado* es posiblemente una obra catártica por medio de la cual la autora haya intentado liberarse de las ataduras, prohibiciones y tabúes que condicionaron su vida bajo la tiranía. Recordemos el ya citado comentario de Daína Chaviano en *Casa de Juegos* donde dice que a veces el sexo "es el único sitio donde los preceptos de las dictaduras son burlados a ultranza."

Marcia Morgado, la cubana formada en Cuba y Estados Unidos, pues salió de la isla a los once años, le ha dado un nombre erótico y escandaloso a su novela 69: Memorias eróticas de una cubanoamericana. A diferencia de Canetti, la autora sí parece saber quién es y qué busca en este planeta donde habita.

Al principio del libro Marcia sitúa una cita de otra novelista, la feminista Susan Sontag: "Se puede ser serio respecto a lo frívolo, y frívolo respecto a lo serio..." y esa parece ser la tónica adoptada por la escritora para su novela. Ésta comienza con la protagonista, Fisselle Fernández, hablando con nostalgia de su salida definitiva de La Habana.

La vi por última vez el 2 de septiembre de 1962. Me refiero a La Habana. . . Ciudad donde nací. Allí aprendí a hablar. A caminar. Y a disfrutar del mamey. . . planta de fruto ovoide, de pulpa roja, dulce y muy suave. . . "Mameyazo" en cubano significa golpe. La

> nuestra es una historia llena de mamellazos. Por esa inclinación a estos continuos 'frutazos', mis padres decidieron que debíamos irnos . . . Salí sola de chiripa. En un avión lleno de refugiados. Muchos de nosotros, niños que formamos parte de lo que se denominaba la Operación Pedro Pan . . . Yo, Wendy tropical, sobrevolé el País de Nunca Jamás. Para nunca volver. Atrás quedaba una isla encantada: la memoria de mi niñez. Todavía escucho el romper de las olas en las playas de esa infancia. Pero la mía no es tan romántica. . . obligada a crecer. . . fui despertando con el precipitado transcurrir de los días...[8]

Como se ve, aunque salió siendo una niña, Marcia ya guardaba suficientes recuerdos como para llevar dentro de sí la eterna cicatriz de la nostalgia de que hablaba Zoé Valdés.

A través de la novela alternan cinco capítulos titulados "Itinerarios," con cinco titulados "Masturbaciones," con diez de "Definiciones," junto con otros capítulos regulares que van trazando anécdotas que tienen lugar en la ciudad de Miami y en particular en la zona de la Pequeña Habana donde habita Fisselle.

En el capítulo titulado "Versailles" nos dice la protagonista, "cualquier cosa puede desatar el deseo de pasear por La Pequeña Habana; esa otra Habana donde me hice mujer. Ciudad de cartón piedra. Caricatura de una Cuba inexistente." (p.13) Y de nuevo la nostalgia surge con su descripción del famoso restaurante, que le da nombre al capítulo, mezclada con el elemento erótico siempre presente en el libro:

> Preparaban el mejor café con leche de la ciudad. El 'lonchero' me complacía tostándome el pan por los cuatro costados, como hacía mi abuelita en Cuba . . . Las croquetas, cilindros confeccionados con una sabrosísima y espesa bechamel . . . tenían la textura de un falo antes de su erección plena, o sea *'zarazo'*. Término que en Cuba se relaciona más con la *'mazorca'* masculina que con el fruto del maíz. (p. 14)

La tónica del libro es la nostalgia que lo permea todo y la imagen de Cuba siempre está ahí, hasta en las citas eróticas, junto con la imagen de Miami y su Pequeña Habana. Asimismo, a veces el lector siente que se le hace un nudo en la garganta con la tristeza y, acto seguido, tiene que soltar

---

[8] *69: Memorias eróticas de una cubanoamericana*, Barcelona: Editorial Casiopea, 1998, p.11.
De ahora en adelante, las citas de este libro se harán dentro del texto.

una carcajada con una nueva alusión erótico-jocosa, porque casi todo lo que escribe Marcia está imbuido del característico humor criollo.

La autora se burla de todo y de todos, pero a su vez muestra ternura por sus raíces y su lugar de origen, así como por su patria adoptiva, a pesar de subrayar sus defectos. Lo erótico a veces es escatológico, irreverente y hasta tabú, aunque siempre hay una nota de humor o de ternura que lo suaviza.

Dije antes que la autora se burlaba de todos y de todo y debo añadir que a veces su burla es durísima, particularmente en su presentación de personajes que se parecen mucho a personas reales que ella y yo conocemos bien, y a quienes ustedes tal vez conozcan.

El penúltimo capítulo aparece como si se tratara de un artículo crítico, cuyo autor se desconoce, de esta novela supuestamente escrita por Fisselle Fernández, la protagonista, y que aparece en una publicación titulada *Sexito* o *Séxito*, porque al estar en mayúsculas el título, no se le pone acento ortográfico aunque lleve el prosódico. (Recordemos que en Miami había un periódico semanal llamado *Éxito*, sin la *S*).

El capítulo, que es divertidísimo, se titula "Erotismo o Pornografía: Novela caliente calienta a Miami", y en él la autora parece adelantarse burlonamente al posible escándalo que su novela pudiera provocar entre los beatos locales, poniéndoles el parche antes de que salga el grano.

El último capítulo, que aparece como una carta publicada en la sección de "Correo del Lector" de *Sexito*, merece ser leído en parte.

Amada y deseada Fissie:

> Dudé mantener silencio o escribirte mi reacción (erección) a tu novela... Te dejé pero nunca te olvidé... Has retratado ese Miami nuestro con tanta realidad que he revivido aquellos meses... Me anima pensar que no te hayas inspirado en otro, cantando 'La Bayamesa', como conmigo. Recordarte desnuda, parada en atención, entonando con ese estilo tuyo desafinado y excitante, me erótica... [etc., etc., ... y termina] Yo sigo tuyo en lo erótico. ¿Y tú, qué? (p.166)

Desde el principio hasta el final, el libro mezcla a Miami con Cuba, a la cicatriz de la nostalgia con el erotismo y también con el contagioso humor dulce-amargo del cubano, como ocurre en la cita anterior.

Con esta novela Marcia Morgado ha exorcisado sus propios demonios, al igual que en las suyas lo han hecho Zoé, Daína y Yanitzia. Esta tal vez sea la única forma que ellas han hallado como individuos de poder sobrevivir a la catástrofe nacional. Por otra parte, el valioso testimonio contenido en estas obras hace que la denuncia que encierran, acerca de un período atroz en un régimen perverso, sea un arma imperecedera y contundente contra la injusticia imperante en este mundo, de ahí su universalidad.

Digo universalidad, porque situaciones similares también han existido, aunque con diferente ropaje, en otros sitios y en otros tiempos. La famosa escritora española Ana María Matute cuenta, en una entrevista para el periódico ABC de Madrid en julio de 1996, que su experiencia como niña durante la guerra civil y la dictadura de la posguerra influyó en su necesidad de escribir y la marcó para siempre:

> La escritura para mí, fue siempre una necesidad vital: así en cierto modo, anulaba los traumas de mi infancia... Más tarde me daría cuenta de que, a través de mi obra, tenía la obligación de expresar una cierta protesta del mundo, escribir es siempre protestar de algo...[9]

Al igual que Ana María Matute, las jóvenes autoras que nos ocupan han dejado constancia en sus novelas del horror vivido que dejó en sus almas cicatrices hondas y permanentes. También han expresado en ellas su necesidad de protestar del mundo imperfecto en el que les ha tocado vivir, tal vez, con la esperanza de ser escuchadas. ¿Las escuchará alguien, o todo será en vano?

---

[9] Entrevista con Juan Manuel Prada, *ABC Literario*, Madrid, 5 de julio de 1996, p.16-19.

Leonardo Fernández-Marcané
Emérito, State University of New York

Simpatías y diferencias: influencias esclavas en la narrativa hispanoamericana

Las fuentes de inspiración que pueden dar lugar a una obra literaria son variadas y disímiles. Los contenidos temáticos que establecen los cimientos en la labor creadora se trasladan al texto voluntaria o involuntariamente por parte del autor. Así, los orígenes de los episodios y de los hechos narrados se encuentran en ocasiones en la realidad exterior que circunda al escritor, o a veces en la realidad interior de su pensamiento y sus vivencias. Son buscadas las fuentes con frecuencia en los libros, mientras que lo episódico es en otros casos, producto de la tradición y de la fantasía pujante del novelista.

Múltiples son los vehículos de la transmutación literaria. La observación directa de los fenómenos ambientales, la memoria, con la que se refresca un acontecimiento archivado en la mente, la introspección y la reminiscencia, donde se sopesa y pondera una posición, una postura. Asimismo, se relatan otras veces hechos documentales previos y de transmisión oral, escrita o efectuada a través de los modernos medios de difusión. Por último, aparece relatado un episodio en obras diferentes, debido a la imitación, la glosa, la paráfrasis, o la reelaboración.[1] Al hacer un cotejo entre dos novelas hispanoamericanas, *María*, del colombiano Jorge Isaacs y *El reino de este mundo*, del cubano Alejo Carpentier, encontramos un episodio accidental en la primera narración y esencial en la segunda por su elevada importancia en toda la obra, que presenta un personaje y una situación, marginales en la novela del Cauca y trascendentales en *El reino*, pero de notable semejanza en ambas creaciones. Si aplicáramos a los hechos el llamado "metodo contrastivo" del profesor Seymour Menton, podríamos posiblemente acercarlos y examinarlos cabalmente. Como afirma Menton: "En la enseñanza de la literatura, una de las preguntas más frecuentes de los alumnos es ¿cuál es la fórmula para evaluar una obra literaria? La pregunta es tan difícil, que casi todos los profesores nos ingeniamos por evitar la respuesta directa. En realidad, no hay respuesta directa que pueda aplicarse a todos los casos. Sin embargo, cuando se trata de dos obras parecidas, surge la comparación casi de un modo inevitable.

---

[1] Raúl H. Castagnino, *El análisis literario*, 5a. ed. (Buenos Aires: Ed. Nova, 1967), p. 221.

Cuanto más esas dos obras se asemejan una a otra, tanto más interesante y válido es el metodo contrastivo".[2]

Y es precisamente con este vaivén comparativo que nos trasladamos a uno y otro relato para hacer hincapié en circunstancias parecidas del incidente que estudiaremos. Claro está, es de todos conocido que las dos novelas distan mucho de relacionarse en el tiempo o en el espacio, pero sí existen sucesos de su temática que vienen a tocarse fugazmente, pudiendo suponer una fuente narrativa. Ambas crónicas laboran en su asunto con una de las lacras sociales y humanas más abominables: la esclavitud. Como bien ha apuntado la profesora Hortensia Ruíz del Viso en sus indagaciones sobre la poesía negra del Caribe: "La esclavitud es sin lugar a dudas, uno de los espectáculos más denigrantes por los que ha pasado la humanidad. Y uno de los más atentatorios contra todos los principios de la vida civilizada. Comportó aniquilar al ser humano en su individualidad y someterlo por tanto, a los más horribles sufrimientos físicos, además de los morales. Pero, como toda institución humana, recibió las características especiales que dimanan de los hombres que estuvieron en contacto con ella. Por eso fue una cosa en Estados Unidos: crueldad sin límites; el negro reducido a la categoría de las bestias; doctrinas justificativas del sistema esclavista basadas en los textos bíblicos y en la catalogación del negro como un ser no humano. Por eso fue otra cosa en las colonias españolas del Nuevo Mundo. En efecto, los españoles estaban desde luengos años acostumbrados al trato con los negros. Y con hombres de piel oscura. España vio a éstos, a los hombres de piel oscura, levantar una civilización, un imperio árabe, que ha sido de los frutos más importantes que en el terreno cultural ha tenido la humanidad".[3]

Nos brinda esta desgracia de ignominia social, tal vez más llevadera en las colonias hispanas que en las francesas, inglesas y holandesas, o en la propia Norteamérica, (aunque siempre detestable), como se observa en la narración de Carpentier, el instante de enlace que va a ocupar nuestro esfuerzo. Incidentalmente, recomendamos que los que puedan poner en duda los atropellos y crímenes que supuso esta execrable servidumbre, miren un vídeo de la película "Amistad", sobre un asunto verídico de desafortunados cautivos negros que trataron de huir al África, tras haberse amotinado en un barco esclavista. Pleiteado el sonado caso ante la Suprema Corte de los Estados Unidos, entre otros por el ex-presidente y jurista John Quincy Adams, que fungía como defensor de los negros, y que había redactado el tratado abolicionista con Inglaterra y la famosísima

---

[2] Seymour Menton, "El método contrastivo", *Hispania*, 55 (March 1972), p. 28.

[3] Hortensia Ruíz del Viso, *Poesía negra del Caribe y otras áreas* (Miami, Fla.: Ediciones Universal, 1972), p. 7.

Doctrina de Monroe, hombre de gran cultura clásica y jurídica, ya viejo y enfermo, pero enemigo acérrimo de la esclavitud, sacó triunfantes a estos parias, encarcelados y a punto de ser devueltos a España para caer de nuevo bajo el ignominioso yugo o para ser asesinados por sus captores. Este filme, que no tuvo la esperada acogida por el gran público, debido a los horrores que describe y a los prejuicios de muchos, debía ser exposición obligada en todos los centros culturales norteamericanos, ya que enfoca un tema esencial en la vida de los seres humanos: el supremo ideal de la libertad, que a todos nos concierne, y que nos acompaña desde la cuna hasta el sepulcro. Además, debemos recordar que los esclavos, no han sido siempre los africanos negros, y que los orígenes de esta oprobiosa mácula se pierden en la noche de los tiempos.[4] Esta causa célebre en los anales jurídicos de la Suprema Corte de los Estados Unidos, fue resuelta por la esclarecida sentencia del también notable Juez Joseph Story, eminente erudito y jurisconsulto, que apoyado en los eternos principios del Derecho Natural, liberó a dichos esclavos, considerando que en este caso, "tenían derecho a la igualdad ante la ley y a un tratamiento igualitario en los tribunales norteamericanos".[5] Sin normas positivas aplicables al punto controvertido, prevalecieron los principios generales del derecho, la equidad y el bien común. En casos semejantes, "es menester, no que mitigue la clemencia, sino que impere la justicia".[6] Y afortunadamente, así fue en este polémico enfrentamiento entre la maldad y el derecho verdadero y justo.

Se ha dicho que la novela romántica sentimental, del corte de *María*, incorpora al relato tanto al indio y al negro, como a los hombres más humildes del pueblo, buscando así la expresión criolla e indígena. También se ha afirmado, que con un sentido humanitario asume este tipo de novela la defensa del débil, del oprimido, de los indígenas y de los afroamericanos, protestando contra las fuerzas antidemocráticas y contra los encomenderos y esclavistas. Que posee un "sentido de exposición y crítica de la realidad política y social, y cierta tendencia moralizante que a

---

[4] Vide Howard Jones, *Mutiny on the Amistad* (New York: Oxford University Press, 1987), pp. 12-13, 81-83, 175-182, 183-184, 191-195, 197-199, 203-205, 212-216, 250-253. Ver también: Kermit L Hall, *United States Supreme Court Decisions* (New York: Oxford Univ. Press, 1999) pp. 10-13; y del mismo autor-editor, *The Supreme Court of the United States* (New York: Oxford Univ. Press, 1992), pp. 791-798, 841-844.

[5] Howard Jones, Ibid. , pp. 191, 176-190. Para una estimativa profunda de las Leyes de Piratería y el Tratado de 1795, alegados en este caso, ver un medular trabajo de mi ilustre padre, el Dr. Luis Fernández- Marcané, "Los pródromos del Virginius", Boletín del Archivo Nacional de Cuba, XXXII (enero-diciembre 1933), pp. 17-32.

[6] Luis Fernández-Marcané, *La visión grandiosa de Vicuña Mackenna* (La Habana, Cuba: Cultural, S.A., 1943), p. 54.

veces resta valores estéticos, por la prédica demasiado evidente. La preocupación social está a veces opacada por cierta tendencia a destacar lo bueno y agradable, a idealizar. Esta extremada idealización, tiende a la deformación de la realidad".[7]

Otros autores pretenden desvirtuar los anteriores asertos con opuestas opiniones. Asi, Susana Zanetti: "Ni afán didáctico ni crítica social encontramos en María; la muerte como sino fatal, es la que quiebra el amor dichoso. Ubicada sólo geográficamente, sin indicaciones históricas o cronológicas –salvo las ofrecidas por las correspondencias autobiográficas, la novela de Isaacs permanece cerrada a las luchas civiles y a los conflictos sociales; es más, las gentes del valle actúan como imagen ideal de la felicidad de los enamorados. La sensatez y el cariño provocan alejamientos transitorios, preanuncios de lo definitivo, aceptados por los protagonistas sin enfrentamientos. El problema de la esclavitud aparece de soslayo, y únicamente en la historia de Nay –alejada del tiempo y del espacio del amado valle– se muestra con toda su crueldad. Precisamente con este cuento largo insertado en su novela –que juega como contrapunto del amor desdichado de Efraín y María– sigue Isaacs el exotismo de Chateaubriand y Saint-Pierre".[8]

Bien puede ser válida esta ultima afirmación, aunque en los versos que recitan con el fúnebre himno mortuorio los negros esclavos:

"En oscuro calabozo/ Cuya reja al sol ocultan/ Negros y altos murallones/ Que las prisiones circundan./ En que sólo las cadenas/ Que arrastro el silencio turban/ De esta soledad eterna/ Donde ni el viento se escucha/ ... Muero sin ver tus montañas,/ ¡Oh patria! Donde mi cuna/ Se meció bajo los bosques/ Que no cubrirán mi tumba"[9] se entona, romántica pero terminantemente, una decisiva reprobación al sistema esclavista y a sus atrocidades. En esta condenación, participan no sólo los negros sometidos, sino también los protagonistas, que llorando se identifican en forma sentimental con ellos.

Fuera de las páginas que forman este cuento añadido a la novela y sumándose a la crítica contra la esclavitud por el tratamiento que los personajes dan a los subyugados, está el episodio comparado en el presente trabajo. Efraín, el protagonista, amado de María, cuyo padre según nota el joven, "sin dejar de ser amo, daba un trato cariñoso a sus esclavos, se mostraba celoso por la buena conducta de sus esposas y acariciaba a los

---

[7] O. Gómez-Gil, *Historia crítica de la literatura hispanoamericana* (New York: Holt, Reinhart & Winston, 1968), pp. 317-318.

[8] Susana Zanetti, *Jorge Isaacs* (Buenos Aires: Centro Editor de América Latina, 1967), pp. 31-32.

[9] Jorge Isaacs, *María*, 9a. ed. (Buenos Aires: Editorial Sopena, 1966), p. 168.

niños",[10] se interesa por la suerte de uno de los parias, sirviente del enérgico y a ratos brutal Egmidio. No era aquél uno de los "esclavos bien vestidos y contentos hasta donde es posible estarlo en la servidumbre";[11] (nótese aquí la censura a la institución), sino que es descrito con tintes amargos por el propio Efraín en su diálogo con el ya mencionado Egmidio:
"–¿Qué hacías?, le pregunté después de nuestros saludos.

–Como hoy es día de matanza y mi padre madrugó a irse a los potreros, estaba yo racionando a los negros, lo cual es una friega; pero ya estoy desocupado. Mi madre tiene mucho deseo de verte; voy a avisarle que estás aquí. ¡Quién sabe si lograremos que las muchachas salgan, porque se han vuelto más cerreras cada día! ¡Choto! –gritó; y a poco *se presentó un negrito medio desnudo, pasas monas y un brazo seco y lleno de cicatrices.* –Lleva a la canoa ese caballo y límpiame el potro alazán. Y volviéndose a mí después de haberse fijado en mi cabalgadura, añadió: –*¡Carrizo con el retinto!* –¿Cómo se averió así el brazo ese muchacho? Pregunté. –Metiendo caña al trapiche; *¡son tan brutos éstos! No sirve ya sino para cuidar los caballo*".[12]

De esta manera conoce Efraín del accidente que le costó un brazo al joven negro esclavo; hecho que había ocurrido cuando el siervo, trabajando en un trapiche de caña, es mutilado en un descuido por las ruedas del molino que le trituran dicha extremidad. El infeliz servidor, ha sido dedicado en adelante, por su condición de inválido, inservible para trabajos rudos, a vigilar los caballos o el ganado. El protagonista de María se interesa por la lesión del negro manco, evidenciándose así, si no una crítica directa al cautiverio, sí una censura indirecta a esta clase de degradación humana en que las personas equivalen a cosas, o peor, a bestias de labranza. El incidente literario se conoce aquí, no por presencia, pues solamente tiene el lector delante de sí al personaje Choto, sino por referencia, contado por Egmidio ante la interrogación de Efraín. No hace uso Jorge Isaacs del episodio cruento y terrible de la mutilación, para producir un efecto conmovedor y atacar la esclavitud, debido a las razones idealizadoras de la época y al modo de narrar en la novela romántico-sentimental; características que han sido ya examinadas en las líneas que explican este tipo de relato, y que preceden arriba al suceso en cuestión. Observamos que Isaacs no le saca partido a las escenas de sufrimiento y de dolor del ilota herido, y mantiene esta anécdota como un toque de pincelada marginal en

---

[10] *María*, p. 13.

[11] Ibid.

[12] *María*, p. 48. (Itálicas nuestras).

la obra. Tampoco eran aquéllos, los tiempos del naturalismo ni del tremendismo.

Alejo Carpentier, por su parte, aprovecha hasta la saciedad el trauma lastimero sufrido por su personaje, otro triste negro esclavo, pero de importancia capital en su novela, Mackandal, uno de los caracteres principales de *El reino de este mundo*.[13] Pero es que el afrancesado y materialista Carpentier, escritor de otra era y de otras ambiciones no del todo románticas, no desperdicia nada (si es que, como sugerimos, se apoyó en esta anécdota para su episodio); se afirma en otras bases y recorre diferentes caminos. El antiguo periodista de la revista *Carteles*, es mucho más sensacionalista: "Lo real maravilloso (tal como lo define Carpentier en el prólogo de este relato), al obedecer a una auténtica necesidad expresiva, esta íntimamente ligado al meollo de la trama y, por consiguiente, entra a formar parte de la caracterización del protagonista".[14] Su realismo mágico, según aduce certeramente Fernando Alegría, "no encierra una idealización de índole romántica: su realismo vive de una constatación de hechos históricos que se tornan leyendas en la imaginación de un pueblo y actúan, luego, como mitos desde una subconciencia colectiva".[15]

Y en palabras del propio Alejo: "El surrealismo sí significó mucho para mí. Me enseñó a ver texturas, aspectos de la vida americana que no había advertido, envueltos como estábamos en una ola de nativismo traída por Güiraldes, Gallegos y José Eustasio Rivera. Comprendí que detrás de este nativismo había algo más, lo que llamo los contextos: contexto telúrico y contexto épico-político: el que halle la relación entre ambos, escribirá la novela americana".[16] Alejado del criterio romántico propio de épocas pretéritas (aunque, como observamos, había leído las novelas de esos tiempos pasados), y de sus rémoras temático-narrativas, Carpentier resucita episodios marginales, accidentales, sin vida; esos aspectos de la existencia americana que no había advertido, volcándolos en sus crónicas ya plenamente elaborados con una fuerza y un vigor que no poseyeron anteriormente. Se nutre de la savia de la América mágica, que tiempo atrás había inspirado de distinta manera a los románticos, como bien apuntara el maestro Pedro Henríquez Ureña: "La descripción de la naturaleza (ame-

---

[13] Para un estudio acucioso de A. Carpentier, consúltese: José Sánchez-Boudy, *La temática novelística de Alejo Carpentier* (Miami: Ediciones Universal, 1970).

[14] Pedro M. Barreda Tomás,""Alejo Carpentier: dos visiones del negro, dos conceptos de la novela", *Hispania*, 55 No. 1, p. 41.

[15] Fernando Alegría, *Historia de la novela hispanoamericana* (México: Ed. Porrúa, 1965), p. 278.

[16] Alejo Carpentier, "Confesiones sencillas de un escritor barroco", *Cuba*, 3 (abril de 1964), p. 32.

ricana), que comenzó con los neoclásicos, fue ahora para nuestros románticos un deber que había de cumplirse religiosamente. Era un dogma que nuestros paisajes sobrepasaban a todos los demás en belleza. Nuestros poetas y escritores intentaron, y prácticamente llegaron a realizarla, una conquista literaria de la naturaleza en cada uno de sus aspectos: nuestras interminables cordilleras, las altas mesetas de claros perfiles, el aire transparente y la luz suave, selvas tropicales, desiertos, llanuras como mares, ríos como mares, y el mismo mar resonante".[17]

El novelista cubano supera todos estos aspectos, moldeándolos en maravillosas metamorfosis: "Para Alejo Carpentier toda la historia de América es una crónica de lo real-maravilloso que él explica como producto de una 'inesperada alteración de la realidad (el milagro), de una revelación privilegiada de la realidad, de una iluminación inhabitual o singularmente favorecedora de las inadvertidas riquezas de la realidad', percibidas con particular intensidad en virtud de una exaltación del espíritu que lo conduce a un modo de 'estado límite'".[18] Aprovecha el cubano la secundaria anécdota de María, tal vez perdida en su subconsciente, como se expusiera al principio de este trabajo al hablar del traslado a lo literario de un tema episódico, y la utiliza cabalmente en los capítulos segundo y tercero de su narración, titulados en forma sugestiva: *La Poda* (aludiendo a la mutilación, que como injerto milagroso fortalece y marca el nuevo destino del negro Mackandal, trágico para los amos tiránicos de Haití); y *Lo que hallaba la mano*, mágica lucubración de consecuencias irreparables en la novela, que inicia la mortal contienda entre oprimidos y opresores, y les proporciona a aquéllos el arma sutil con la cual descalabran y arruinan el largamente establecido poder esclavista: la identificación de hongos y plantas venenosas, que luego serán mortíferas en esta lucha, cuando les sean administradas subrepticiamente a hombres y animales. Veamos el episodio en cuestión en *El reino*, paralelo al de la novela de Isaacs, pero principalísimo aquí, y desarrollado en su presencia hasta sus máximas posibilidades dramáticas: "Ti Noel se había sentado sobre una batea volcada, dejando que el caballo viejo hiciera girar el trapiche a un paso que el hábito hacia absolutamente regular. Mackandal agarraba las cañas por haces, metiendo las cabezas, a empellones, entre los cilindros de hierro ... El caballo, vencido de manos, cayó sobre las rodillas. Se oyó un aullido tan desgarrador y largo, que voló sobre las haciendas vecinas, alborotando los palomares. Agarrada por los cilindros, que habían girado de pronto con

---

[17] Pedro Henríquez Ureña, *Las corrientes literarias en la América Hispánica* (México: F.C.E., 1949), pp. 133-134.

[18] Alejo Carpentier, *El reino de este mundo* (Santiago de Chile: 1967), p. 12.

inesperada rapidez, la mano izquierda de Mackandal se había ido con las cañas, arrastrando el brazo hasta el hombro. En la paila del guarapo se ensanchaba un ojo de sangre. Asiendo un cuchillo, Ti Noel cortó las correas que sujetaban el caballo al mástil del trapiche. Los esclavos de la tenería invadieron el molino, corriendo detrás del amo. También llegaban los trabajadores del bucán y del secadero de cacao. Ahora, Mackandal tiraba de su brazo triturado, haciendo girar los cilindros en sentido contrario. Con su mano derecha trataba de mover un codo, una muñeca, que habían dejado de obedecerle. Atontada la mirada, no parecía comprender lo que le había ocurrido. Comenzaron a apretarle un torniquete de cuerdas en la axila, para contener la hemorragia. El amo ordenó que se trajera la piedra de amolar, para dar filo al machete que se utilizaría en la amputación".[19] Con esta desagradable descripción, casi tremendista, narra Carpentier el doloroso momento.

Ciertos detalles, son muy semejantes en principio en ambas narraciones, aunque su presentación sea muy diferente: 1) La mutilación la sufre un joven negro esclavo, aunque en el caso de *El reino*, el joven aprendiz que la presencia es Ti Noel, secuaz de Mackandal. 2) El negro trabajaba en un trapiche de caña y es allí donde se produce el accidente. 3) El molino les detroza un brazo a los dos cautivos. 4) La acción del suceso es la misma, cuando los esclavos introducían la caña en el trapiche. 5) Aunque el accidente de Mackandal parece más un caso fortuito o de fuerza mayor, producido por la caída imprevista del caballo que mueve los cilindros, el hecho se produce en un momento casi de descuido, de evasión hacia las lejanas ciudades de Guinea en el recuerdo de Mackandal y en la imaginación de Ti Noel. Es decir, en un instante de falta de vigilancia comparable al del negro de *María*, que es llamado "bruto" por Egmidio, debido al desgraciado hecho, como si el percance hubiera ocurrido por negligencia inexcusable, torpeza o también, descuido del afectado. 6) La forma cruel e inhumana con que se califica el incidente de la mutilación, o el tratamiento que lo rodea. En la novela colombiana, el patrón se refiere a él de manera insesible, casual, como un hecho sin importancia que ni siquiera lo ha impresionado; aún más, con impasible dureza y ausencia de sentimientos, censura la aparente "estupidez", el abandono mostrado por el negro en el infortunado hecho. Esta crueldad aumenta dramáticamente en *El Reino*, al ordenar el amo inclemente, dar filo al machete para amputar el brazo de Mackandal, sin mayores miramientos. 7) Los dos esclavos "inservibles" desde entonces, son ocupados en cuidar el ganado y los caballos: "Inútil para trabajos mayores, Mackandal fue destinado a guardar

---

[19] A. Carpentier, *El reino de este mundo* (Barcelona: Seix Barral, 1969), pp. 15, 16-17.

el ganado. Sacaba la vacada de los establos antes del alba, llevándola hacia la montaña, en cuyos flancos de sombra crecía un pasto espeso que guardaba el rocío hasta bien entrada la mañana... Con el pretexto de bañar los caballos, Ti Noel solía alejarse de la hacienda de Lenormand de Mézy durante largas horas para reunirse con el manco. Ambos se encaminaban entonces hacia el lindero del valle...".[20] Carpentier se vale de esta vía para iniciar los preparativos de la demoledora guerra sin cuartel, que marcaría el fin de la supremacía europea en Haití, pues en este capítulo III, *Lo que hallaba la mano*, comienza la conspiración entre los esclavos, ayudados por el veneno y la magia, por el vudú y la brujería, convertidos en: "el último medio de defensa contra una opresión carente de toda ley; igualmente sin leyes, obró contra el dominio extranjero donde éste arrojaba a las masas a la desesperación... Toda hechicería es hechicería de palabra, es conjuración y encantamiento, bendición y maldición".[21] Y así, con frases de conjuro, fórmulas prodigiosas y obras de aniquilamiento, vencieron los incultos cautivos al orgulloso amo blanco de Francia.

Bien valdría la pena profundizar aún más en la comparación de episodios literarios como éste, buscando fuentes, motivaciones, estímulos que condujeron a los autores a captar y desarrollar incidentes, adjetivos en ciertas obras, tornándolos sustantivos y principales en otras: "existen factores que el escritor recogió de diversos fundamentos y convirtió en acción, en tema; pero sucede que hay otros eventos que se filtran en la creación sin la anuencia explícita del relator. Cosas que éste quizás ni vio ni pensó en un momento dado, en aquella particular instancia en la que trazaba su hechura".[22] Por ahora, sólo señalamos este interesante paralelismo entre dos momentos de la esclavitud en la novelística hispanoamericana, que a nuestro juicio, por la objetividad que esto supone, puede ser de incalculable provecho en los estudios comparados dentro de un mismo campo literario.

---

[20] Carpentier, Ibid. , pp. 19-20.

[21] Janheinz Jahn, *Muntu: las culturas neoafricanas* (México: F.C.E., 1963), p. 182.

[22] Leonardo Fernández-Marcané, "Tres novelas de la revolución cubana", *Diez años de revolución cubana* (San Juan, P.R.: Ed. San Juan, 1970) p. 111. Para conocer ciertos pormenores en la obra de Carpentier, véase: Emir Rodríguez Monegal, "Alejo Carpentier: lo real y lo maravilloso en *El reino de este mundo*", *R. I.*, 37 (1971), pp. 619-649; y L. M. Quesada, "Desarrollo evolutivo del elemento negro en tres de las primeras narraciones de A. Carpentier", *M.L.A.*, Bibl., II, 1973, 1 (F 41), pp. 217-223, y también la anteriormente citada obra del Dr. José Sánchez-Boudy, que profundiza mucho en este asunto.

Ellen Lismore Leeder
Barry University

Imagen de patria en la narrativa de Hilda Perera y Josefina Leyva

Después de largos años de exilio los escritores cubanos contemporáneos por medio de su producción, bien sea novela, poesía, género dramático o ensayo han ido dejando plena constancia de la problemática cubana.

Dos escritoras cubanas de actualidad, con diferente estilo y sensibilidad han expuesto claramente el desarrollo histórico de la Cuba de postrimerías del siglo XIX hasta nuestros tiempos. Dichas escritoras, Hilda Perera y Josefina Leyva, por medio de sus narraciones, han dejado constancia de la realidad cubana que abarca las épocas precastristas hasta los momentos actuales. Por medio de bellísimas novelas donde palpitan los sentimientos de personajes que viven y sufren las épocas esenciales del drama cubano, han desarrollado su obra narrativa recorriendo momentos claves en la historia del país caribeño.

Hilda Perera, galardonada autora de libros infantiles, novelas cortas para adolescentes, obras de la revolución, del presidio político y del exilio cubano, escribe de temas humanos de gran contenido emocional y elabora relatos con plena riqueza imaginativa. Josefina Leyva, fina escritora de talento y percepción, muestra hondas procupaciones sociopolíticas en sus novelas destacando fondos históricos documentales que sirven de soporte estructural a los episodios de ficción que surgen en sus obras.

Sin contar con *Plantado* (1981), documento dramático de los presos políticos cubanos, Hilda Perera escribió tres novelas que recorren diferentes etapas del acontecer del país. Si comenzamos con *Los Robledal* (1987), continuamos con *El sitio de nadie* (1972) y terminamos con *Felices Pascuas* (1977), descubrimos momentos críticos de la historia de Cuba. Recientemente, Josefina Leyva publicó *Los balseros de la libertad* (1992), *El aullido de las muchedumbres* (1993) y *Operación Pedro Pan, el éxodo de los niños cubanos* (1993) donde expone sucesos críticos de la tragedia cubana girando alrededor de la revolución castrista y sus trágicas consecuencias. Por lo tanto, ambas escritoras reflejan los momentos trascendentales del acontecer cubano desde fines del siglo diecinueve hasta los finales del veinte.

En *Los Robledal*, una de las más recientes novelas publicadas por Hilda Perera, vemos que la trama central se desarrolla en el contexto del fondo ambiental cubano de fines del diecinueve y culmina en el año 1933. Esa época de guerra y de formación republicana sirve de base histórico-colectiva al relato y se mezcla al plano humano-individual manifestado principalmente por la protagonista María Francisca Robledal. Muchas de las situaciones en la novela son de gran interés debido a la riqueza de elementos costumbristas y al afán de la autora por comunicar la nostalgia de su patria, pero es de mayor trascendencia el universalismo expresado por la angustia existencial que podemos descubrir en algunos personajes femeninos en *Los Robledal*. Desde las primeras páginas se refleja este aspecto en la personalidad férrea de María Francisca, mujer dinámica, heroica y decidida a todo para salvar obstáculos al parecer infranqueables. Toma las riendas del hogar y se señala mentora y dirigente de la familia Robledal al ocupar el puesto del padre quien está incapacitado para hacerle frente al momento de crisis y desorientación durante la Guerra de Independencia en los campos de Cuba:

"¡Suban todos! ¡Vamos! Pongan dos botijas de leche. Y viandas. Lo que haya. ¡Y mantas! ¡Avísenle a Julián! ¡Julián! ¡Julián! ¿Dónde está Julián? ¿De quién era la voz que salía de sí misma? ¿De quién? Los niños iban detrás, el padre, al lado suyo: una curva de abatimiento. Lo que no olvidaría nunca, por mil vidas que viviera, era el olor de la caña quemada que huele a huida, a carencia de hogar, a noche sola, a niñez quebrada en tajo, a mujer que surge y queda para siempre, eje"[1]. *El sitio de nadie*, desarrollada en el contexto histórico cubano de comienzos del régimen castrista, durante los años sesenta del siglo veinte, descubre las vivencias de un grupo de individuos que reacciona de maneras diferentes ante un clima de tensión que provoca hondos conflictos sicológicos. La manera en que cada personaje le hace frente a las múltiples situaciones críticas vitales conmueve por su verdad humana. A causa del estado de intranquilidad política en el país, Teresa, la figura femenina central de la novela, atraviesa momentos de gran dificultad debido a la incertidumbre por el camino a tomar: perder su identidad y valía o doblegarse a un régimen de oprobio: "¿Me adapto, callo, me rebelo, muero, huyo llevándome? ¿Será que hay que quedarse solo gritando y gritando en soledad y disintiendo y dudando y sangrando de por vida y aún de por muerte...?"[2] Teresa está sumida en una profunda incertidumbre y a su vez se halla presa de una honda desazón que la impulsa a pensar hasta en el alivio que representaría la terminación de su vida:

---

[1] Hilda Perera, *Los Robledal* (México: Diana 1987). 16.

[2] Hilda Perera, *El sitio de nadie*, (Barcelona: Planeta 1972), 319.

"¿A dónde van los como yo? ¿Cómo salgo de este sitio de nadie? Yo sigo buscando salida, pero qué mares profundos y confundidos cruzo, qué cerrazón de impotencia y qué desánimo de no poder. Voy bordeando tu frontera de alivio, muerte" (SN 221).

En *Los Robledal* la autora describe los hechos de luchas independentistas en épocas republicanas hasta llegar al período del presidente Machado. En *El sitio de nadie* se presenta la realidad de un clima revolucionario y las indecisiones de partir o no partir hacia el extranjero. Finalmente, en *Felices Pascuas* Hilda Perera revela el mundo del exilio en la ciudad de Miami en los Estados Unidos con la amenaza de la pérdida de la identidad cultural en medio de situaciones y circunstancias ajenas. En esta obra resalta como figura central una mujer casada de edad madura sin nombre conocido que lucha febrilmente por mantener sus raíces culturales en un ambiente extranjero. La protagonista de *Felices Pascuas* es el eje por el cual giran los diversos episodios conflictivos de la novela. Esta cubana de mediana edad, que se halla en el difícil cambio de vida, atraviesa momentos de angustia existencial al sufrir en su propia carne la incertidumbre del tiempo que pasa inexorablemente y a la vez al reconocer el distanciamiento con su hijo y la llegada de un abandono insoportable:

"Me tiembla dentro un miedo, un desasosiego, un susto, una soledad, un ¿para qué? Un "no vale la pena", un "¿por qué, Dios mío? Un "ya soy vieja o casi soy vieja", un "¿qué hago con el día?" Un "no hilo bien las ideas", un "no soy nada", un "he llegado a ser nada", un "se me queda la casa toda sola", un "sin hijo", un "¿con quién hablo?" Un "no voy a escribir nunca"[3].

Por otra parte, en *El aullido de las muchedumbres* de Josefina Leyva, notamos especialmente la hábil exposición de un larguísimo período del acontecer cubano en el siglo veinte. Tanto por medio de sucesos históricos específicos como mediante la presentación de numerosos personajes reales que fueron estudiantes, políticos o militares durante las luchas revolucionarias precastristas hasta el año 1994, logramos captar de una manera concreta el realismo histórico reflejado en la obra. Todo esto, (sucesos históricos y personajes reales), se desarrolla en la novela, lo que le da a la misma un fuerte sello de verosimilitud. Por lo tanto queda plena constancia documental en la obra, lo que conlleva el conocimiento verídico de los acontecimientos con el propósito principal de preservar la larga historia de un turbulento y trágico período de grave conmoción en la nación cubana que a su vez denota plenamente el caos y destrucción total del país caribeño. No obstante lo cual se mantiene firme en algunos individuos un alto sentido de esperanza y libertad. Los personajes de ficción, María de

---

[3] Hilda Perera, *Felices Pascuas* (Barcelona: Planeta, 1977).. 41.

Lourdes, Felipe y Mario participan activamente en los acontecimientos que comienzan en época precastrista con las luchas oposicionistas de los estudiantes universitarios durante el gobierno de Batista y mediante los esfuerzos revolucionarios de Fidel Castro. La toma del Cuartel Moncada y las luchas en las montañas de la Sierra Maestra del propio Fidel, de su hermano Raúl, de Camilo Cienfuegos y del argentino Ché Guevara son expuestas con lujo de detalles auténticos, basados en documentos, libros y entrevistas de testigos que colaboraron afanosamente con la revolución cubana. A través de las páginas de esta narración surge la epopeya de Cuba contemporánea. Poco a poco vislumbramos los hechos semejantes a una pintura magistral donde se perfilan los dramáticos sucesos repetidamente y de esa manera la autora nos muestra todas las arbitrariedades, injusticias y crueldades de una guerra fraticida.

María de Lourdes, el personaje principal femenino de la obra, en su niñez, un día siente el presagio de algo que le sucederá años después en su juventud. Ese día de fuertes tormentas, al observar una jaula con pájaros negros se dio cuenta de la ansiedad de éstos por escapar, lo que termina en el suicidio colectivo de las aves dentro de su encierro. Este incidente causa fuerte impresión en la sensitiva niña y sirve de premonición en la obra: "María de Lourdes de pie ante la jaula ensangrentada de los pajaritos, donde los cinco diminutos cadáveres negros le han enseñado para siempre la sagrada dimensión de la libertad."[4]

Operación Pedro Pan, el éxodo de los niños cubanos es una novela histórica que capta la realidad de la salvación de todos los niños que pudieron ser rescatados del comunismo de Fidel Castro en la isla de Cuba. La propia novelista dejó constancia de gratitud por el pueblo norteamericano al decir al inicio del libro: "Cientos de hogares norteamericanos acogieron a niños Pedro Pan y los incorporaron al número de sus hijos. Porque miles de hombres y mujeres les dieron una sonrisa de simpatía, o les donaron una beca escolar, o los llevaron de paseo los domingos cuando estaban en los orfanatos."[5] La novela va explicando la ubicación histórica de la dictadura cubana y a su vez va exponiendo las vicisitudes y los sufrimientos de estos niños desgarrados, aunque también va reflejando momentos de alegría por haber podido éstos alcanzar la libertad ansiada. Una de las niñas Pedro Pan resume su sentir ante la realidad del necesario exilio voluntario al tener que abandonar a su patria, al tener que separarse de sus padres y parientes: "El

---

[4] Josefina Leyva, *El aullido de las muchedumbres*, (Coral Gables: Editorial Ponce de León. 1993), 52.

[5] Josefina Leyva, *Operación Pedro Pan, el éxodo de los niños cubanos*, (Coral Gables: Editorial Ponce de León, Inc. 1993), 284. (De ahora en adelante las siglas OP y el número entre paréntesis se referirán a las páginas de esta edición).

destino nos ofreció la elección de diluirnos en un mar ajeno, o de reafirmar nuestro origen, asimilando asimismo todo lo positivo que los foráneos nos han mostrado. Hemos sabido vestir la indumentaria requerida para cada ocasión. En vez de dispersarnos nos consolidamos en nuestra procedencia. En vez de maldecir, nos humanizamos pero estamos en un tránsito, y es precisamente porque somos peritos en supervivencia, que hemos triunfado sobre todo lo desafortunado que nos aconteció tempranamente. Es por eso también que conquistamos las fuerzas negativas de la historia política y social que quisieron derrotarnos" (OP 285).

En *Los balseros de la libertad* Josefina Leyva logra que perdure la tristísima odisea de los balseros cubanos. Relata los preparativos, los temores, la heroica decisión de lanzarse a las traicioneras aguas del Estrecho de la Florida para así, de esa manera, poder huir de una vez y para siempre del régimen despótico vivido en el país y tratar de alcanzar la anhelada libertad. Se respira la tensión que viven estos fugitivos al comenzar los planes de escape y a su vez se capta toda una gama de emociones donde imperan la desconfianza, el miedo, la angustia y la desesperación. Las palabras de Sergio Meneses denotan el pensamiento de la ansiada libertad:

"La libertad exige clarividencia… Exige una conciencia clara para saber qué es lo que realmente queremos de la vida. Esa es la primera condición. La segunda, vencer los obstáculos que se oponen a la realización de esa libertad. Los complejos, los miedos, los lastres del pasado, las indecisiones que llevamos por dentro. Y hay que crear la condición exterior que nos permita realizarnos."[6]

Tanto en la novelística de Hilda Pererra como en la de Josefina Leyva vislumbramos a grandes rasgos la historia verídica y dramática de la realidad cubana. Empieza con las guerras independentistas del siglo diecinueve continuando con las épocas republicanas, del Machadato, del período de Batista y de la triste aparición en la escena política de Castro y su régimen de opresión. También estas obras abarcan los dilemas y las indecisiones de cubanos descontentos del triunfo de la revolución castrista al tener que optar por una vida de exilio en la Florida y hasta tener que preferir los padres separarse con dolor de sus hijos para evitar que éstos vivan en un país oprimido. A su vez. unos cuantos individuos desesperados buscan con heroísmo la libertad al decidir lanzarse al océano a

---

[6] Josefina Leyva, *Los balseros de la libertad* (Coral Gables: Editorial Ponce de León, Inc. 1992), 31.

cambio, a veces, de hallar la muerte en un mar embravecido. Tanto Hilda Perera como Josefina Leyva, por medio de su narrativa dejan amplia constancia de la realidad histórica cubana en los siglos pasados hasta nuestros tiempos.

PANEL: Pedro Pan: su impacto en la cultura del exilio
Moderador: *José Antonio Madrigal*

Rev. Bryan O. Walsh
Co-fundador Pedro Pan

Operation Pedro Pan

Pedro Pan was a program created by the Catholic Welfare Bureau (Catholic Charities) of Miami in December, 1960 at the request of Cuban parents in Cuba to provide an opportunity for them to send their children to Miami to avoid Marxist-Leninist indoctrination. In the course of twenty months between December 26, 1960 and October 23, 1962, over 14,000 unaccompanied minors arrived in Miami under the sponsorship of the Catholic Welfare Bureau (Catholic Charities). These included youth from all parts of the island. While the majority were Catholic, several hundred were Protestant, Jewish or nonbelievers. Very few were from wealthy backgrounds. These were already in Miami with their families. Most were of the middle class or lower middle class and included children of different racial backgrounds, Black and Chinese.

Family reunions began in Miami shortly after the first arrivals. Approximately 50% were united with family members at the airport. 85% of the 7,000 taken into care by the Catholic Welfare Bureau were between the ages of 12 and 18 upon arrival. 70% were boys over the age of 12. Because many of the minors were older teens, they became independent very quickly and no statistical information on reunion with their parents is now available. Likewise such information is not available on those who went to live with relatives on arrival. However it is reasonable to assume that the rate of family reunion of those who went to live with relatives is as high if not higher than those who were united while still under care.

What we do know is that close to 90% of those taken into care were reunited with their parents by June of 1966 through the Freedom Flights or through third countries or on the Red Cross ships. After the Freedom Flights were started on December 1, 1965, the delays in family reunion were due primarily to the regulations of the Cuban Government in delaying the emigration of certain professionals and its refusal to let young men between 15 and 26 emigrate with their parents because of military service obligations. In the relatively few other cases where such reunions did not eventually take place, this was due to parental deaths, a very elderly father, a mother staying behind to look after an elderly parent. The agency has no record of any case where a minor was lost. The agency has not received any requests from anyone in Cuba asking for information on the whereabouts of a child. During the past thirty years, it has been relatively easy for people to travel to Cuba to look for family. Nor has the agency been asked by a former unaccompanied minor for help in finding a lost parent.

Every effort was made during the entire Operation Pedro Pan to keep it secret and to avoid any effort to use if for political propaganda. The agency was often criticized for this by some elements of the exile community in Miami. The agency maintained minimum contacts with Cuba other than with the parents whose children were under its care. At no time was the Catholic Church as an institution in Cuba involved. Individual priests and religious did seek and received visa waivers. Thousands of visa waivers were sought in Miami by exiles and sent to their relatives in Cuba along with the required $25.00 money order for the round-trip airfare. The visa waiver was simply a statement by the Catholic Welfare Bureau that he US State Department had waived visa requirements at the request of the Catholic Welfare Bureau for Cuban minors under 18 years of age. The Catholic Welfare Bureau never had any authority to issue visas.

The biggest problem as the numbers coming grew week by week, was the lack of facilities to care for the minors in Miami. This was solved by asking Catholic Charities agencies around the country to provide foster homes and group care homes for the young exiles. This care was provided in over 100 cities in thirty five states. All such foster and group homes were licensed by the state authorities. Special group homes, staffed by Cuban houseparents, for Cuban adolescents boys were opened in several cities such as Wilmington Del., Fort Wayne Indiana, Albuquerque NM, Lincoln Jacksonville and Orlando Florida as well as Miami. No children were placed in reformatories or facilities for delinquent children. This would not have been permitted under state law.

The Catholic Welfare Bureau had no means of influencing Cuban parents to send their children to the United States. In fact every effort was made to avoid publicity or propaganda. This was not its role or mission. Rather the Catholic Welfare Bureau responded to the desire of Cuban parents to protect their children from Marxist-Leninist indoctrination after the experiences of the literacy campaign in the summer of 1960 and the closing of the Catholic schools in June of 1961. What the Catholic Welfare Bureau did was to provide a means for Cuban parents of that period to exercise their fundamental human right to regulate the education of their children. Unfortunately their fears have been proved by history to have been altogether too true. In January 1998, Pope John Paul II in his homily in the Instituto Superior de Cultura Física "Manuel Fajardo" in Santa Clara said:

> *"Experiencias no siempre aceptadas y a veces traumáticas son la separación de los hijos y la sustitución del papel de los padres a causa de los estudios que se realizan lejos del hogar en la edad de la adolescencia, en situaciones que dan por triste resultado la proliferación de la promiscuidad, el empobrecimiento ético, la vulgaridad, las relaciones prematrimoniales a temprana edad y el recurso fácil al aborto".*

What de parents learned when their sons and daughters returned from the Literacy Campaign of 1980 is still going on.

No children were placed for adoption, since the whole purpose of the program was to safeguard parental rights. The Cuban parents who sent their children to the United States were exercising a fundamental human right which antecedes any human constitution or law.

In this Homily in Santa Clara, the Holy Father referred to "la separación forzosa de las familias dentro del País y la emigración, que ha desgarrado a familias enteras..." The Cuban government because of its ideological stance has imposed and is still imposing these sufferings on the Cuban people. No one can deny that separation from one's family is always traumatic and painful. How could it be otherwise? However, at times it is necessary because it is the lessor of two evils. The real heroes of Pedro Pan were the parents who made the hardest decision that any parent can make.

Almost forty years after these events, the Cuban Government is expressing its dissatisfaction with Operation Pedro Pan. Apparently it knew what was happening during these twenty two months. If so, why did it not stop the program in its tracks? We certainly expected it to be stopped every day during these twenty two months. It always seemed strange to us in Miami that it could go on without any interference from the Cuban authorities.

At no time did the Catholic Welfare Bureau did not have any contact with the CIA regarding Operation Pedro Pan. Our contacts were with he U.S. Department of State and Health, Education and Welfare.

The Pedro Pan Archives are the property of the Catholic Charities of the Archdiocese of Miami. They are housed in a special collection for safe keeping in the Library of Barry University in Miami Shores. These are now in the process of being catalogued and refilled for preservation purposes in archival safe folders. The archives contain four types of material. 1. Individual and family case records. These are confidential and open only to the individual to whose case they refer. They can be examined only with the written permission of the individual client. Cataloging of these files is approximately 80% complete. 2. Financial records; this have not been catalogued yet and are not accessible for the time being. They are expected to yield valuable information on placements and may be helpful in enabling individuals recall what other Cuban children were in care with them in a foster home or group care facility. 3. General information and correspondence. 4. Staff personnel records. The archives have very little information to the current addresses of Pedro Pans.

It is my hope that if funding is available, the general statistical, demographic material will be collected and placed on computer CD so that it can more readily be made available to academic researchers. The Catholic Charities of the Archdiocese of Miami is bound to respect the confidentiality of individual case files. At present the collection is staffed by three volunteers on a part-time basis. Every effort is made to respond to individual requests, but the resources are very limited as is access to files other than case records. As funds become available and staff can be hired, it is hoped that this can be improved: Inquires regarding Operation Pedro Pan and the Archives should be addressed to Monsignor Bryan O. Walsh, c/o Catholic Charities, 9401 Biscayne Blvd., Miami Shores, FL 33138.

James D. Baker
Co-fundador Pedro Pan y
Ex Director Academia Ruston

The Beginning of the Pedro Pan Program in Cuba

Work on the program that was to help thousands of unaccompanied children escape from the influence of Castro's communism began at Ruston Academy, an American private school in Havana. One day in late November 1960, a Cuban father, who I knew was deeply involved in the underground against Castro, came to my office asking if I could get a scholarship for his seventeen year old son to leave immediately to study in the United States. He explained that he and other parents opposing Castro were willing to face personal imprisonment, even death, as they struggled for their country's freedom. But they were concerned about their children.

I explained that the scholarships were not available at that time in the academic year. However, because I had many friends who were involved in underground work, I understood the desperate need and sought to find some way to help.

In early December, I went to Miami to talk with these business leaders to see if they could help find some way to help these desperate parents. I met with members the Havana American Chamber of Commerce who were very conscious of the problem. They agreed that if I could find a place in Miami to set up the boarding school their companies would finance the project.

When I began my search for the this location, someone suggested that I talk with Father Walsh, the director of the Catholic Welfare Agency, who was involved in developing projects to help Cuban refugees in Miami.

At our first meeting the program for the unaccompanied children was born! It was clear that Father Walsh and I were seeking solutions for the same problem. We saw that with him working in Miami and me in Havana our goal could be achieved. A short time before our meeting, Father Walsh had begun negotiations with Washington to plan support for some of the projects he wished to initiate for Cuba. With this groundwork already laid, a plan for immediate action was developed. I would locate the children whose parents sought a way to send their children alone to the States. I would send these names to Father Walsh. He in turn would obtain for them the student visas required by the Immigration Department. All the communications would be safe because they would be handled through the Embassy Pouch. With the arrangement for getting the student visas, I could organize a plan to get the children out of Cuba.

I returned to Havana a few days later and set up the procedures for implementing this plan of escape. But unfortunately before the plan could be put into operation, Castro demanded that the staff of our embassy be reduced from 150 to 11. On January 1, 1961 diplomatic relations between our two countries were broken. With our embassy closed and legal immigration ended, the escape doors were closed.

On January 4, 1961, I joined Father Walsh in Miami to help find a new solution for our problem. In a short time, a plan was developed to send children to the U.S. via Jamaica. The British authorities in Kingston were willing to grant student visas to those entering under our plan because they knew that the children would not remain in but only pass through their country. Some flights went from Havana to Miami and then on to Kingston. On these flights, the children needed only disembark in Miami. When a plane flew direct to Jamaica from Cuba, the children were placed upon another plane and taken to Miami.

From early January to mid- May 1961, I worked as a volunteer with Father Walsh. My first task was to raise several thousand dollars to cover the travel expenses of children already in the process of leaving Cuba. I also negotiated with a State Department representative to obtain permission to bring out 300 Cuban children without student visas. When these had been used up, I obtained exemption for 500 more.

My most important assignment was to receive unaccompanied children when they arrived at the Miami airport. At the time, there were several daily flights available to us. As we never knew in advance when refugee children might be on board, I had to meet all flights.

In order to be prepared to be prepared to transport any children arriving, we had to have an automobile on hand for every flight. Margarita Oteiza, a young Russian teacher, organized a volunteer group of American and Cuban mothers from Ruston who provided this round the clock service.

Before leaving Havana on January 4th, I organized a committee to plan and coordinate all phases of the project in Cuba. The original committee was composed of Serafina and Sergio Giquel, Berta and Frank Finlay and Penny Powers. While practical details for receiving and caring for children were being developed in Miami, it was this group that faced the dangerous and difficult work of organizing the escapes in Cuba.

The members of the committee had to cover their actions as much as possible to reduce the danger of being arrested. Dr. Sergio Giquel, a prominent orthodontist, set up dental files in his office for all the children they were helping.

Frank Finlay, as head of KLM Airlines in Cuba, handled the details of arranging flight reservations for a majority of the children who came out under the program.

Sra. Berta Finlay, a Ruston teacher, gave major attention to collecting and processing papers and arranging for the Jamaican student visas. Following the Bay of Pigs fiasco, she and Frank were arrested but were released four days later for lack of evidence against them. Fortunately the day before they were arrested, Berta had become concerned that a servant might inform against them because of the large number of strangers who visited their home. She had therefore left with the wife of the Dutch ambassador the passports of 50 children for whom she was seeking Jamaican visas.

I understand that Miss Penny Powers was later knighted by the Queen of England in recognition of her service in Cuba.

Many people today ask how parents could have brought themselves to send their children alone to a foreign country uncertain what would happen to them. Recently someone asked me, "Didn't you think about the problems the children would face alone in the United States?" The answer to both these questions is that in order to understand the motivation of parents and of those of us working to set up and operate this program one had to know the atmosphere of all-pervading fear that hung over Cuba at that time. Fear of Communism.

Castro's ever-increasing concentration upon controlling children's thinking and values supported the rumors that he was planning to establish *patria potestad*, which would give the state complete control of all children over seven years old. Desperate parents were willing to do anything to save their children from this fate.

One of the very special aspects of Cuban culture was the strength of family ties. Castro set out early to destroy this threat to his control. He separated teenagers from their parents and sent those from Havana into the interior where they were subjected to intense indoctrination under the guise of preparing them to participate in the program of reducing illiteracy in rural areas. Girls who had been carefully chaperoned all their lives were taught that sex was a natural need which should be satisfied as was hunger for food. As a result of this campaign to break down family values, so many of the teenage girls returned to Havana pregnant that a special abortion clinic had to be established to cover up this catastrophe.

These were challenging days! A young Catholic priest from Ireland saw the tragedy developing in Cuba. Through his vision and untiring dedication, he created and implemented the program which enabled 14,000 unaccompanied children to escape the destructive influence of Castro's communism. Later when the plan for uniting Cuban Families in the U.S. allowed children here to claim visa waivers for their parents still in Cuba, 10,000 parents were able to escape.

To Monsignor Bryan Walsh go our deepest gratitude and highest tribute for this labor of love which was history's most outstanding achievement in rescuing children in danger!

The Background of my Work for Cuban Children

I taught in Ruston Academy from 1930-36 returned in 1944 and served as director (headmaster) from 1945-61. In 1950 my wife and I inherited the school from the founders Hiram Ruston and his sister Martha. At that time we established Fundacion Ruston/Baker, the first non-profit educational foundation in Cuba and turned over to a self perpetuating board of directors the ownership of the school. Through this action we strove to perpetuate the school and its service to Cuba.

My first experience teaching in Ruston Academy made me appreciate more fully American democratic values and traditions and helped me understand the profound ways in which the spirit of community cooperation and service had contributed to the development of our country. I saw that by sharing these values with Cubans the school could contribute to the development of democracy in Cuba.

Promoting this goal has been one of the dominant motivators of my life.

In 1960, I was in a very true sense an American/Cuban. Cuba was my home and I wanted to use the rest of my life working for her development.

On January 4, 1961, my wife Sibyl and I departed from Havana with five suitcases of clothes and left behind the school, our home and all 22 years work there had produced. We too were refugees. Refugees driven from our home by Castro's tyrannical dictatorship. Refugees concerned about the future of the country and people we loved.

Elly Villano Chovel
Presidenta de la
Fundación Pedro Pan

Operación Pedro Pan

En menos de 2 años, y en medio de la Guerra Fría, salieron de Cuba solos más de 14,000 niños que se convirtieron en la migración más grande de menores de este hemisferio.

La mitad de estos niños fue a alojarse directamente con parientes o amistades de sus familias, y la otra mitad fue albergada en campamentos, escuelas o foster homes a través del Buró Católico de Miami y enviada hacia cualquier estado que tenía espacio.

Mayormente impulsados por el miedo al adoctrinamiento, la Campaña de Alfabetización en la cual los menores eran enviados al campo, y los rumores de que los privarían de la "Potestad", los padres cubanos optaron por enviar a sus Hijos a los Estados Unidos temporalmente.

Se pensaba entonces que la separación sería de unos meses, mientras se arreglaba la situación política en Cuba.

Los meses se convirtieron en años, los vuelos entre Cuba y los Estados Unidos pararon súbitamente el 23 de noviembre de 1962 por la Crisis de los Cohetes.

Cuando comenzaron los Vuelos de la Libertad tres años más tarde, se reunificaron el 70% de los padres con sus hijos. Setenta por ciento de los Pedro Pan eran varones teenagers, y el resto eran hembras y varones de corta edad.

Este aniversario no puede pasar sin reforzar el Juramento en Acción de Gracias que los niños Pedro Pan hicimos 10 años atrás.

Durante décadas el éxodo de los Pedro Pan se mantenía relativamente callado, pero como por razones "biológicas" a todos nos entraron simultáneamente los deseos de conocer nuestras raíces, querer saber lo que pasó, por qué pasó, montones de Pedro Pan comenzamos a investigar nuestro éxodo.

Es nuestro deber dejar nuestro testimonio verídico a las futuras generaciones, como enseñanza de nuestra experiencia.

A pesar de los rumores de la posible involucración de la Agencia Central de Inteligencia (CIA), la mayor parte de los Pedro Pan sentimos una enorme gratitud hacia la gente de buena voluntad que nos recibió con los brazos abiertos, a Monsignor Bryan O. Walsh que se hizo responsable por los niños cubanos, al aceptar del Departamento de Estado el poder de firmar las "Visa Waiver", hacia todos los que participaron en el programa a ambos lados del Estrecho de la Florida, y sobre todo a nuestros padres los cuales hicieron el sacrificio más desgarrador de separarse de sus hijos.

Ellos querían que viviésemos en democracia y en libertad. Para honrar ese monumental sacrificio la mayoría de los Pedro Pan practicamos la democracia y respetamos nuestra diversidad de opiniones.

Entre nosotros reina el respeto a nuestra experiencia compartida que nos une como un lazo de amor y admiración a nuestra supervivencia.

En gesto de gratitud, hoy en día ayudamos a los programas para los niños necesitados, los que han sido maltratados y los niños que continúan llegando solos por medio de las Caridades Católicas.

Como dijo San Francisco de Asís: "Al dar es que se recibe". Ese es el moto de la organización caritativa Operation Pedro Pan Group.

No puede pasar sin hacerse mención la coincidencia de que en este aniversario haya sido nombrado al Gabinete de esta nación como secretario de Vivienda nuestro querido Mel Martínez, Pedro Pan y Trustee de nuestro grupo.

Nunca sabremos si la historia hubiera sido diferente si los Pedro Pan se hubiesen quedado en Cuba. Pero aquí hemos aportado, cada uno, en su capacidad sin olvidarnos de la Patria que nos vio nacer.

PANEL: Voces del "insilio"
Moderador: *Juan A. Granados*

Raúl Rivero, panelista en ausencia
Periodismo
leído por **Ariel Remos**

Periodismo por fin, a fin de siglo
apuntes aislados

La cultura cubana tiene en el periodismo —a mi modo de ver— la zona más prominente y definida del quehacer literario de la Cuba insiliada. La naturaleza misma del género, sus urgencias y requerimientos han hecho que se convierta, en los últimos años del siglo XX, en la parcela visible, exterior, de un fenómeno que se mueve en el universo subterráneo y misterioso de las gavetas y los discos duros, los disquetes y los escondrijos.

Los despachos, comentarios y artículos de un pequeño grupo de comunicadores asaltaron, hacia 1995, el territorio cósmico de internet. La combinación de medios que se utilizaron, y que se utiliza para dar a conocer la labor de los hombres y mujeres del periodismo alternativo cubano, tiene una estirpe kafkiana porque se integra en él casi desde las palomas mensajeras que utilizó el señor Reuter para la primera agencia de noticias hasta los sofisticados satélites de comunicación.

Los métodos primitivos, el teléfono y las máquinas de escribir, el acoso de la policía, incomprensiones con metástasis, prejuicios, temores y suspicacias no han logrado impedir que se conozca y se difunda y quizás comience a aceptarse la labor de los grupos de periodistas que se desempeñan en la isla, fuera del control del estado y que por esta fecha son alrededor de una veintena.

He repasado levemente los avatares de esos comunicadores para ayudar a comprender mi propuesta inicial. A pesar de todo, son esos trabajos, con todo el esplendor de sus imperfecciones, los que se han conocido en el exterior y creo estar seguro de que en el momento en que se pueda abrir al mundo el mundo subterráneo de decenas de escritores y artistas que permanecen en Cuba, el periodismo volverá a su modesto sitio de siempre: el resplandor de unas horas y la muerte al atardecer.

Mientras llega esa hora que, siguiendo la metáfora vegetal de los mameyes, prefiero llamar "el tiempo de la palma real", quiero compartir con ustedes algunos puntos de vista sobre el movimiento de periodistas que desde dentro de nuestro país se proponen iluminar regiones oscuras y silenciadas por la prensa oficial, por algunos corresponsales de paso y por cierta prensa.

La mayoría de las personas que dieron inicio al periodismo alternativo venía de los medios de difusión oficial, eran profesionales decepcionados, molestos, indignados, inmersos en complejos procesos interiores de luminosidad que decidieron tirar la Robotron por las ventas y quitarse el disfraz de trabajadores ideológicos del partido comunista, para irse a sus casas a pasar hambre y vivir en la verdad. Eran hombres y mujeres que tenían una noción rara de la profesión pero conocían, al menos, la manera de redactar una nota y pergeñar un artículo. En esa primera etapa hubo que luchar, se sigue luchando, por aplacar la pasión del converso, porque la tendencia inicial es de comenzar a atacar al gobierno, con la misma fuerza con que se le defendió hasta el día que se puso el punto final del último comentario edulcorado.

Esa posición implica, también, una noción rara del periodismo, que en realidad poco tiene que ver con la prensa que, trabajosamente y en medio de dificultades, se establece en este continente y en el mundo. Vino, después, una oleada de cubanos que tenían vocación, inclinación o como quiera que se llame a este vicio. Ellos traían —además de sus resentimientos políticos, el rechazo al sistema socialista y al gobierno cubano— un desconocimiento total o casi total de las líneas elementales del oficio. Ahora mismo quienes se integran a las agencias y que hace se produzca un equilibrio con la salida de aquellos que tienen que marchar al exilio, tienen esas mismas características y, por lo tanto, desde que entran al grupo hasta que comienzan a rendir —algunos no lo logran nunca— como verdaderos redactores pasa un tiempo y requiere de gran esfuerzo del aspirante y mucha paciente por parte de quienes los reciben.

Vienen médicos, ingenieros, maestros, historiadores, economistas, zapateros, obreros agrícolas, bibliotecarias, amas de casa, camarógrafos, de todo, como en periódicos. Para cada uno hay un sitio porque la vida lo ha demostrado y unos terminan como alertas corresponsales y otros redactando artículos, crónicas y reportajes sobre la vida de los más disímiles sectores de nuestra sociedad, que en la prensa oficial aparecen siempre como parte de la masa febril y entusiasmada por las victorias arrolladoras del pueblo. Es fácil ver que estamos ante personas de formación diversa, con grandes desniveles y es en el camino de la superación profesional, mediante cursos y muchas lecturas que, a mi juicio, a donde debe dirigirse el mayor esfuerzo del periodismo alternativo en este final de siglo.

Debo apuntar, de inmediato, que la mayoría de las personas que aquí hacen este trabajo perciben la presencia policial y el rechazo oficial, como parte natural del entorno, y después de un periodo de entrenamiento y práctica esos elementos son sólo limitantes profesionales porque impiden el acceso a las fuentes, cierran sitios donde hay noticias y materia para trabajar y, eventualmente, te lleva a un calabozo. Pero se actúa como si esas fuerzas no existieran.

Es cierto que la policía y sus métodos de hostigamientos son los que, en muchos casos, provocan la decisión de los comunicadores de salir al exilio. Pero esa circunstancia, que atañe a toda la oposición, y en general a miles de cubanos, es ya parte de nuestra vida cotidiana.

No voy a dedicar más de una línea a los pícaros que utilizan este oficio para conseguir una visa, porque son pocos, y además debemos agradecer que nos confirman que estamos viviendo en una sociedad enferma.

Pienso que esta zona del insilio, que es el periodismo independiente, ha dado un toque de esperanza a los otros insiliados del sector: poetas, escritores y artistas que se han replegado, se han refugiado en Dios o en Allan Cardec, y están en sus casas, amargos y esquinados, escribiendo enormes novelones y libros de poemas, memorias del olvido, y que han visto en estos grupos que se puede escribir y, además, publicar, sin que importe mucho que un funcionario encampanado te conceda su bendición.

Los periodistas alternativos necesitamos ahora más que nunca los contactos con esos otros insiliados, debemos encontrar una manera de comunicarnos con ellos de forma fluida y constante para integrar y hacer más vigoroso los núcleos de la cultura cubana que dentro del país se han salvado del virus de la intolerancia y la visión excluyente.

Estamos en una etapa de formación, que nos saque de la fiebre de haber leído propaganda durante 40 años en vez de periodismo. Entramos en un aprendizaje que implica aprender a ser libre y a ser cubanos que escriben en libertad.

No se puede hablar de periodismo en Cuba sin mencionar la revista "Vitral". Esa publicación es resultado de la escritura en libertad en un ámbito de la sociedad civil cubana, que es, de hecho, el único que ha legalizado el gobierno. "Vitral" es la revista más plural, ecuménica y abierta desde la etapa republicana y es, hasta el momento, nuestro vínculo más directo con las tradiciones del periodismo que queremos retomar para la Cuba que se avecina. A pesar de que la revista tiene su centro en el mundo del catolicismo, nada cubano le es ajeno y es el gesto libre de sus editores lo que enriquece nuestra esperanza. Claro que hay otras publicaciones de la iglesia que merecen especial atención.

Así es que el panorama aunque parezca imposible no es tan triste. Pequeños grupos de periodistas que se mueven por la sociedad tratando de captar noticias, episodios, historias, dramas y alegrías para construir sus piezas. Hombres y mujeres bajo la necesidad de hacerse más profesionales y prepararse mejor, en medio de una atmósfera oficial negativa, con una ley, la 88 del 99 –dos muertos y dos elefantes en la Charada china–, que los condenarían como a criminales empecinados, en caso de que se les apliquen.

Por otra parte, los primeros asomos del periodismo que queremos se debe y puede hacer en Cuba con la revista del arzobispado de Pinar del Río, y la certeza de que hay que seguir trabajando para la cultura de la isla, ahora que sabemos que sus fronteras pasan por Suecia y España, Venezuela y París, New York y Miami, Yara y Sancti Spiritus, Guantánamo y Tibisial, el Parque Central y Cayo Hueso.

Ciudad de La Habana, 3 de octubre de 1999

Ramón Humberto Colás, panelista en ausencia
Historia
leído por **Jorge Valls Arango**

Del ingenio y el esclavo
al central azucarero y el obrero actual

A Berta, por su constante apoyo; a Manuel Moreno Fraginals, profesor que en la distancia me ha enseñado la historia de Cuba

No es posible escribir la historia de Cuba sin mencionar a los ingenios. Esta maquinaria, inventada para moler la caña y obtener el azúcar, es parte inseparable de un conjunto de sucesos y hechos pasados que reseñan circunstancias de los antecedentes y vicisitudes de un período vivido por los habitantes de lo que sería la futura nación cubana.

El ingenio azucarero es resultado de la introducción de los esclavos africanos en América por los comerciantes negreros, autorizados por el rey de España una vez que los indios nativos de esta parte del mundo no resistieron la cruzada de la "civilización" y la colonización. En Cuba, la mayor de las Antillas, la conquista llevada a cabo por Diego Velázquez se inicia por la zona oriental de la isla. Baracoa constituía un centro donde había una numerosa población indígena. En esa porción este del territorio insular se asentaron las bases de operaciones de los conquistadores.

Diego Velázquez tenía como objetivo principal utilizar a los indígenas para realizar cualquier tipo de trabajo. Eliminar la influencia de los caciques estaba dentro de la estrategia para reducir a la obediencia a los habitantes y con ello imponer la autoridad que permitiera mantener el dominio y control, bajo el mando único del nuevo jefe llegado de Europa.[1]

La crueldad de los conquistadores, y la pobre capacidad de resistencia de la población indígena, dentro de otros factores, dieron lugar a la muerte de casi la totalidad de los indios. Antes de llegar los españoles a América ya existían esclavos de origen africano en España y Portugal. El conocimiento de la fuerza física de estos esclavizados hizo que el padre Bartolomé de Las Casas propusiera, con el interés de aliviar el dolor y la grave situación de los indios americanos, que estos se sustituyeran por negros esclavos. Al padre Las Casas se les responsabiliza después con la tragedia del negro africano arrancado por las fuerzas de sus tierras.

---

[1] Historia de Cuba, página 24, Sexto grado, Editorial Pueblo y Educación, La Habana, 1990.

Manuel Moreno Fraginals describe este período con proverbial claridad: "Naturalmente que con la brutal dominación de los indios, la depauperación de los sobrevivientes y el relativo fracaso de la importación de otras poblaciones indias americanas, los negros se convirtieron en la mano de obra esencial (...) en estas circunstancias hallaremos negros y mulatos en todas las actividades posibles de la época..."[2]

El cultivo de la caña y la producción de azúcar se convirtieron en la principal fuente de riqueza para Cuba. El empleo de mano de obra esclava sería esencial para la siembra, limpia y cosecha de la dulce gramínea, y para la obtención del azúcar en los ingenios azucareros. El ingenio se convertía en el germen del futuro desarrollo industrial, en la producción azucarera en la mayor de las islas caribeñas, y de hecho, en centro de explotación del hombre como equipo de trabajo.

El ingenio esclavista

Moreno Fraginals definió que "las plantaciones esclavistas del Caribe fueron siempre organismos sociales deformes y el ingenio fue quizás el más monstruoso de todos ellos".[3]

Este historiador cubano demostró que "el ingenio jamás constituyó una célula social nacida y desarrollada armónicamente ni creada por un acto volitivo de sus pobladores. Por el contrario en la mayoría de los casos los ingenios se fomentaban en zonas deshabitadas."[4]

Los ingenios eran empresas simples en su estructura social. Esto lo condicionaban "el carácter carcelario" y de "incomunicación" a los que sometían a los negros esclavos. El origen tribal de los negros provenientes de África se tenía en cuenta para estructurar su convivencia en los ingenios. Ello propició que no se integraran a las dotaciones esclavas por negros de las mismas tribus.

En los ingenios convergían las más variadas formas culturales, creencias y manifestaciones de la vida de los pueblos africanos. Lucumíes, carabalíes, congos, minas, bibíes, gangaes y otros fueron las principales agrupaciones de esclavos originarios de diferentes regiones de África. El lucumí era el que mayores aptitudes tenía para el trabajo del ingenio. Destaca Moreno Fraginals que esa etnia se le atribuía "una

---

[2] Manuel Moreno Fraginals, Cuba España, España Cuba, Historia común, página 101, Grijalbo, Mondadori, Barcelona, España.

[3] Manuel Moreno Fraginals, EL ingenio, página 7, Editorial Ciencias Sociales, La Habana, Cuba, 1978.

[4] Manuel Moreno Fraginals, ob. cit.

especial fiereza, con tendencia al suicidio y a la resistencia activa a amos y mayorales".[5]

Según Manuel Moreno Fraginals "los ingenios cubanos fueron hasta mediados del siglo XIX manufactura orgánica de carácter extractivo, es decir, mecanismo de producción (...) por lo tanto el esclavo era considerado como el equipo fundamental del ingenio".[6] La desgracia vivida por los esclavos y "las inquietudes del régimen esclavista hacía que los negros africano huyeran de las plantaciones hacia los refugios de las montañas y de los bosques".[7] Hoy se pueden comprender, con justificadas razones, por qué el negro esclavo huía. "La fuga era el ideal del esclavo en el campo porque ella significaba la libertad, corporal cuando menos. En las maniguas y vírgenes bosques, los negros protegidos por la lujuriosa flora tropical conseguían a menudo hacerse libres, de hecho. Entonces eran llamados cimarrones.[8]

"El esclavo de barracón es estudiado, con particular atención por parte de muchos historiadores, debido a que fueron sudor y sangre los que metamorfoseados en azúcar y café transformaron la isla en un emporio de riqueza."[9] Los que han investigado la esclavización del negro no han dejado de referirse al carácter inhumano de la misma. Algunos escritos llegados hasta nuestros días, como los de Arango y Parreño, describen –con el cinismo que caracteriza a este defensor de la explotación esclava–, la crueldad a la que eran sometidos. Emilio Serani destaca que "en efecto, no hay que perder de vista que para que la esclavitud se convierta en el fundamento de las relaciones de producción (...) es necesario el desarrollo de las fuerzas productivas (...) y de la productividad del trabajo pueda permitir la forma de explotación esclavista."[10]

La explotación del negro traído a Cuba no se diferenciaba de la del resto de América. "La esclavitud del negro en América se manifestó en su esencia económica igual que en la mayoría de los territorios donde este

---

[5] Ídem.

[6] ídem.

[7] José Luciano Franco, Los palenques de los negros cimarrones, página 7, Colección de Historia, La Habana 1973.

[8] Fernando Ortiz, Las rebeliones de los afrocubanos, Revista Bimestral Cubana, tomo 4, número 2, La Habana, marzo abril 1910.

[9] Rafael Duarte Jiménez, El negro en la sociedad colonial, página 2, Editorial Oriente, Santiago de Cuba, 1988.

[10] Emilio Sereni, El estado y clase en la antigüedad esclavista, página 60, Editorial Platina, Buenos Aires, Argentina 1960.

subsistema económico fue implantado, tuvo importancia y tuvo importancia relevante".[11]

El central azucarero

La industria azucarera intensificó su desarrollo a lo largo del segundo cuarto del siglo XIX y fue en ascenso hasta el comienzo de la Guerra Grande. "Aunque los precios sufrieron fluctuaciones y algunos fueron descendiendo, la disminución era compensada con el aumento de la producción. Este aumento se consiguió por dos medios: uno, edificación de nuevos centrales y, dos, por el mayor rendimiento de azúcar obtenido gracias a mejores técnicas en la producción".[12]

La producción insular tuvo, a finales del siglo, un resultado económico por debajo de los niveles de años anteriores, como resultado de la devastación que acompañó a la Guerra de Independencia, la que rebajó un 75% el monto de la zafra. La mitad de los centrales activos necesitaban serias reparaciones. La otra parte quedó fuera de servicio.

Desde el punto de vista del mercado internacional, la producción de azúcar de remolacha en Europa fue superando la producción cañera durante la segunda mitad del siglo XIX, lo que provocó una declinación de los precios. En 1902 los bajos precios del azúcar ensombrecía la perspectiva de desarrollo de esta industria. Sin embargo, una convención internacional azucarera tuvo por sede a la ciudad de Bruselas, en 1903, y contribuyó a eliminar las primas ventajosas del azúcar de remolacha europea al favorecer un alza de los precios.

"En 1913 la capacidad de absorción del mercado norteamericano parecía haber llegado al límite y Cuba volcó, por primera vez, una parte sustancial de su producción en el mercado mundial. En ese mercado las condiciones competitivas eran mucho más duras y el ritmo de los incrementos de la producción cubana tendría que haber aminorado notablemente. El estallido de la I Guerra Mundial vino a salvar la situación. Algunos de las más importantes áreas remolacheras de Europa resultaron afectadas por el desarrollo de las operaciones bélicas, por lo cual Cuba pudo ocupar el vacío que estos productos dejaron en el mercado."[13]

Sin duda que la I Guerra Mundial favoreció la producción de azúcar por el aumento de los precios. Pero el éxito económico fue relativamente

---

[11] Tomás Fernández Robaina, El negro en Cuba, 1902-1958, página 6, Editorial Ciencias Sociales, La Habana 1990.

[12] Fernando Portuondo del Prado, Historia de Cuba, página 389, Editorial Pueblo y Educación, Habana 1974.

[13] United Fruit Company, Editorial Política, página 132, La Habana, s/f.

corto. Los precios del azúcar, que en 1920 alcanzaron la cifra de 22 centavos por libra, descendieron drásticamente, dando lugar a que las cotizaciones a finales del propio año 20 estuvieran por debajo de los 4 centavos por libra.

En medio de esta realidad no se consideraba que las posibilidades de expandir la producción azucarera estuvieran canceladas al tenerse en cuenta que la remolacha europea no adquiría los niveles anteriores a la I Guerra Mundial, lo que daba lugar a entender de que el azúcar cubana tendría un mercado potencial. Para ello debía abrirse paso en medio de la competencia y producir a bajo costo. El mayor interés estuvo en importar maquinaria para la industria, lo que significaba modernizar la tecnología azucarera.

Desde 1920 se viene produciendo una crisis en la industria azucarera, a pesar de la relativa mejoría del mercado mundial después de 1921. Los ajustes productivos se hacen más complejos y difíciles. En 1925 se logró superar los 5 millones de toneladas de azúcar, mientras los países europeos habían recuperado su producción. Esto originó que se estableciera un compromiso entre los grandes productores que dio lugar a una meridiana restricción. En 1930 se impuso la tarifa que prescribía la imposición de prohibitivos aranceles al azúcar cubano en el mercado mundial.

Este periodo depresivo, según el profesor Le Riverend "no significó ni muchos menos la solución siquiera fuese parcial de los problemas de la industria cubana. La tendencia de los Estados Unidos a aumentar su producción y a reducir sus importaciones de azúcar cubano quedó consagrada en la ley Costigan-Jonns, de 1934, que estableció un sistema de cuotas de importación, en la cual se asignaba a Cuba una cantidad insuficiente para reponer los efectos causados por la depresión de los años precedentes. Pero, al menos, pareció que de acuerdo con ello se detendría el proceso de desplazamiento del azúcar cubano del mercado norteamericano. Aún tendría Cuba que sufrir una rebaja mayor al promulgarse la ley azucarera de 1937."[14] Después de la II Guerra Mundial se expande la industria azucarera, mediante el aprovechamiento máximo del rendimiento que promovían los centrales. Esa expansión se produce sin incorporarse nuevos equipos industriales. Aún así se logró la zafra más grande de la historia económica azucarera en los año 1947-1948. La producción de azúcar estaba favorecida por Estados Unidos y porque se destruyeron y se aislaron algunos productores tradicionales.

Al analizar la historia de este importante elemento de la economía nacional, encontramos que la misma determinaba el nivel de vida de la

---

[14] Julio Le Riverend, Historia económica de Cuba, página 630, Editorial Pueblo y Educación, La Habana, 1974.

población cubana. La industria azucarera propiciaba condiciones de vida con marcada estabilidad para sus trabajadores. Los salarios aunque eran generalmente bajos para una jornada de 12 horas de labor, permitían obtener al obrero los alimentos necesarios, que tenían un precio bajo y no escaseaban en los mercados. Además, el periodo de ocupación era bastante aceptable para la duración que tenían las zafras.

Ante las injusticias, que formaban parte de una realidad que nadie ignora, se consolidó un movimiento sindical independiente y con gran fuerza, credibilidad y arraigo dentro de las masas trabajadoras azucareras. A esos sindicatos del azúcar se les deben importantes logros en beneficios de los obreros. El que mayor aportó a los trabajadores del gremio fue el Diferencial azucarero.

El resto de los trabajadores azucareros, principalmente los de la industria, tenían unas condiciones de vida que 40 años después de haber triunfado en Cuba una revolución socialista no han sido superadas. Los que realizaban las labores más difíciles (corte, tiro, alza, etcétera) obtenían beneficios que hoy ningún trabajador agrícola cubano puede obtener.

Cercanía histórica del trabajo esclavo y el obrero azucarero de hoy

La actividad azucarera tiene dos grandes momentos: un periodo de zafra y el tiempo muerto. El primero define el acto de cortar la materia prima en los grandes cañaverales y trasladarla luego a la industria donde se obtiene el azúcar. Este activo proceso para algunos es el de mayor importancia. Sin embargo, algunos especialistas coinciden en plantear que el periodo de siembra, limpia y fertilización, y otras acciones en la parte agrícola, es tan vital que define el resultado de la molida del crudo.

En el ingenio esclavista, durante la zafra, se realizaban las "paradas técnicas del domingo". Este día se aprovechaba para limpiar las maquinarias y los restantes equipos que participaban en la molida. Este mantenimiento o limpieza evitaba la pérdida de sacarosa durante el proceso de fermentación. Según los estudios realizados por Manuel Moreno Fraginals "con el domingo se designaba en los ingenios esclavistas el día de parada técnica que podía coincidir o no con el día del mismo nombre".[15]

Durante los primeros 50 años del siglo XIX se tenía un domingo cada 10 días. En esas paradas la dotación esclava lavaba los molinos, las pailas y manceras, las calderas, etcétera. La actividad de corte y el resto de las labores agrícolas se reducían a la mitad. El obrero asalariado del central azucarero de hoy, a pesar de no estar obligado a hacer su trabajo bajo el

---

[15] Manuel Moreno Fraginals, El ingenio, página 30, Editorial Ciencias Sociales, La Habana, 1978.

rigor del látigo y la sugestión, desempeña su labor en las más difíciles condiciones.

Los trabajadores de la industria, al dar testimonio para este trabajo lo expresan con claridad: "Nos explotan porque los que nos pagan no alcanza para comer". Si antes habíamos analizado que durante los primeros 50 años de República los trabajadores azucareros tenían condiciones de vida estable, salarios bajos pero suficientes para mantener a la familia, vestirla y alimentarla, hoy a más de 40 años de revolución socialista, los obreros del azúcar no obtienen como resultado de su trabajo los beneficios que satisfagan las necesidades más perentorias de sus familias.

El trabajo esclavo no se remunera. El esclavista da el mismo valor al hombre que al equipo. Hoy día, aunque no se conciben las cosas en esos términos, sin embargo al trabajador azucarero se le remunera la actividad y con su dinero difícilmente pueda mantener el nivel de alimentación de un negro esclavo. Una dieta rica en proteínas –tasajo–, carbohidratos –arroz o yuca– y leche de res es muy difícil de obtener por un obrero de los ingenios de nuestros días. Los técnicos y especialistas del sector no escapan a esa realidad.

El esclavo iniciaba su labor al amanecer y por el mediodía tomaba un descanso para almorzar. La tarea vespertina duraba hasta bien entrada la tarde. Mientras hubiera luz ambiental se mantenía el trabajo. Luego de la comida los negros esclavos se dedicaban a otras labores. El horario de dormir oscilaba entre las 4 a 6 horas durante el período de zafra. A la actividad laboral nocturna se le llamaba faena y la segunda parte, después de medianoche y hasta el amanecer, contra faena.

El ingenio esclavista mantenía un sistema continuo de producción igual que lo hacen hoy los centrales azucareros modernos. La existencia de turnos de trabajo permite, en las industrias modernas, dar continuidad al proceso de elaboración del azúcar. Este horario de trabajo es de 8 horas diarias y en el periodo álgido tiende a ser de 12 y 16 horas, con descansos que puede ser igual o mayor a la cantidad de horas trabajadas.

Al analizar la situación que se vive en Cuba, como resultado de la grave crisis económica, se destaca que el tiempo de trabajo de un obrero azucarero supera todos los récords. Una vez concluidas sus obligaciones en la industria o en la agricultura debe encaminarse a la gestión de los alimentos para la familia, preparar las condiciones de sus implementos de trabajo porque las administraciones no las garantizan, a cuidar de su viviendas, generalmente en mal estado, a buscar los medios de protección, calzado, ropa, etcétera. Esta dolorosa realidad hace que el tiempo real de trabajo supere el que realizaba un esclavo durante la época de la colonia.

El ingenio esclavista en parada o tiempo muerto exigía que los esclavos que habían logrado algún nivel de especialización en el proceso fabril se transformaran, en ese periodo, en trabajadores agrícolas. Más de 100 años después de ser abolida la esclavitud en Cuba, los técnicos, trabajadores especializados e, incluso, los ingenieros de primer nivel y las administraciones se incorporan obligatoriamente a las tareas del campo para sembrar, limpiar, fertilizar o realizar cualquier otra actividad.

Los esclavistas exigían que los esclavos se mantuvieran todo el tiempo trabajando. De esta forma evitaban que se disolviera el régimen disciplinario y se realizaran acciones de rebeldía. No importaba el tipo de trabajo. Hoy, salvo un periodo de vacaciones retribuidas –quince días en el verano y otros quince en el invierno– el obrero agro industrial azucarero pasa una gran parte del tiempo trabajando en cualquier labor, sin importar los rendimientos.

El ingenio sirvió para que se estructurara una organización humana de explotación del hombre, con el único objetivo de obtener grandes ganancias a costa del trabajo esclavo. El trabajador cubano actual tiene, en sus condiciones de vida y trabajo, mayor similitud con la faena esclava por no recibir compensaciones o recibiendo muy pocas, a cambio. El obrero cubano, a diferencia de un esclavo, recibe un salario que no satisface las más mínimas expectativas humanas.

Moreno Fraginals resume así una dramática etapa de nuestra historia que se mantiene ahora, cuando el obrero cubano subsiste para no morirse. Ahora es el esclavo moderno de un sistema que esconde, en su aparente generosidad, las más sutiles artimañas de esclavización.

Las Tunas, octubre de 1999

José Prats Sariol, panelista en ausencia
Literatura
leído por la **Dra. Rosa Leonor Whitmarch**

Literatura cubana, 1999

Goethe escribió sobre el crepúsculo que "todo lo cercano se aleja". Cuando mi punto de vista se distancie y extrañe, junto con las circunstancias que lo contextualizan, tal vez quede un respeto a la interacción estética entre agón y canon como única certeza de las páginas subsiguientes. Sonrío cada vez que oigo o leo expresiones como "Sin lugar a dudas". Me parecen dictadas por la haraganería o por el fanatismo. Sea pues el alejamiento de lo cercano, como el crepúsculo de la revolución de 1959, la primera sugerencia de esta opinión.

El rizoma que padece la cultura cubana, su anomalía distintiva, es la premisa esencial. Una triste consecuencia de la Guerra Civil Española (trans-terrados) es la palabra que hoy mejor envuelve a los cubanos, sean insiliados (en-terrados) o exiliados (des-terrados). Nos remitimos a una tierra de existencias precarias, que ha pasado del sueño de asentarse en ella a la pesadilla de huir de ella. El prefijo "trans" no sólo indica "paso al lado opuesto" sino también "paso a través de". Identificar nuestro dilema actual, desde luego, resuelve tan poco como las cristianas intenciones de frases como "el amor todo lo puede". La empecinada realidad impone la práctica y la teoría del caos, la rumba y el rumbo.

Fijar los alcances del título supone cierto consenso. Sabemos, sin embargo, que la "aldea global" ha puesto en crisis el concepto de nacionalidad heredado de los iluministas y románticos. Muchos se preguntan si no sería más eficaz hablar de literatura en Cuba, y dejar a la unidad lingüística (la comunidad hispanoparlante) los deslindes decisivos respecto de otras literaturas (de habla inglesa, japonesa, alemana, francesa...). Pero si se constriñe y estriñe el concepto al ciclónico azar de este archipiélago, llegamos a una hipótesis: La literatura escrita en español por cubanos o sus descendientes con independencia de credos, lugar de residencia, poéticas autorales, temas criollos o exóticos... Por supuesto que no son pocas las objeciones a este postulado. Baste esbozar la principal: ¿Qué es lo cubano, la cubanidad, la cubanía?

Al revisar algunos intentos serios por responder a tan difícil pregunta (la mayoría son cápsulas demagogas o placebos geopolíticos) hallo validez en una reflexión de José Lezama Lima, contenida en un artículo publicado en El Diario de la Marina el 14 de enero de 1950. En el primer párrafo dice: "Reuniones y reuniones en lo de Teatro cubano. Primero, una reacción de ventura y timidez ante aquellos que reclaman una metafísica cubana, una novela cubana, un arte cubano, pues cualesquiera de esos deseos marchan acompañados de interrogaciones, de problematizaciones de difícil destejer. Habría que hacer del vivir cubano, hacer en el sentido de hecho por las secularidades, una integración, marcha hacia metas lejanas, y una desintegración, tejido de proliferación inútil que subraya ya su desaparición". Y agrega: "Pero ¿qué es lo cubano? Difícil respuesta, cuando todos sabemos que los pueblos se van haciendo por decantación, y que lo cuantitativo, lo no diferenciado, la sobreabundancia sin nombre y sin motivo, ese inmenso arsenal sobre el cual después la intuición arranca una chispa definida, pueden irnos dando una respuesta".

Casi medio siglo después la idea intemporal ("irnos dando") de Lezama mantiene sus filos. Obsérvese que no se pregunta por una identidad, la da por algo real y en movimiento, vinculada –como afirma más adelante– a la existencia no sólo de un "lenguaje de madurez" (entiéndase calidad artística) sino a que la nación "esté en forma y decisión, tensa y fuerte en sus proyecciones". Aquí, precisamente, está el enorme, abismal problema de 1999: ¿Responde la nación cubana a esas proyecciones?

La respuesta exige no inferir mecánicamente efectos de causas que en la historia poco han influido en los movimientos estéticos, en el surgimiento de creadores talentosos, obras fuertes y movimientos artísticos. Tres observaciones son básicas: La emigración de relevantes escritores ha sido una constante en Cuba desde finales del siglo XVIII, desde José María Heredia hasta Lidia Cabrera y Jorge Mañach, desde Domingo del Monte hasta Gastón Baquero y Eugenio Florit, desde Félix Varela hasta Severo Sarduy y Reinaldo Arenas... ¿Hay que recordar que Martí vivió más años fuera que dentro de Cuba?. En consecuencia –sea una ventaja o una hipoteca– tal sesgo es mejor asumirlo como una característica, quizás derivada del siempre tormentoso supersincretismo caribeño –como sagazmente apuntara Antonio Benítez Rojo en La isla que se repite. La segunda observación implica un deslinde esencial: el cuerpo de ideas y creencias del autor ejerce una exigua presión sobre la calidad artística, sobre el ascenso al canon, más flexible en razón de modas –cuyas causas cada vez son más aleatorias– que de prontuarios ideológicos o catecismos políticos de cualquier signo, como demuestran las obras de Alejo Carpentier, Nicolás Guillén, Virgilio Piñera, Eliseo Diego, Calvert Casey, Luis Rogelio Nogueras, Amando Fernández, Raúl Hernández Novás... Y por último: Motivos temáticos, localizaciones, jergas folcloristas o inefables sentidos criollos –del choteo al hedonismo sensualista–, no determinan automáticamente los deslindes espirituales o las contextualizaciones. Tampoco conceden fragor expresivo.

Puede convenirse, después de las tres advertencias, en que hoy la nación cubana ni está "en forma y decisión", ni "tensa y fuerte". La crisis de identidad es un fenómeno planetario, pero entre nosotros se agrava por la dramática realidad, favorecida por la miopía prepotente de los sucesivos gobiernos norteamericanos, por la amarga paradoja de que Cuba depende hoy —más que nunca antes en su historia— de los Estados Unidos de América. La sencilla brutalidad de un país descapitalizado convierte la dialéctica lezamiana en indefensión. Nuestra literatura no puede ofrecer más que una fragmentación semejante a la de la familia cubana. Pensar lo contrario no pasa de ser una esperanza tan bovarista como los triunfalismos que niegan la borboteante permanencia de discriminaciones económicas, raciales, sexuales, territoriales... Es obvio que la cultura artística y literaria no flota en un limbo, no puede independizarse –aunque quiera o se aleje– de los circuitos socioeconómicos, educativos y mediáticos. También sería absurdo pensar que es impermeable a fenómenos mundiales como la trivialización de la cultura, la neoliberalista ruleta de las bolsas de valores o la extinción del lector con la misma rapidez criminal con que se está perdiendo ozono o especies, selvas o agua potable.

Sin embargo, el desolador balance refleja el bosque, no los árboles. Cuando afirmo que la literatura cubana en 1999 presenta un panorama fraccionado me refiero al conjunto, no a la existencia y producción de obras valiosas. Es la estructura, el complejo tejido que va desde el creador hasta el lector, quien está enferma. Intentar curarla sólo puede partir de que la nación sea una en la diversidad, plural en su singularidad. Es decir, de cuando desaparezca el monólogo que frena las fuerzas productivas y enajena las relaciones de producción. De cuando la ecumenicidad sea tan natural como la existencia cotidiana de un Estado de Derecho y de una sociedad civil.

Como siempre en nuestra historia, bajo sombras y borrascas empobrecedoras no han dejado de escribirse poemas, cuentos, novelas, ensayos, obras teatrales, críticas y testimonios valiosos. Allá los que se escudan en la autolástima y la culpa ajena. Tanto dentro como fuera del país la producción no ha cesado. Cuatro generaciones de escritores en plena actividad enriquecen los caudales culturales de la fragmentada nación cubana. Ediciones y traducciones, reconocimientos y premios internacionales, estudios y tesis, reflejan el éxito. Por encima de la censura y de la autocensura, del vacío migratorio y de la comercialización banal, han surgido nuevos valores que esperan para conformar una literatura sistémica, de símiles y disímiles resonancias.

Alguna vez Heberto Padilla conjeturó que todos los que permanecemos en el país somos cómplices, en alguna medida, de la situación imperante. Confieso que cuando rechazo la acusación me queda por algún resquicio la certeza de que sería verdad si incluyera –tal vez con mayores culpas– a cada uno de los que han abandonado el país. Pero en 1999, cuando la compleja, traumática y lenta transición iniciada a principios de la década comienza a exhibir su irreversibilidad e impone su marcha, este tipo de análisis huele a viejo, a resentimientos empobrecedores, a estatuas de sal.

Dentro del país la situación de la literatura es muy diferente a la de hace diez, ocho o cinco años. Es usual aludir simbólicamente a un cuento de García Márquez: El Coronel no tiene quien le escriba. Las poéticas autorales, sobre todo la de los jóvenes, nada tienen que ver con el "realismo socialista" y su exacta contrapartida, el "realismo capitalista". No hay caricaturas a la vista. Los motivos íntimos priman con su compromiso individual sobre las ruinas del sociologismo panfletario, las moralejas pedagógicas y los maniqueísmos. Poco a poco se rompe el monopolio editorial. Surgen espacios alternativos, como las revistas e imprentas vinculadas a las iglesias. La censura partidista pierde día tras día a sus propios censores. Las contraofensivas terminan entre viajes a ferias de libros y evidencias de que las cerrazones son insostenibles. Las "batallas ideológicas", el lenguaje militar y las consignas van quedando en los museos. La Ley 88 de febrero de este año –conocida popularmente como Ley Mordaza– es la prueba más elocuente de la desesperación final. Se abren librerías en dólares que venden títulos –expurgados– de editoriales extranjeras. Internet comienza a hacer de las suyas y el correo electrónico rompe el autobloqueo. Muchos insiliados consiguen colocarse en el mercado internacional del libro. Tímidamente se publican textos de autores exiliados y se debaten temas candentes. Se envían inéditos a concursos fuera de Cuba y se colabora en revistas y diarios extranjeros sin demasiado temor a represalias... Asistimos al pataleo del sectarismo anquilosante. Es el comienzo, retrasado y retrasable pero indetenible, de la normalidad.

Avanzamos, también, con la ayuda de los espacios pluralistas que han aparecido entre los exiliados. Pocos repiten la estupidez de que la literatura cubana sólo está en el cementerio, la cárcel o el destierro. Eventos de "La Isla Entera" favorecen la visión unitaria. Intercambios personales, telefónicos o epistolares liman reticencias. Se arrincona paulatinamente a mediocres, fanáticos, oportunistas y demagogos de todas las banderas, aunque la comercialización privilegie a veces la seudoliteratura de aeropuerto (los libros que dejamos en el buzón del asiento delantero), las vanity press sobrevivan publicando libros pagados por el propio autor o sus mecenas; y aquí dentro dinosaurios y sabandijas burocráticos sean promocionados como si fuesen estrellas rutilantes, o las editoriales oficiales no dejen de publicar textos por razones exógenas, de fantasmales valores artísticos.

Quizás el mejor signo hacia la normalización, de la que ya comenzamos a disfrutar las primeras bondades y a padecer sus calamidades iniciales, es el eclecticismo crítico que prima en la espiritualidad de los autores y la consiguiente convivencia de diversas estéticas y tendencias expresivas en todos los géneros, como he estudiado en otro ensayo (Cf. "Poesía cubana hacia el 2000"). La noción de posmodernidad, en tanto rechaza las filosofías "modernas" y su ilusión de "progreso", favorece los análisis fenomenológicos y aguza las herramientas críticas. La defensa del canon occidental –como nos enseña Harold Bloom– estigmatiza las lecturas inferencistas donde la literatura quedaba supeditada a la historia y la sociología, la geografía y la antropología, la psicología y sobre todo la ideología. Mil y un textos –dentro de la hipótesis de lo "cubano"– conforman una literatura controvertida y disímil, que reafirma su transculturada identidad y exhibe sus ángeles y demonios.

Mi reflexión final no resume ni la socorrida esperanza ni la evidencia de cambios. Me parece que el escritor cubano –como el de cualquier otra parte– se enfrenta a la página en blanco cuando el planeta es totalmente fiel a la máxima de que el hombre ha cambiado muy poco en milenios. Pero cuando la llena de signos no puede olvidar que aún está "transterrado" en un rizoma, dentro de una protuberancia que arrastra un pasado tormentoso y un presente incierto. Y entonces no quisiera tener que citar a José Martí —porque de tan manipulado se ha vuelto intocable— para recordar que "el odio no construye".

La Habana, octubre 1999

José Hidalgo Gato, panelista en ausencia
Economía
leído por el **Dr. Gastón Fernández de la Torriente**

"Conquistas" socio-económicas del experimento comunista en Cuba

El gobierno cubano ha utilizado todos los medios a su alcance –que no son pocos— para presentar este largo período de estancia en el poder como el de los más grandes logros en toda la historia de la nación, dibujando como sombría toda la etapa republicana, en la que "los políticos de entonces utilizaban para su beneficio los presupuestos del estado".

Se habla de "logros" sociales que sólo la revolución castrista podía obtener. Y esas conquistas son presentadas a la opinión pública internacional como ejemplo a seguir por los países subdesarrollados: "Tenemos el primer lugar entre los países del Tercer Mundo en Educación y por encima de varios países industrializados. Primer lugar entre los países del Tercer Mundo en Salud Pública y con índices que están también por encima de varios países industrializados y nos acercamos, aceleradamente, a los primeros lugares del mundo."

Según el discurso oficial, hasta 1958 la Salud Pública resultó "ineficiente". Era utilizada por los políticos para obtener votos. Pero las estadísticas de la época dicen lo contrario.

Cuba, en 1958, registró la tasa más baja de mortalidad infantil en América Latina, con 40,0 por cada mil niños nacidos vivos. En este año poseía índices en este indicador superiores a Francia (41,9), Japón (48,9), e Italia (52,8). Sin embargo, en 1994, Cuba había reducido este indicador a 9,9. Siendo superior a las registradas por esas mismas naciones. (Francia 7,0; Japón 4,0; e Italia 8,0).

Pero junto a la tasa de mortalidad infantil también descendió la tasa de natalidad. Cuba presentó la tasa de natalidad más baja de Latinoamérica en el quinquenio 1990-1995. Además de presentar la tasa de abortos más alta de los países analizados: el doble.

La Organización Mundial de la Salud refleja en sus estadísticas que en el período 1950-1954, Cuba poseía un médico por cada 960 habitantes. Este indicador comparado con 30 países en el mundo era superior a la de Escocia (970), Bélgica (980), Inglaterra (1,200), Brasil (3,000) y México (2,400). Cuba ocupaba entonces el décimo lugar en el mundo y el primero en Latinoamérica. Este índice sólo fue superado en 1976. En la actualidad sigue siendo el más adelantado de la región. Pero mundialmente pasó del lugar 13 al 24.

En términos de médicos y dentistas Cuba poseía el tercer lugar de América, después de Argentina y Uruguay. En el año 1957, según el Anuario de la ONU, la isla tenía 128 médicos y dentistas para cada 1,000 habitantes. Se equipara a Holanda y superaba al Reino Unido (122).

La educación se presenta también como "un gran logro de la revolución". Es verdad que se han realizado gran cantidad de inversiones, se han inaugurado escuelas primarias, secundarias, pre universitarios y sedes universitarias. Pero en esos centros se siguió la regla de que "la escuela es la mejor vía para introducir la ideología".

En Cuba, a pesar de haberse librado las guerras de independencias, el índice de analfabetismo no era alto. Al terminar las luchas del siglo pasado, de cada 100 personas de más de 10 años, sólo 28 no sabían leer y escribir. Actualmente, de cada 100 personas mayores de 10 años, sólo 16 no saben leer ni escribir. Cuba después de una masiva campaña de alfabetización registró un índice de analfabetismo del 12,9%.

En el curso de 1955-1956 la enseñanza primaria registró un índice de matricula de 1,032 alumnos por 10,000 habitantes. Superior a los cursos 1988-1989 (866,5). Y del curso 1989-1990 que fue de 841,6.

En la enseñanza superior se registró una matrícula en el curso 1955-1956 de 38 alumnos por cada 10,000 habitantes. En el curso 1965-1966 la matrícula fue de 34 alumnos. Para el curso 1970-71 se matricularon 41 alumnos por cada 10,000 ciudadanos. También en indicadores de consumos alimentarios, Cuba, según el anuario estadístico de la ONU de 1960 ocupaba el tercer lugar entre los países de América Latina en el consumo per capita de calorías.

El informe de consumo de carnes de 1991, hecho por la FAO indica que Cuba descendió de 33 kilogramos por año a 23. En el suministro de cereales bajó de 106 kilogramos anuales a finales de la década de los 40 a 100 kilogramos medio siglo después.

Los anuarios de la ONU sitúan a La mayor de Las Antillas en el cuarto lugar en 1958 en América Latina por el número de periódicos (58), sólo superada por México, Argentina y Brasil. En estaciones era vanguardia con 23 televisoras, lo que superaba a México (12) y Venezuela (10). Poseía, además, 160 estaciones de radio, con lo que dejaba atrás a Australia (83), Reino Unido (62) y Francia (50). La fuente coloca a Cuba en el octavo lugar mundial en este indicador.

Las exportaciones de Cuba en 1958 eran muy superiores a las de Chile y Colombia. Estos países ahora la superan. En ese año poseía un flujo de inversiones tal que Estados Unidos aportaban 861 millones de dólares. Según el FMI, de los veinte países de la región, de los que se poseen datos, actualmente la isla ocupa el último lugar en crecimiento de las exportaciones, por debajo de Haití.

Los datos anteriores pueden ayudar a comprender el costo en el bienestar general que ha tenido que pagar la sociedad cubana por el delirante experimento a que ha sido sometida por cuatro décadas la nación.

Fuentes: Fidel Castro; ONU, Anuario estadístico de 1995; Informe económico: Banco Nacional de Cuba, 1994; Boletín ONU, 1995; Anuario estadístico CEPAL; Adolfo Hitler: Mein Kampf; Leví Marrero y otros: Geografía de Cuba, La Habana, 1957; JUCEPLAN: Censo población y vivienda, 1970; Anuario estadístico de Cuba, 1957; Anuario estadístico de Cuba, 1989; Anuario estadístico de Cuba, 1957.

La Habana 6 de junio de 1999

Todo comenzó antes de la desintegración

Desde que se produjo el histórico hecho de la desintegración de la Unión Soviética, la cúpula dirigente cubana ha tratado de utilizar ese hecho para enmascarar la ineficiencia del sistema.

Se le achaca al episodio, entre otras cosas, el desabastecimiento de los productos del agro en los mercados del país. Y la reducción de los suministros de petróleo, fertilizantes y equipos agrícolas es lo que motiva las bajas producciones.

Sin embargo, los informes estadísticos de Cuba y organismos especializados reflejan que las producciones de la agricultura cubana disminuyeron, de año en año, en toda la década del 80, mucho antes de que desapareciera la ayuda soviética.

Entre los años 1981 y 1989 las producciones de la agricultura no cañera –al igual que la cañera– marcaron un decrecimiento progresivo. Los rendimientos por hectáreas sembradas de papa se redujeron de 20,10 toneladas por hectáreas, en 1981, a 16,72 toneladas por hectáreas en 1989. La malanga, que en 1981 rendía 11,30 toneladas por hectáreas, en 1989 sólo produjo 5,49 toneladas por hectáreas.[1]

En este periodo, en que Cuba recibía créditos y tratos preferenciales, los rendimientos del arroz bajaron de 3,41 toneladas por hectáreas en 1981 a 3,28 en 1989. La producción de tomate en ese mismo periodo se redujo de 12,79 a 6,44 toneladas por hectáreas en 1989. La cebolla redujo su rendimiento de 8,10 a 3,69 toneladas por hectáreas en 1989.[2]

---

[1] Anuario estadístico de Cuba, 1989.
[2] Idem.

Como dato adicional hay que señalar que a pesar de la desintegración del campo comunista –según datos de la CEPAL–, Cuba incrementó su consumo de fertilizantes en 1989 y 1995, en un 28%.[3]

La masa ganadera cubana también se redujo progresivamente desde 1957. En ese año existían 5,3 millones de cabezas de ganado[4] y no obstante reducirse su consumo mediante la cartilla de racionamiento, en 1989 se había reducido a 4,91 millones de cabezas. En el periodo 1980-1989 se redujo el per capita de carne vacuna en el consumo de la población de 7,8 a 6,8 kilogramos per capita.[5]

Con el descenso de la masa vacuna, descendió a su vez la producción y entrega de leche fresca. Entre los años 1984-1988 se redujo la producción en 26,5 miles de toneladas[6] (6). Este déficit de leche fresca fue sustituido por entregas de leche en polvo, de la antigua Alemania Democrática. Es decir, que la caída del muro de Berlín no afectó la producción la producción de leche fresca sino que hizo que aflorara la ineficiencia de la producción ganadera.

El huevo, que es el alimento que más proteínas aporta a la dieta del cubano, no fue una excepción. En el año 1984 el per capita por consumidor era de 254,6 unidades, reduciéndose a 238,5 en 1989. Un 1,4% de menos. La captura de la pesca se redujo en 1986 y 1989 en un 25%. En 1989 más del 50% de las calorías consumidas por la población fueron de importación.[7]

En estos años de la década del 80 no sólo la agricultura presentó síntomas de un gran estancamiento. El sector industrial fue incapaz de generar fondos para el consumo nacional debido al deficiente aprovechamiento de sus capacidades.

De esta aguda crisis que sufre la economía sólo es culpable el régimen cubano. No es del exterior de donde procede el bloqueo que sufre la sociedad cubana. Es el resultado de la cerrazón ideológica-burocrática que ejerce la actual dirigencia. De esta forma tratan de bloquear los caminos de los que urge la economía para que las soluciones no pongan en peligro el control absoluto del partido comunista sobre la sociedad.

La Habana, 16 de junio de 1999

---

[3] Informe CEPAL 1996.

[4] Leví Marrero, Geografía de Cuba.

[5] Anuario Estadístico de Cuba, 1989.

[6] Idem.

[7] Idem.

PANEL: Arquitectura, ingeniería y escultura
Moderador: *Alberto S. Bustamante*

Ysrael A. Seinuk
Cooper Union, NY

Contribución de los ingenieros cubanos en el exilio

Esta ponencia, no por falta de esfuerzo, podríamos decir que peca de incompleta. En ella se presentan solamente impresionantes aportes de aquellos Ingenieros que respondieron a nuestra solicitud. Queda para el futuro poder completarla, aunque resultará una labor casi imposible si no se logra contar con la cooperación personal de aquéllos que no nos remitieron sus datos, o de los que no llegamos a identificar en este informe.

Siendo entonces ésta una exposición de carácter limitado, ciertamente demuestra la importancia de la obra creativa de sólo 95 de los cubanos especializados en las diferentes ramas de la Ingeniería.

Estos Ingenieros han logrado lo siguiente como resultado de sus actividades en el exilio:

- 109 Patentes.
- 446 Publicaciones importantes.
- 85 Premios
- Profesorado en Universidades, entre ellas:
    - Purdue University
    - Imperial College of Science and Technology
    - London Royal Institute of Technology
    - University of Waterloo
    - Cornell University
    - Florida International University
    - Miami University
    - Massachusetts Institute of Technology
    - Florida University
    - University of Illinois
    - Universidad de Puerto Rico
    - The Cooper Union

- 10 Ejecutivos principales en corporaciones mayores.
- 18 Directores de departamentos de Ingeniería en las principales Corporaciones Norteamericanas.
- 14 Fellows de diferentes Asociaciones de Ingeniería nacionales e internacionales.
- Han sido los diseñadores responsables de la mayoría de los rascacielos modernos en Nueva York y de un gran número en Miami e internacionalmente.

No se puede exponer el presente informe sin reconocer la fuente de gran parte de nuestro entrenamiento: la Escuela de Ingeniería de la Universidad de la Habana, los profesores, tanto desde sus respectivas Cátedras como en la práctica profesional.

Es necesario, aunque sólo sirva de información para aquéllos que quizás no tengan conocimiento de la elevación adquirida por la Ingeniería en Cuba, llamar la atención a la realidad y demostrar que en ciertas técnicas, Cuba, en los años 50, no sólo estaba más avanzada que nuestros vecinos norteños sino también del resto del mundo. Ese avance se paraliza primero y se esfuma después, junto con la libertad en nuestra Patria.

Particularmente en el campo de la Ingeniería Estructural y particularmente en las construcciones de Hormigón Armado –o más popularmente, concreto– Cuba no sólo estaba en la primera línea, sino que encabezaba la tecnología mundial de este material.

Esta tecnología avanza propulsada por un grupo de Ingenieros, entre ellos se destacan José Antonio Vila, José Menéndez, Mario Usares, Ignacio Martín y contratistas como Bartolomé Bestard, Fernando Munillas y tantos otros, a los que me excuso por no mencionar.

Especialmente es necesario singularizar, por sus originales ideas que elevan a Cuba sobre la mayoría de los países de tecnología avanzada, al Ingeniero Luis Sáenz Duplace, el maestro. Bajo la tutela e inspiración de Sáenz, un grupo de Ingenieros jóvenes añaden un impulso pionero en la década de los años 50.

Al principio del exilio la miopía y debilidad del ejercicio profesional norteamericano o quizás por el recelo o la incomprensión, esos Ingenieros ya entrados en años, se encuentran estancados dentro de un esquema extranjero. La perdida no es sólo para Cuba, si se toma en consideración que para alcanzar el nivel cubano en estructuras, le tomó a Norteamérica casi una década. En esta década la contribución de nuestros exilados constituye un factor importante en el desarrollo del pensamiento y la técnica en los EE UU.

Lo que sigue a modo de apéndice es una exposición de los logros individuales de los Cubanos exiliados en las diferentes ramas de la Ingeniería.

Es necesario repetir que en lo presentado faltan los particulares de aquel grupo, que por las razones anteriormente expresadas, no están incluidos. Una vez añadidos es lógico esperar un impacto mayor en lo que realmente constituye una demostración de la cual todos los cubanos de pensamiento libre, incluyendo aquellos aprisionados por la tiranía, deben sentir el orgullo patriótico de nuestra procedencia.

Queda pues por último, solicitar al lector que pueda ampliar lo que aquí se presenta, toda su cooperación para poder, en lo más posible, completar esta presentación.

Maestros
(en orden alfabético)

- Humberto Alvira
- Bartolomé Bestard
- Luciano de Goicoechea
- Manuel López
- Ignacio Martín
- José Menéndez
- Fernando Munilla
- Luis Alberto Núñez
- Cirilo Pérez Díaz
- Benigno Recarey
- Agustín Recio
- Antonio Rosado
- Luis Sáenz Duplace
- Mario Suárez
- José Antonio Vilá
- Miguel Villa

Armando J. Acosta
University of Illinois, 1963
- Florida Engineer of the Year 1985.

Luis Boza
Doctor en Ciencias Físico -Matemáticas
Universidad de La Habana

María del Carmen Cásares
Stevens Institute of Technology, 1986

Jaime J. Córdoba
Universidad de la Habana, 1954
- Implementación de sistemas automáticos y redacción de los procedimientos para la reducción de tensiones en soldaduras para la Termoeléctrica Sevillana de Electricidad en España.
- Montaje de trenes de Laminación en la Siderúrgica Uninsa, Bilbao, España.
- Vice-Presidente y Jefe del Departamento de Proyectos Especiales. Bermúdez y Longo, Puerto Rico.

Charles Danger
California State College, L.A.
- Director del Departamento de Edificios del Condado Miami-Dade.
- Director de la Oficina de Cumplimiento del Código para Edificios de Miami- Dade.
- Inspector Jefe de Electricidad, Condado Dade.
- Iniciador de un número de mejoras internas para reformar los procesos de revisión de planos, aprobación de permisos y los procesos de inspección del Condado.

Jorge F. Dopazo
Universidad de la Habana, 1950

Porfirio Espinosa

Luis F. Era
Professional Engineer

George W. Foyo

José A. Gómez
Polytechnic Institute of New York, 1973
- Principal Electrical Engineer, Ebasco. New York, Florida, Tennessee y México.
- Proyectos Al-Hejailin, Saudi Arabia.
- Ingeniero de proyectos, Arabian-American Oil Company (ARAMCO).
- Millstone Nuclear Power Plant- designado por Raytheon para corregir problemas que resultaron en el cierre de la planta.

William Gundaker
Universidad de la Habana, 1955

Hiram Hernández
Universidad De La Habana, 1952

Emilio J. Hospital
Universidad De La Habana, 1951

José Hernández
Universidad de California, Santa Clara

Hugo A. Jiménez
Universidad de La Habana, 1954

Manuel M. Machín

Dr. Modesto Maidique

Pedro O. Martínez, P.E.
Universidad de La Habana, 1952
- Dos décadas de práctica privada.
- The Edwin Guth Award from IES.
- Miembro del primer Comité de ASHRAE-IES que creó los *standards* 90-75
- Dos veces Chairman del Board of Professional Engineers.
- Chairman de los comités de Aplicaciones, Ingenieros y Arquitectos, Legislatura y Causas Probables.
- Recipiente de numerosos premios, entre ellos, Engineer of the Year de La Asociación de Ingenieros Cubanos y del Florida Engineering Society.
- Fellow, Florida Engineering Society

Pedro "Pete" L. Martínez
B.S. Electrical Engineering, UM
- Director y Principal de IBM *e-business* Consulting Practices, unidad que creo y organizó.
- Por un cuarto de siglo ha sido Líder de múltiples *entrepenurial ventures* en Tecnología e Información.
- Dirigió el team de IBM que propuso nuevas estrategias corporativas en organización y sistema de *management*.
- Autor de más de 20 patentes y publicaciones, y ha sido recipiente de numerosos premios por excelencia.
- Miembro del National Center for Missing and Exploited Children.
- Board member State of New York Great Potential Programs.

Serafín García Menocal
Universidad de La Habana, 1938

Argentino L. Miñana
Villanova University, PA.

Reinaldo B. More
Tulane University
Florida Atlantic University

Agustín A. Recio

Ernesto J. Rodríguez

Jacinto Rodríguez
Universidad de la Habana, 1955
Illinois Institute of Technology, MS, 1967

Manuel R. Santana
Hartford University, 1970

Eugenio Valdés Travieso

Rubén G. Carbonell

Roberto Goizueta
Yale University

Ferdinand Rodríguez
Cornell University

Enrique J. Sosa
Ingeniero Químico University of Florida, Ph. D.

Ernesto E. Blanco
Universidad de la Habana

Niles J. Díaz
Universidad de Villanueva, Cuba, 1960
University of Florida, Gainsville, Ph. D. (Nuclear Engineeering)
Antonio J. Otero

Sergio S. Segarra

César Seoane
Villanova University-New Jersey Institute of Technology
- Burns and Roe, Ingeniero Jefe del Departamento de Turbinas de Combustión y de Tecnología de Ciclos Combinados.

- Ebasco, Jefe de Ingeniería Mecánica.
- Director de proyectos nucleares, de energía fósil y de ciclos combinados.
- Louisiana, New Jersey, Santo Domingo, España, Inglaterra y Tailandia.

Enrico Henry Chía
Georgia Institute of Technology

José Abreu
University of Miami

Francisco Alemán
University of Miami
- Presidente- F.R.Alemán and Associates.
- Diseñadores de Sistemas de Tráfico Inteligentes, Sistemas Complejos para Control de Tráfico y Sistemas Avanzados para la Administración del Tráfico para las Ciudades: Jacksonville, Miami-Dade y Orlando.

Víctor Benítez
Rensselear Polytechnic Institute 1961
- Presidente y Jefe Ejecutivo de Metric Engineering.
- Participantes en el diseño del Miami-Dade Metro Mover en la extensión de Brickell Avenue.
- I-95 en Palm Beach County.
- Rampa del SR 112 hacia el aeropuerto de Miami.

Rubén Barán
Universidad de la Habana, 1953
- Distinguido en Ingeniería Estructural con numerosos edificios en la Florida particularmente en el área de Miami.
- Solimar Towers, Surfside.
- Florida Tower, Miami Beach.
- The Waves, Surfside.
- West Bay Plaza, Miami Beach.

Building Officials

José M. Castaño

Bernardo Deschapelles
Universidad de la Habana, 1954

DONNELL, DUQUESNE, ALBAISA
Ramón Donnell
U of Miami, 1966
Pedro Duquesne
Louisiana State U., 1971
Aida Albaisa
U of Miami, 1987

- Socios de Donnell, Duquesne and Albaisa.
- La firma es reconocida nacionalmente por sus proyectos estructurales y por la experiencia en el uso de toda clase de materiales estructurales.
- Grove Hill Tower, Coconut Grove.
- American Airline Arena, Miami.
- Miami Beach Convention Center.
- Police Department Headquarters.

Julio Esquível
Universidad de la Habana, 1965

Paul Echániz
Manhattan College, 1971

- President EGS Associates Inc.-Geotécnica.
- Monoraíl del Aeropuerto de Newark.
- Tronco ferroviario New York-Washington.
- Renovación de Grand Central Station, NY.
- Centro de control del *subway*, NY.
- Aeropuerto de Dohaq, Qatar.

Ángel M. Figueredo
Universidad de la Habana, 1952

Alberto F. Gutiérrez
Universidad de la Habana, 1952

Flavio Gómez
Universidad de la Habana-University of Miami

- Director de la División de Edificios- Miami Dade County.
- Chief Structural and Building Plans Examiner- City of Miami Beach.
- Building Inspector and Structural and Building Plans Examiner- City of Miami.

German Gurfinkel
Universidad de la Habana 1955- Universidad de Illinois

- Profesor Emeritus de Ingeniería Civil, Universidad de Illinois.

- Fellow American Society of Civil Engineers.
- Experto en la investigación de fallos estructurales.
- Recipiente de 19 premios profesionales.
- Autor de libros de texto de diseño en madera y hormigón resforzado.
- Consultor del US Air Force.
- Autor de 76 publicaciones técnicas.

Ángel Herrera
Universidad de la Habana

Jefes de Departamentos

Foster Wheeler Corporation

EDUARDO ZORRILLA, Engineering
- Zorrilla es hoy Presidente en Houston, Texas de Zydex Engineering& Development.

Santiago Iglesias, Mecánica
Braulio González, Proyectos
Fernando Estrems, Stress Analysis
George Grosso, Eléctrica

Federico León
Universidad de la Habana
- Ingeniero Geológico y Estructural.
- Pionero del método de Compactación. Dinámica para la Estabilización de Suelos.
- Ingeniero Principal de Rader Engineering.
- Miembro del Comité de Revisión de Productos para Edificaciones.
- Consejero de muchos Ingenieros jóvenes.

Juan Merladet
Universidad de la Habana
- Ingeniero proyectista del New York City Department of Transportation.
- Puente en Rickers Island.
- Puentes en Staten Island.
- Puentes sobre el Long Island Railroad.

Jaime Alberto Mitrani
Universidad de la Habana, 1946
Universidad de Illinois, 1948

- Fellow American Society of Civil Engineers.
- Ingeniero Jefe Pavlo Engineering.
- Diseñador del puente pre-esforzado curvo en la sección SR 836 del Dolphin Expwy.
- Socio y Jefe Ejecutivo:
- Mitrani Inc.-Newark Homes Inc. - M. Developers Inc.
- Profesor Adjunto. College of Engineering, University of Florida.

José A. Mitrani
University of Florida

- Chairman, Department of Construction Management. College of Engineering, FIU.
- Director Asociado- Physical Mitigation FIU's International Hurricane Center.
- Fellow American Society of Civil Engineers.
- Miembro del Board of Trustees - American Council for Construction Education.
- Consultor del Corps of Engineers.
- Autor de numerosos artículos.

Ignacio Martin
Universidad de la Habana, 1951
University of Illinois, MS, 1952

Servando Parapar
University of Miami
University of Florida

- Fue Director de Planeamiento e Ingeniería del Distrito #6 del Departamento de Transporte de la Florida.
- Actualmente es Director del Miami- Dade Expressway Authority.

Carlos A. Penin
University of Florida - FIU

- Presidente y Director Ejecutivo, C.A.P. Engineering Consultants, Inc.
- Sirvió de "Chief Utility Engineer" en Deltona Utilities Inc. siendo responsable por 9 comunidades del Estado.
- City Engineer- S. Miami, W. Miami and the Village of Key Biscayne.
- Engineer of the Year 1996-1999.

Raúl Puig
- Presidente- The Raúl Puig Group.
- Ingenieros Estructurales de varios de los edificios altos de Miami: Santa María, La Gorce Palace, Bristol Towers, Barnett Center y The Continuum.

Arturo Gorces
Universidad de la Habana

Manuel A. Ray
Universidad de la Habana, 1946-University of Utah, 1949
- Socio Principal de Ray Architects Engineers.
- Consultor del Planning Board de Puerto Rico.
- Diseñador de numerosos proyectos en Latinoamérica.
- Consultor del Ford Foundation en NewYork.
- Recipiente de varias patentes por sistemas estructurales.
- Autor, Conferencista y Educador.

Rafael L. Robayna
Miami Dade Jr.College
University of Florida-FIU
- Presidente - Robayna and Associates, Inc.
- Jefe de la Sección de planeamiento de carreteras del condado Miami-Dade.
- Liason entre "Surface Transit and Metro Rail" durante el planeamiento de ese proyecto.
- Diseñador del sistema de Canales para Marco Island.
- Miembro de numerosos comités profesionales.

Juliana Salas
Universidad de la Habana
Florida International University
- Director Diputado del Departamento de Edificios del Miami-Dade County.
- Code Compliance Officer- Office of Building Code Compliance.
- Structural Plan Examiner-Building and Zoning Department.

Mario G. Suárez
Universidad de la Habana, 1948
Universidad de Illinois, MS, 1950

- Reconocido internacionalmente como un verdadero pionero en el desarrollo, diseño, construcción, evaluación e investigación de estructuras pre-esforzadas.
- Formó parte en Cuba del grupo diseñador del puente sobre el río Cañas, el puente pre-esforzado de más luz en ese momento en el hemisferio occidental.
- Socio de Schupack and Suárez.
- Ha participado en más de 500 proyectos en hormigón pre-esforzado y armado.
- Ha completado proyectos en EE UU, Canadá y Japón.
- Especialista en fallos y reparación de estructuras pre-esforzadas.

Oscar Suros
Columbia University - Lehigh University

- Manager de la División de Ingeniería y Arquitectura del New York-New Jersey Port Authority. Esta división ejecuta anualmente $500 millones en proyectos, entre ellos: el Aeropuerto de Newark, remodelación del Aeropuerto JFKennedy y Air Train Rapid Transit, JFK Airport.
- Fellow-American Society Civil Engineers.
- Autor y conferencista.
- 1996 NJSPE Engineer of the Year.
- 1994 Hispanic Engineer of the Year.

Isaac Sznol
Universidad de la Habana, 1961

- Water Management Division- Miami-Dade-County.
- Responsable de la implementación del plan de Control de Aguas.
- Creador de las Regulaciones para el diseño de sistemas de drenajes.
- Coordinador local para el National Flood Insurance Program.
- Participante en la redacción de varias secciones del Código de Miami-Dade.

Gastón de Zárraga
Universidad de Villanueva, 1960

- Jefe del Departamento de Estructuras de Grafton, Ferendino, Spillis and Candela.
- Presidente de Gastón de Zárraga and Associates.
- Es diseñador de numerosas estructuras en la Florida.
- Su compañía es una de las firmas más importantes en el Sur de la Florida, hoy se conoce como Donnell, Duquesne and Albaisa.

Ysrael A. Seinuk
Universidad de la Habana, 1954

- Jefe Ejecutivo de The Ysrael A. Seinuk P.C. y The Cantor Seinuk Group, con oficinas en Nueva York, Albany, Nueva Jersey y Londres.
- Decano de la Escuela de Arquitectura The Cooper Union for the Advancement of Science and Art.
- Profesor Jefe de la Cátedra de Estructuras y Chairman del Academic Standard Committee, The Cooper Union. New York.
- Fellow American Concrete Institute.
- Fellow American Society Civil Engineers.
- Fellow The Institution of Civil Engineers, Gran Bretaña.
- Honrado con 49 premios profesionales.
- 1999 Leader of Industry Award, New York.
- Autor, conferencista y educador. Presentado en programas de Radio y TV.
- Recipiente de patentes para el diseño de edificios superaltos en zona sísmicas.
- Su oficina ha diseñado el edificio más alto de Europa en Frankfurt; y en Latinoamérica, en Ciudad México. En estos momentos está erigiendo el edificio residencial de hormigón más alto del mundo en la ciudad de Nueva York. Este edificio será el más esbelto del mundo.
- Miami Performing Art Center.

PANEL: Poesía (1959-1980)
Moderador: *Orlando Rodríguez Sardiñas*

Rita Geada
Poeta

Escribir en el exilio: poesía de los primeros años

Hablar de mi experiencia poética en la primera etapa de tan largo exilio de cuarenta años es tener presentes a todos aquellos de mi generación, o próximos a ella, que compartimos similares vicisitudes al insertarnos en un medio ajeno entonces, angloparlante, y en una cultura diferente a la propia. Los que, muy jóvenes, salimos en los primeros años de la década del sesenta, a la vez del aislamiento a que nos vimos sometidos, tuvimos, al abrirnos paso, que rehacer nuestras vidas y proyectos quedados atrás comenzando a partir de cero y enfrentarnos a todas las pruebas iniciáticas de lo que constituye un exilio verdadero. Sin posibilidad de retorno, absolutamente incomunicados por el régimen castrista por el solo hecho de haber salido y quedado fuera de la Isla por no claudicar en nuestros principios, vivimos condenados al ostracismo, alejados del suelo natal y de nuestras más entrañables querencias familiares y costumbres. Estudiamos y trabajamos a la vez para sobrevivir, sin respaldo alguno nos esforzamos en nuestro nuevo espacio vital y, cuando el milagro de un tiempo libre nos lo permitía, tratábamos de escribir y publicar. Intentábamos el rescate de nuestros primeros sueños truncados por la historia; no era el "American Dream" lo que nos interesaba, sino el sobrevivir.

El exilio tiene, como Jano, dos rostros, el de la realidad inmediata con todos sus apremiantes e inicio de proyectos y el otro rostro, el que mira al pasado con la tristeza de todo lo entrañable que atrás quedara, familia, paisajes, modos de estar y convivir y los olores peculiares que pervaden un contorno determinado. El exilio se convierte en el país de la nostalgia aunque, paulatinamente, vaya llenándose de nuevas vivencias y de nuevas nostalgias. Dondequiera que estemos y aunque pasen los años esa nostalgia puede asaltarnos porque ya, desde sus comienzos, ha marcado en todo exilado una desgarradura, la cual se acrecienta en los poetas. Ese sentimiento, y el de la angustia y la soledad, han marcado la andadura vital y poética de los autores cubanos principalmente de los que salimos más temprano. Nosotros no tuvimos al llegar, como autores llegados posteriormente, un clima ya abonado de solidaridad y de cimientos culturales, ningún tipo de apoyo para el quehacer literario, ni un entorno de costumbres y lengua similares. Por el contrario, un páramo inhóspito de lo que era el Miami de entonces, una necesidad de muchos de relocalizarnos para emprender en carreras y estudios y un sufrir, ya situados en trabajos y universidades de diferentes puntos de los Estados Unidos o de otros países hispanos, el embate de las izquierdas intelectuales. El péndulo de las simpatías pesaba mucho en nuestra contra y se hacía notar en la vida universitaria, entre colegas no cubanos en reuniones y congresos y en las publicaciones, a lo cual coadyuvaba la propaganda política del gobierno de Castro resaltando la literatura producida dentro de Cuba, así como la maquinaria desplegada para silenciar toda creación literaria que se diera fuera del marco político cubano. La discriminación, salida de nuestra patria, nos barrió para las letras de nuestro país en el mismo. Hay que recordar que, por más de veinte años, el gobierno de La Habana impuso total incomunicación telefónica y correspondencia con los cubanos que habían salido. La primera vez que aparece una antología, tendiendo puente entre la poesía de autores de dentro y de afuera de Cuba, se escribe y publica en el exilio: *La última poesía cubana*, de Orlando Rossardi, sufragada con los esfuerzos de este joven poeta en 1973. Mientras en Cuba éramos totalmente silenciados, a la vez que lanzaban, por toda Latinoamérica y España, como propaganda política cultural, nombres de autores ligados al Régimen por entonces, los cuales recibían acogida en revistas y ediciones, aunque la calidad no fuera lo que primara, sino el aparato propagandístico. La discriminación en antologías no termina ahí, en lo político meramente, en años recientes.

Es lamentable que las sacadas en Madrid, por editores cubanos de dentro y de afuera, ya a mediados de los noventa, proclamándose integradoras de "la isla entera" y de "las dos orillas", sean tan deficientes y no por carecer de fuentes de información, pues las han tenido a su alcance, sino por falta de un válido criterio objetivo y estético así como por un modo velado de censura o autocensura que deviene en discriminación.

Fueron muchos los esfuerzos y logros de compañeros de entonces y de ahora que sufrimos obstáculos en circunstancias similares para abrirnos paso en nuestra vida personal y en los trabajos, editar nuestros libros y publicar en revistas literarias; escasas o nulas las ayudas institucionales para la labor creativa por muchos años. Existía la beca Cintas, administrada por el I.I.E. de New York, que sólo se otorgaba a uno o dos escritores cubanos por año. La obtuve en 1978 y no era beca diseñada para cubrir el sustento del año. Una mejor suerte corrieron los autores cubanos, que comenzaban ya a surgir expresándose en inglés. Esta situación, tan adversa para los creadores radicados en E.U comienza a cambiar hacia la década del 80, aunque lentamente. Son circunstancias que debieran considerarse si se pretende hacer un estudio serio de nuestras letras atendiendo a valores ,no a cantidades y a otras motivaciones de índole personal en lugar de eludir y hasta aplastar, por ignorancia o por manipulaciones extrañas y falta de objetividad, lo positivo de la buena poesía escrita en esas dos primeras décadas. Lo político también aquí juega su papel..

Una obra notable, por su honestidad de investigación y de evaluación crítica de la poesía de 1959 a 1971 en el exilio, es la de los profesores e investigadores Yara González y el también creador Matías Montes Huidobro titulada *Bibliografía crítica de la poesía cubana*, libro que analiza, por autores, el quehacer poético de ese período tan desconocido para los que viviendo en Cuba bajo la censura no tuvieron acceso o para todos los que fueron llegando después.

Por aquellos años del Exilio aparecieron las primeras revistas culturales cubanas, principalmente en Miami y en New York, materia muy merecedora de revisión por su función como órganos de aglutinación, difusión e intercambio. Existieron sin un respaldo financiero, al igual que los primeros libros publicados. Comienzan a aparecer estos primeros poemarios de autores que, casi en su totalidad, se han mantenido activos en la literatura hasta el momento actual: Isel Rivero con *Tundra*, Orlando Rossardi con *El diámetro y lo estero* y *Que voy de vuelo*, Ana Rosa Nuñez con *Las siete lunas de enero*, Jorge García Gómez, *Ciudades*, Mauricio Fernández, *Calendario del hombre descalzo*, y de mi autoría *Ao romper da aurora* y *Cuando cantan las pisadas*. Le siguen poemarios de estos y de otros autores: Teresa M. Rojas, José Kozer, Pura del Prado, Marta Padilla, Gladys Zaldívar, Félix Cruz Álvarez, Mireya Robles, Uva Clavijo y algunos otros. Son escritores de trayectoria acreditada más allá del nivel local. En España el maestro Gastón Baquero pública *Memorial de un testigo* en 1966 y de nuestra generación Roberto Cazorla, Pío Serrano, Edith Llerena y pocos más. No es sino hasta fines de la segunda década que aparecen poemarios de Juana Rosa Pita y de Amelia del Castillo –llegadas al principio– y más jóvenes Magaly Alabau, Maricel Mayor, Amando Fernández, Orlando González Esteva, Manuel Santayana, Lourdes Gil y otros pocos en el área de New York y de Miami. El éxodo del Mariel, en 1980, insufla a las letras del exterior nuevas energías y posibilidades y la poesía se ve enriquecida con voces frescas expresándose en español: Reinaldo Arenas, Jesús Barquet, Reinaldo García Ramos, Roberto Valero y Carlos Díaz Barrios, así como otros que van llegando de Cuba alrededor de esa fecha: Ángel Cuadra, Jorge Vals

–expresos políticos–, Heberto Padilla, Belkis Cuza Malé, Esteban Luis Cárdenas y Armando Álvarez Bravo de España. Por esos años y ya desde antes del 80, comienzan a aparecer los que se expresan en inglés o en "Spanglish": Ricardo Pau Llosa y Gustavo Pérez Firmat, por ejemplo.

Desde la primera década publican sus poemarios autores de generaciones anteriores: Eugenio Florit, Gastón Baquero, Pablo Le Riverend, Angeles Caíñas, Mercedes García Tudurí, Lucas Lamadrid, Adela Jaume, Ana Raggi y algunos otros.

En los años primeros del Exilio, el aislamiento de los poetas dispersos por todos los sitios era casi total; Miami y el área de Manhattan servían de aglutinadores temporales para los autores del noreste y del sur de la Florida donde convergían en vacaciones o encuentros desde distintos puntos, así como lo fue también Madrid. Recuerdo hacia 1973 o 74 el primer encuentro de autores cubanos, celebrado en los salones de la Catedral Saint-John the Divine, en Manhattan; fue organizado principalmente por profesores cubanos en el exilio y con la asistencia de una gran mayoría del área metropolitana donde, en mesas redondas y en intercambios, discutimos temas de interés común sobre literatura, intercambiamos libros y proyectos. Todo en un clima de alto nivel intelectual propiciado por los participantes, muchos de ellos críticos académicos de diferentes generaciones junto a creadores diversos, algunos vinculados a revistas literarias ya existentes como Raimundo Fernández Bonilla, poeta y ensayista, director de *Exilio*. A la vez que ésta y otras revistas del área metropolitana, en Miami el poeta Mauricio Fernández sacaba con esfuerzos cuadernos de sucesivas denominaciones.

El Círculo de Cultura Panamericano ha celebrado anualmente congresos con énfasis en el estudio de la literatura cubana pero el otro gran encuentro de autores reunidos en uno de envergadura lo dimos en 1989, dirigiendo el mismo desde la Universidad de Rutgers, en New Jersey, la escritora Ileana Fuentes en un bello otoño inolvidable. "Fuera de Cuba" se llamó este gran congreso en el cual participaron críticos de todas partes analizando la producción literaria del exilio cubano hasta esa fecha. Se sometieron casi un centenar de ponencias y tras un análisis de las mismas, por el comité consultor, integrado por profesores-investigadores –varios éramos a la vez creadores– estudiando ponencias y reuniéndonos, durante todo un año, hicimos una selección de importancia y calidad. Esta fue presentada en sesiones simultáneas durante los tres días del evento en el cual participaron no sólo intelectuales de este país sino de Argentina, España, Francia y hasta Alemania. Trabajamos en dicho comité asesor Reinaldo Arenas, Alberto Gutiérrez de la Solana, Uva Clavijo –hoy De Aragón–, Orlando Rossardi, Francisco Feíto, José I.

Rasco, Jesús Barquet y la que suscribe. Además hubo paneles integrados por autores cubanos de generaciones diferentes.

El aislamiento dado por la dispersión geográfica y las carencias económicas en que se desenvolvió la literatura cubana en sus inicios, desde fuera de su medio natural, Cuba; más todos los obstáculos políticos que confrontó y que mucho más aminorados ha seguido confrontando, obviamente fue contraproducente para el fluir normal de su desarrollo aunque gozara de un clima de libertad. El vivir en diáspora, aunque por un lado ha sido un enriquecimiento en la amplitud de perspectivas y de posibilidades de universalización y de ensanchamiento de horizontes socioculturales, ha sido por otro lado, una limitación para el intercambio tan necesario y para la cohesión y desarrollo del corpus literario cubano en su totalidad, aunque hayamos ganado en universalidad.

Hemos vivido por muchos años en la diáspora, sintiéndonos además exilados porque se puede vivir en la diáspora sin ser en realidad exilados, como sucede con muchos de los escritores salidos en los últimos años que no han roto con el Gobierno.

En cuanto a mí, he estado siempre mudándome a distintos lugares. Las circunstancias han definido que haya tenido que vivir en la diáspora desde que en 1961 salí de la Isla pensando en regresar: dos años en la Argentina ampliando estudios de literatura en la Universidad de Buenos Aires, luego, meses en Miami y ya casada, un año en un pueblito perdido de Maryland enseñando a estudiantes que no les interesaba aprender español y que hablarlo y gesticular por la calle hacía que las personas se dieran vuelta para mirarnos. De nuevo a Miami, por más de un año y después veintisiete años como profesora de lengua y literatura en la universidad estatal de Connecticut ,en New Haven,sin dejarme de mover. Alternaba con muchos viajes a Miami y a New York y otros esporádicos a Europa y a Sudamérica, así como a Congresos nacionales e internacionales. En ellos he participado como autora invitada o he presentado trabajos de investigación y crítica. He tenido invitada charlas y lectura de mi obra en universidades e instituciones y me han traducido poemas para revistas norteamericanas,en inglés, italianas, portuguesas y de Francia. Ensayos míos aparecen en revistas de prestigio académico ; así como poemas y algunos cuentos en docenas de las mejores revistas literarias de aquellos años y posteriores, aparte de las cubanas de afuera ,revistas de España y de países de Latinoamérica. Mi poesía está en una veintena de antologías de poesía hispanoamericana –no pagadas, como lamentablemente a veces está ocurriendo para negocio de quienes las editan– sino antologías donde se selecciona con otros criterios.

Como ganancia queda de la poesía del exilio un quehacer creativo libre, digno,sin censuras ni autocensuras,una producción poética que en no pocos casos trasciende las fronteras nacionales y que está alejada del prisma político y de manipulación que ha prevalecido en la Isla por más de cuarenta años.Esperemos que en un futuro las aguas revueltas se aclaren y encuentren su nivel y ya límpida reflejen la buena, la verdadera poesía.

Yara González
Emérita, University of Hawaii

El exilio como metáfora histórica

En el presente ensayo me propongo realizar un breve recorrido por la lírica cubana del exilio enfocando la atención en los poetas que iniciaron este movimiento literario, los que sentaron las bases de este sólido y constante quehacer poético. A pesar de que estos autores han sido frecuentemente ignorados, por promociones más recientes, la mayoría de ellos ha continuado su excelente labor creadora. En sus obras se encierran infinitos aspectos de la compleja naturaleza que representa el exilio. Si en los confusos y complicados tiempos que vivimos algunos parecen haber perdido el camino recto a seguir, nada mejor para recuperar la auténtica senda histórica que redescubrir la perdida originalidad e independencia en la obra de estos hombres y mujeres que han creado una poética única. Cuando las primeras generaciones que llegaron a playas extranjeras dejen de existir desaparecerá para siempre el eslabón que ofrece la verdadera continuidad a nuestra historia, porque ellos son los únicos sobrevivientes que guardan en el preciado espacio del recuerdo la realidad de lo que fuimos. Los que nacieron en la isla del 59 en adelante tienen una experiencia de primera mano de su presente y una idea distorsionada de lo que era Cuba antes de esa fatídica fecha. Los que nacieron en el exilio tampoco la conocieron directamente. De entrada, la contribución de esta generación tiene un valor incalculable ya que a los intrínsecos valores de toda percepción lírica se unen las razones históricas que constituyen su razón de ser.

Nuestra poesía del exilio aparece presidida por tres autores formados antes de que el movimiento de la diáspora tuviera lugar, y aunque no voy a incluir el análisis de su poesía en este ensayo, no quiero dejar do reconocer su invaluable contribución. Me refiero a Agustín Acosta, asociado a la creación de arquetipos tradicionales; a Eugenio Florit, que se caracteriza por la estilización y decantamiento estéticos; y a Gastón Baquero, cuyo proceso de mitificación conduce a la creación de arquetipos últimos. Por limitaciones de tiempo y espacio no podré referirme específicamente a muchos de los autores del período que nos ocupa por lo que analizaré solamente algunos poemas que me parecen altamente significativos.

El exilio, todos los que lo hemos vivido lo sabemos, es una experiencia traumática cuyas consecuencias trascienden los sentimientos de desarraigo y alienación sufridos por el desgajamiento del ser humano del suelo patrio. Cada uno de los autores a los que voy a referirme asume una actitud muy personal ante ese cataclismo del que es testigo y participante, porque el poeta no escapa a la historia. Pensemos por un momento en el poema "La rastra" de Manuel B. Artime, que nos relata un episodio que pone de manifiesto la crueldad que emplearon los vencedores con los vencidos cuando los sucesos de Bahía de Cochinos.

> Ciento sesenta viven los horrores
> de aquella rastra trágica repleta
> y hay diecisiete heridos en temblores
> para hacer la agonía más completa. (56)

Este poema guarda un testimonio que no está registrado en la historia oficial. De no estar aquí quizás hubiera sido borrado de la memoria colectiva. Y existe aún una historia lírica más personal, más íntima, más subjetiva, una intrahistoria poética, que deja al descubierto el alma del hombre. "La experiencia poética, nos dice Octavio Paz, no es otra cosa que la revelación de la condición humana". Es una poesía adherida a la vida y a las profundidades del alma. En esa lírica es en la que vamos a desarrollar nuestro trabajo.

El primer testimonio poético de nuestra ruptura territorial que inicia este ensayo se remonta al treinta y uno de septiembre de 1960 cuando Orlando Rossardi nos deja constancia de su propio "¡Al partir!" en un poema sin título que aparece en su libro *Que voy de vuelo...* (1970).

La primero que llama la atención del lector al enfrentarse al poema de Rossardi es la composición espacial del texto. El primer párrafo en prosa poética; el segundo, en versa. Entre ambos, una palabra, "Mediodía", señala el paso del tiempo y sirve de transición entre los dos estilos. Por último, cerrándolo, una dolorosa exclamación. Así comienza el poema:

"Digo que un día, un buen día cansadero de setiembre, puso el mar su sueño de por medio y salimos a buscar la vida donde más la hubiera. Al fondo iba quedándose un paisaje penoso de palmeras, un tinglado de torretes afiebrados, un blanquizar –ahora enrojecido– de templos y parcelas, y, lo más ahondado, unas manos temblonas que, amorosas, parecían besar al tiento un adiós escaso de candelas...

Mediodía
> Te alejas en ti –¡mar!– como
> un regreso de alejancias internas;
> como un mundo verdiplata
> en ruta para un comienzo
> de horizontes trotes que se quedan
> y un despojar de coses últimas
> –duras, inmensas– que se van.
> ¡Intenso día de lo inmenso! (55)

El fragmento escrito en prosa describe, en parte, la tierra firme. Literariamente es el sostén de ella, ya que contiene la descripción del paisaje, que va empequeñeciéndose a medida que se realiza la separación geográfica, tajante y definitiva del viajero de su tierra. El tono del comienzo de este poema es tan natural y pausado que no podemos imaginar al principio el tema que se va a desarrollar en él; sólo cuando el hablante lírico afirma "salimos a buscar la vida", porque se busca lo que se ha perdido, comenzamos a sentir un escozor interno. Con profundo sentir y con cuidada elegancia realiza el poeta la internalización del paisaje a través de una contemplación tan intensa emotivamente, que sentimos la dimensión del desgajamiento, la soledad y el vacío del drama que vive el desterrado. La prosa nos describe gráficamente, con adjetivos precisos, los sustantivos correspondientes: "paisaje penoso", "torretes afiebrados", "blanquizar enrojecido", "manos temblonas". En la segunda parte, el verso se concentra en la inmensidad del mar, que abarca todo el horizonte visible y, a su vez, marca una nueva ruta al peregrino. El incansable movimiento marino se traslada al poema en su contradictoria naturaleza, nos dice el poeta: "te alejas en ti –¡mar!– como/ un regreso de alejancias internas". Partir le conduce a un regresar en el recuerdo, a un pasado amado que tiene que dejar atrás y al dolor de la ruptura que su éxodo implica, no sólo con la tierra, sino con seres muy queridos. La terrible consideración le lleva a la exclamación final: "¡Intenso día de lo inmenso!".

A la profunda belleza cromática sugerida por el color intrínseco de lo nombrado (palmera, mar), se une el colorido evocado por la pasión ("torretes afiebrados", "blanquizar enrojecido"), que parece invadir el paisaje. Nada permanece estático en el ámbito poético. Todo es dinamismo, paisaje vivo. Y, finalmente, la exclamación que da la medida de lo vivido en la que el dolor se adentra aceradamente, en la profundidad e intensidad de la pérdida sufrida. Orlando Rossardi nos ha dejado aquí un excelente testimonio del dolor ocasionado por el destierro, dolor que continúa una tradición en nuestra historia lírica iniciada por los desterrados cubanos del siglo XIX.

Hay seres que sobreviven los primeros momentos del destierro en una angustiosa realidad escindida. La ruptura del fluir existencial implica, para el transterrado la pérdida de un pasado que daba sentido a su vida. Presente y futuro son realidades incompletas y desconocidas. Rita Geada describe una terrible pesadilla en el poema "El muro", de su libro Mascarada, (1970), en la que agobiada contempla el dilema de dualidades irreconciliables entre las que se debate su propia vida:

Soñé
que un alto muro nos dividía.
Corríamos por traspasarlo.

> El sobrevivir
> el sálvese quien pueda.
> Era un muro hipnóticamente verde
> Nuestros miembros mutilados
> quedábanse del otro lado.
> Uno a uno nos los iban arrancando.
> Desgarrados. Maltrechos.
> Con las manos extendidas y sangrantes.
> Mientras
> el corazón acá solo, yerto,
> desgarrado y dividido
> solo en vivo
> desviviéndose.
> Soñé
> que un alto muro nos separaba.
> Desde la pesadilla escribo.
> Aún es de noche. (53-54)

Al desplazarse en el mundo de su realidad conocida la noción de frontera pierde su objetividad y se vuelve un sentimiento. En sueños el muro se percibe como una línea divisoria que cercena de un tajo la armónica unidad del cuerpo. De esta forma se anula toda posibilidad de movimiento. En la pesadilla no parece posible la subsistencia frente a la dicotomía existencial en que se encuentra el ser humano. Lógicamente debe existir una acción unificadora ya que las imágenes presentadas en el poema atentan contra las leyes del pensar: el ser no puede quedarse reducido permanentemente al no-ser. Sin embargo, la unificación, que representaría una nueva realidad, no tiene lugar prevaleciendo el desmembramiento en el ámbito poético.

Los caminos de la creación son múltiples y variados y Ana Rosa Núñez ya en tierras extranjeras va a definir su peregrinaje de forma muy diferente a los poetas anteriores, pero no menos sentida. "Un viaje", nos dice la poeta, "es una dimensión hacia la realidad o el sueño... Yo creo que viajar es encontrarse o reencontrarse... Hilvanar la suma de lo que somos con la de lo que fuimos es la esencia de un viaje. Por eso emprendo este viaje sin más pasaporte que la soledad..." Y Ana Rosa se entrega a su imaginario (1970), poema publicado en el poemario del mismo nombre

> El cazabe, el cazabe que brilla
> en la noche del desterrado
> con igual dulzura de alimento bíblico.
> El cazabe que brilla,

> como el secreto, la magia del secreto,
> que hace de vidas y cosas,
> la misión del viaje.
> Cazabe nuestro:
> Comulga con el río y su sed de manatíes.
> Con la imagen líquida de la palma
> que el río se lleva al mar....
> Comulga, cazabe, siempre,
> con lo que queda de tu Yo,
> después de lo que quede de Mi. (8-9)

El sujeto lírico en un proceso regresivo se traslada a sus orígenes por el camino de la historia, en una búsqueda desesperada de asidero. Desde la soledad y la distancia contempla el panorama en viaje retroactivo hacia el pasado y crea, desde ese espacio sin raíces que ocupa ahora, un nuevo ámbito para la enunciación. En el recinto poético encuentra tierra firme. Allí la esencia de un tiempo anterior a la memoria le va a servir de puntal existencial. Es una búsqueda de la esencia del ser cubano a través del casabe, alimento primario de los aborígenes que se vuelve hostia sagrada y salvadora. Incorporarlo para siempre a su propio ser, unirse a lo ancestral, es para ella una necesidad imperiosa. Y el poema es testimonio del rito que realiza: su des-nacer en el presente y su renacer en el pasado logrando así la comunión deseada. Único medio posible, para Ana Rosa Núñz, de subsistencia y salvación.

A una nueva versión de la realidad nos desplaza el poeta disidente. Para los que se vieron privados de libertad, clavados en una realidad abominable y destructora la creación fue un consuelo y un escape en medio de la desolación del cautiverio En una tarde de junio de 1971, en la que se reúne en la celda 49 con otros compañeros, Ángel Cuadra también viaja interiormente en el poema "En la aldea más antigua, al menos", publicado, más tarde, en el poemario *Tiempo del hombre*. (1977) Reproduzco un fragmento del mismo:

> Pero si acaso, al menos –como decía–,
> si, al menos, al cabo de todas esas cordiales impotencias,
> si, al menos, pudiéramos huir.
> Pero huir de este círculo de agua feroz, insípida.
> Más todavía: irnos de los relojes cotidianos,
> de las actuales cárceles diarias.
> Saltar a lo inlograble, salvarnos
> de estas cifras de peste humana.
> –Irme, Dios mío, irme– como gritó Neruda.

> O, mejor aún, irnos en la apacible fuga
> tuya, Fray Luis: mejor tu fuga.
> Tu suspendida fuga, del mundanal ruido,
> y en un salto atrás del tiempo,
> como cruzando un simple arroyo,
> pudiéramos repetir tu lacónico "Como decíamos ayer..."
> Y allá en la aldea más antigua
> quedarme al fin contigo, comprendiendo. (98)

En una huída hacia el pasado, el sujeto lírico, colocándose por encima de su realidad presente, a través de su poesía, se transporta hacia el pasado, a un piano donde solo permanecen las esencias puras, para identificarse con un poeta del Renacimiento español, Fray Luis de León, que como él sufrió prisión en carne propia. Con una técnica yuxtapositiva el autor crea el paralelo entre las dos prisiones, entre las dos vidas, unidas ahora a través del tiempo y la distancia. El hablante desea unir su voz a la de Fray Luis y exclamar al unísono el saludo que el fraile hace a sus alumnos de la Universidad de Salamanca a su regreso a su aula, después de varios años de prisión: "Como decíamos ayer", como si el tiempo no hubiera transcurrido. Después, como en una disolvencia cinematográfica, aparece en la granja del convento del fraile a orillas del Tormes comprartiendo su "Vida retirada". Allí se posesiona del secreto del sacerdote vislumbrando el logro de una armonía perfecta a través de la paz y sosiego seguro. De esa forma al mismo tiempo que se evade de la terrible realidad que vive logra acercarse Ángel Cuadra a los horizontes de lo infinito.

Hacia mediados de los años setenta, la actitud de los poetas ante el destierro comienza a cambiar. El exilio se va volviendo esencia y es una base dolorosa, no siempre pesimista, sobre la que se alza la poesía. En *Antillana rotunda* Julio E. Hernández Miyares, adoptando una actitud positiva ante la vida, escribe: "Cerré la ventana del olvido y dije:/ Estás aquí, la tierra es tuya,/lábrate el sendero de los astros" (21). Pablo Le Riverend se propone un renacimiento: "Renaceré mi vida en un poema/ y algo de mí se quedara cantando" (57). Mientras, Pura del Prado escribe una "Carta a los jóvenes exiliados cubanos" en la que les dice: "En vuestros corazones se enciende nuestra historia/...Cuba está ahí, perenne, como una casa vuestra"(107). Juana Rosa Pita, contemplando la Isla desde lejos, da una nueva visión de la Patria: "Madre isla que estás venida a menos/ convertida en solar de pretendientes"(62). Mireya Robles, al llegar a Madrid, reconoce su realidad: "Llego a ti/ desarraigada..."(15). Alma Hernández nos confiesa: "Yo nací cimarrona..."(18). Marta Padilla narra una historia reciente: las desventuras de su hermano Heberto: "Acorralado ha sido/ y conducido/por la hermética fauna"(23). Uva de Aragón Clavijo, en un reproche al Altísimo, le dice:: "Me diste, Padre, raíces y las llevo al descubierto"(50). Luis Mario visualiza su regreso en diálogo con Agustín Acosta: "Volveremos, poeta,/ para enjugar el llanto de las palmas" (38). El desarraigo, sin embargo, produce en algunos autores la más enajenante de las circunstancias, tal es el caso de José Corrales, José Kozer, y Pío Serrano. La poesía de Roberto Cazorla, se nos presenta en una trágica imagen surrealista: "¿Y que hago con este yo/ que se me ha suicidado entre los brazos?" (20); Heberto Padilla desea hacer tabula rasa con el pasado y se coloca en una posición contraria a la de otros poetas: "Lo mejor es que empiece a cantar/ desde ahora/la alegría de los sueños cumplidos/ y me olvide del mundo de mis antepasados. /Ellos a la ceniza. Yo a la vida."(7). Otros, se aferran al recuerdo, Luis González-Cruz asume una actitud contraria a la de Padilla y trata de fijar firmemente en su memoria el recuerdo de su niñez en "Primera casa", mientras Orlando González-Esteva en una forma de nostalgia única, revive una poesía popular con el uso de la décima en su libro *Mañas de la poesía*, Amelia del Castillo toma otro camino al entregarse a una dirección religiosa-mística en *Cauce de tiempo*. Finalmente, Armando Álvarez Bravo, poeta posterior en tiempo a los anteriormente citados, en "Cruce de caminos" llega a una importante conclusión: "He aquí que tal vez fue necesario perderse para hallarse"(111). La poesía del exilio integra un extenso, sólido y variado panorama lírico que no sólo eterniza el instante vivido, sino que también transforma el acontecer histórico en arquetipo. Sin el estudio de esta lírica no tendremos nunca una visión auténtica de lo que es el exilio cubano porque ella encierra el íntimo acaecer de una desoladora experiencia que nos enfrenta a la verdad de nuestro destierro universal.

Nota

Los autores que publicaron poemarios en el período comprendido entre 1959 y 1971 están incluidos todos en la Bibliografía crítica de la poesía cubana de Matías Montes Huidobro y Yara González-Montes, publicada en 1973. Ellos son: José Antonio Abella, Norma Niurka Acevedo, Ángel Aparicio Laurencio, Rubén Arango, José Antonio Arcocha, Manuel B. Artime, Alberto Baeza Flores, Gastón Baquero, Sergio Becerra, Juan William Bush, Ángeles Caíñas Ponzoa, Rolando Campins, Lourdes Casals, Ángel Castro, Alfredo Cepero Sotolongo, Mercedes Cortázar, Jorge Díaz de Molina, Rafael Estenger, Pablo R. Fajardo, Mauricio Fernández, Eugenio Florit, Nina Folch, Eulalia García, Leonardo García Fox, Jorge García Gómez, Modesto García-Méndez, Mercedes García Tudurí, Rita Geada, Antonio Girandier, Ana H. González, Curios Tadeo González, Felipe González Concepción, Francis González Velis, Miguel González, Curios Hernández López, Pablo Le Riverend, Humberto López Morales, Carlos M. Luis, Benito Maciques, José Mario, Rev.

Rafael Matos, Bertha Miranda, Carlos Alberto Montaner, Matías Montes Huidobro, Ana Rosa Núñz, Ignacio A. Ortiz-Bello, Martha Padilia, Roberto Padrón, Ivan Portelia, Delfln Prats, Dolores Prida, Isel Rivero, Israel Rodríguez, Jack Rojas, Teresa Maria Rojas, Orlando Rossardi, Oscar Ruiz Sierra Fernández, José Sánchez Boudy, Arístides Sosa de Quesada, Carlos Manuel Taracido, Eduardo J. Tejera, Concha Valdés Miranda, José Varela-Ibarra, Enrique J. Ventura, y Gladys Zaldívar.

Obras citadas
1. Artime, Manuel. En *Poesía en éxodo*. de Ana Rosa Núñez. Miami: Universal. 1970.
2. Álvarez Bravo, Armando. *Juicio de residencia*. Madrid. Playor, 1982.
3. Castillo del, Amelia. *Cauce de tiempo*. Miami: Hispanova de Ediciones. 1982.
4. Cazorla, Roberto. *El mundo es una misa para sordos*. Madrid: La gota de agua. 1986.
5. Clavijo, Uva A. *Versos de exilio*. Miami: Edición aniversario. 1977.
6. Cuadra, Ángel. *Tiempo del hombre*. Madrid: Hispanova de Ediciones. 1977.
7. Geada, Rita. *Mascarada*. Barcelona: Carabela. 1970.
8. González-Cruz. *Disgregaciones*. Madrid: Carabela, 1986.
9. González-Esteva, Orlando. *Mañas de la poesía*. Miami: Ultra Graphics Corp. 1981.
10. Hernández, Alma. *Razón del mar*. Madrid: Playor. 1976.
11. Hernández Miyares, Julio. *Antillana rotunda*. Barcelona: Editorial Vosgos. 1974.
12. Le Riverend, Pablo. *Hijo de Cuba soy me llaman Pablo*. Barcelona: Ediciones Rondas. 1980.
13. Mario, Luis. *Y nació un poema*. Miami: Ediciones Universal. 1975.
14. Núñez, Ama Rosa. *Viaje al Casabe*. Miami: Universal, 1970.
15. Padilla, Heberto. *El hombre junto al mar*. Barcelona: Editorial Seix Barral. 1981.
16. Padilla, Marta. *Los tiros del miserere*. Miami: 1972.
17. Pita, Juana Rosa. *Viajes de Penélope*. Miami. Solar. 1980.
18. Prado, Pura del. *La otra orilla*. Madrid: Plaza Mayor. 1972.
19. Robles, Mireya. Tiempo artesano. Barcelona: Editorial Campos. 1973.
20. Rossardi, Orlando. *...Que voy de vuelo*. Madrid: Editorial Plenitud, 1970.

Leonel de la Cuesta
Florida International University

Las revistas literarias de los exiliados entre 1959 y 1979

Quisiera darle las gracias a los organizadores de este acto por haberme invitado a hablar de un tema que considero de gran importancia e interés: las revistas literarias del exilio cubano entre 1959 y 1979, es decir, desde el inicio del gobierno de Castro hasta el éxodo del Mariel [1].

La tarea no ha resultado fácil dada la enorme extensión geográfica de la diáspora cubana y el considerable número de publicaciones aparecidas en ese lapso. Para preparar este trabajo he consultado la Biblioteca del Congreso, la de la Universidad de Miami, así como las colecciones privadas de numerosos colegas. Este ejercicio me ha llevado a reducir la óptica de mi estudio a las publicaciones aparecidas en la costa este de los EE.UU. en el período mencionado, con la excepción de la revista *Caribe.* [2] Así y todo me temo haber omitido algunas revistas y ruego a cuantos llegare este ensayo que me ayuden a salvar las involuntarias omisiones y a subsanar los errores cometidos.

Un escollo más que he encontrado es el de definir cabalmente lo que se entiende por revista literaria[3], especialmente si hemos de distinguirlas de las llamadas revistas culturales, en las cuales, con mayor o menor frecuencia, aparecen poemas, cuentos, ensayos o trabajos de crítica literaria. Tras pesar y sopesar el problema, he decidido incluir en este estudio todas las revistas en la que el espacio dedicado a lo literario sea significativo, en el doble sentido de este vocablo: cantidad (de espacio) e importancia de lo literario dentro del conjunto de la publicación, así como también el hecho de que la frecuencia de la aparición de la publicación sea razonable.

Resueltos estos "previos al previo", como se dice en lenguaje parlamentario, entro en el cuerpo del tema. Tengo para mí que la publicación de

---

[1] Este trabajo se presentó en el Congreso Cuba: Exilio y Cultura auspiciado por la Asociación Nacional de Educadores Cubano-Americanos (NACAE) el día 8 de octubre de 1999 en la Ciudad de Miami, Florida.

[2] Como se verá, esta revista de excelente calidad, se originó y se publica hoy en día fuera de las coordenadas geográficas que he establecido como límites espaciales de mi investigación, pero se incluye por ser la decana de las publicaciones literarias cubanas y por su altísima calidad.

[3] En todo rigor sería quizás necesario definir lo que se entiende por literatura pero no lo creo necesario teniendo en cuenta el *prime reader* de este ensayo.

revistas literarias constituye un aspecto esencial del desarrollo de cualquier literatura nacional.

El eminente crítico de Yale Manuel Durán ha dicho al respecto: "Una revista, si su calidad es alta y llega en el momento oportuno, cambia el clima cultural de sus lectores, adelanta la evolución de las ideas y la sensibilidad, sirve de catalizador."[4] Por su parte, el insigne polígrafo Alfonso Reyes ha afirmado: "en rigor, las revistas literarias de escuelas o grupos... cobran a veces carácter de antología."[5] Esas afirmaciones parecen confirmarse en el caso cubano. Entre los años 1902 y 1958 se desarrolló en Cuba una extraordinaria tradición en esta materia. Según lo publicado por la Biblioteca del Congreso de Washington,[6] en Cuba republicana se dieron a la estampa 558 revistas, entre las cuales muchas fueron de carácter –dentro de los parámetros ya definidos– y algunas de ellas resultaron ser de inmejorable calidad e importancia en el desarrollo de nuestras letras. Baste recordar a *Orígenes, Espuela de Plata, Ciclón, Revista de Avance*, tan definitorias en el curso de nuestra literatura, y otras también importantes como *Fray Junípero* y *Poeta*, e inclusive la revista *Orto* de Manzanillo. Estas publicaciones corroboran las palabras de Alfonso Reyes, pues constituyen verdaderas antologías de la poesía nacional.

Sin embargo, distinto fue el cuadro con las revistas cubanas publicadas en los EE.UU. en nuestro feneciente siglo XX. De hecho reflejaron la pobre realidad de la presencia cubana en este país, tan diferente de la descrita por Martí en su *Vindication of Cuba* en 1889.[7] Según la propia Biblioteca del Congreso, aparecieron solamente cuatro, a saber: *The Cuban Magazine* y *The National Magazine*, ambas obviamente en Inglés, publicadas a principio de siglo y dedicadas a temas comerciales. En 1935 se publicaron diez números de *El Liberal* revista animada por colaboradores del depuesto Gerardo Machado. La cuarta fue *Norte*, publicada por el periodista Jorge Losada, con un excelente formato, dedicada a temas de interés general, entre ellos, a veces, el literario. Ninguna fue pues en realidad una revista de literatura. Todo esto nos permite afirmar que no parece que en 1958 hubiera ninguna revista literaria publicada por cuba-

---

[4] Véase *Antología de la "Revista Contemporánea"*. (México, D.F. Fondo de Cultura Económica, 1973: 7).

[5] Véase *La experiencia literaria* (Buenos Aires: Editorial Losada, 1942: 136).

[6] José Martí: *Obras Completas* (La Habana: Editorial Nacional de Cuba, 1965), vol. I pp. 231-244.

[7] Véase el trabajo de Roberto Esquenazi-Mayo *A Survey of Cuban Revistas*: 1902-1958 (washington, D.C.: Library of Congress, 1993), *passim*.

nos residentes en EE. UU., al menos de mayor importancia y conocimiento.

Este desolado panorama nos lleva a preguntarnos ¿Cuántos cubanos vivieron en EE.UU. entre 1902 y 1958? ¿Quiénes eran? ¿Dónde residían? ¿A qué se dedicaban? Es imposible dar una respuesta acabada dentro de este estudio. Los cubanos aparecen por primera vez como un grupo a clasificar en el censo estadounidense del año 1960. Ese instrumento indica que radicaban en este país alrededor de 50 o quizás 60 mil cubanos, de los cuales unos 15,000 vivían en Miami, y la inmensa mayoría del resto en Nueva York, especialmente en la zona proletaria del célebre West Side. Los demógrafos que he consultado me han informado que con muchas reservas estos cubanos podrían dividirse en cinco grandes categorías 1.) Los salidos de Cuba por problemas de índole jurídica o estrictamente personal, por ejemplo: bígamos, comerciantes en quiebra, prófugos de la justicia, homosexuales rechazados por su familia, etc., etc., etc.; 2) Los artistas y deportistas que venían a buscar una mejor remuneración para su trabajo. Era un grupo muy pequeño pero con mucha visibilidad; 3) Unos grupitos de aventureros que hubieron de alistarse en las fuerzas armadas de EE.UU. para pelear en las diversas guerras de este siglo; 4) Los exiliados políticos que iban y venían según los derroteros de la política cubana: anti-machadistas, machadistas, anti-batistianos, batistianos, auténticos, fidelistas, etc. Finalmente, el quinto grupo los representaban unos 30 o 40 mil obreros, asentados mayoritariamente en el West Side neoyorquino como quedó dicho.[8] Uno de ellos, Oscar Hijuelos, dejó la crónica de este grupo de criollos en dos novelas *Our Home in the Last World* (1988) y otra bien conocida: *The Mambo Kings*, llevada hace poco al cine. Por su parte, el profesor Roberto Esquenazi-Mayo dejó la crónica del sector de los aventureros en su libro Memorias de un estudiante-soldado, que mereciera el Premio Nacional de Literatura en Cuba en 1951. Esquenazi-Mayo, junto con José-Juan Arrom en *Yale*, Eugenio Florit en *Columbia*, Camila Enríquez Ureña en *Bassard*, José Amor Vázquez en *Brown* y César Noble en *Washington University* eran los únicos profesores cubanos, que yo recuerde, que dictaban cátedra en universidades importantes de este país en 1958. Nunca por cierto lanzaron una revista literaria.

Por tanto, el llegar los primeros creadores y críticos literarios al exilio se encontraron, como dije, con un panorama desolado. Las únicas revistas donde podrían haber publicado sus trabajos, eran las dadas a la estampa por universidades o asociaciones de profesores, pero muchas de

---

[8] Agradezco estos datos al Prof. Lisandro Oscar Pérez, director del Centro de Investigaciones Cubanas (CRI) de la Universidad Internacional de la Florida (FIU) y demógrafo de la nota.

ellas estaban influidas por la izquierda norteamericana, entonces como ahora enamorada de Fidel Castro; además, la presencia en puestos claves de profesores e intelectuales españoles republicanos con simpatías semejantes, no ayudó en la mayoría de los casos a abrir puertas a los criollos creadores. Hubo honrosas excepciones pero fueron pocas. Por estas razones, se vieron –nos vimos– obligados a fundar e impulsar revistas literarias. Casi todas ellas, con la excepción de *Exilio* y *Revista Cubana*, surgieron contra viento y marea con poquísimos recursos, consecuente y desafortunadamente, se vieron, en su inmensa mayoría, condenadas a una corta duración en el tiempo y a una limitada difusión en el espacio.

He compilado una lista de veinte y cinco publicaciones. Nuevamente ruego a quienes llegue este estudio lo complementen y rectifiquen. Por orden alfabético son:

1) *Abraxas*. Fundada en el otoño de 1960 en Nueva York, específicamente en South Hampton College que la patrocinó, por el profesor Jorge García Gómez y su esposa la Dra. Sara Pastora Fernández. Aparecieron dos números dedicados más bien a las ciencias sociales pero con una importante sección literaria.

2) (El) *Alacrán Azul*. Aparecieron dos números entre 1970 y 1971. Fue una revista literaria dirigida por Fernando Palenzuela y José Luis Arcocha, y contó con la dirección artística del gran pintor cubano José M. Mijares.

3) *Areíto*. Revista política con un fuerte contenido literario, fundada por Lourdes Casal. Casi inmediatamente después de aparecer se convirtió en el vocero del grupo de exiliados que se reconcilió con el gobierno de Castro a raíz del diálogo de 1978. Desapareció y reapareció varias veces y dejó de publicarse definitivamente a mediados de los ochenta.

4) *Caribe*. La fundaron el Dr. Matías Montes Huidobro y su esposa la Dra. Yara González en 1966 en Hwaii. Ha sido una verdadera revista literaria y de estupenda calidad. Hoy en día es la decana de estas publicaciones pues sigue apareciendo en Milwaukee, MN., animada por el Dr. Armando González Pérez y Jorge Febles.

5) *Círculo. Revista de Cultura.* Publicación del Circulo de Cultura Panamericano, fundado por Carlos M. Raggi en 1963. Sus editores, Elio Alba Buffill y Esther Sánchez-Grey Alba, han publicado 29 números hasta la fecha. Esta revista con la revista Caribe, son las dos publicaciones cubanas más antiguas del exilio y ambas de gran calidad.

6) *Círculo Poético.* Cuaderno poético también del Círculo de Cultura Panamericano, publicado desde 1965 por Ana H. González de Raggi. Hasta el momento han salido a la luz treinta cuadernos. En la actualidad sus editores son José Corrales y René León.

7) *Contra viento y marea.* Fue una verdadera revista literaria fundada por el poeta y diácono Rev. Alberto Romero en Nueva Jersey. Se publicaron dos números y sustituyó a Envíos, también fundada por Romero. Este tiene planes de lanzar una nueva publicación del mismo género en Miami, donde acaba de fundar el editorial *Nosotros*.

8) Cubanacán. Revista cultural con una buena sección literaria; la fundaron Iván Acosta y Omar Torres en Nueva York en el verano del año 1974. Sólo apareció un número.

9) *Cuadernos desterrados.* Fue una revista bimensual de prosa y poesía exclusivamente, es decir, una verdadera revista literaria. Se fundó en el año 1966 en Miami, bajo la dirección de Mauricio Fernández. Aparecieron cuatro números.

10) *Cuadernos del hombre libre.* Otra revista también fundada por Mauricio Fernández en Miami. Su subtítulo era "revista mensual de cultura", aunque lo literario estaba bien presente. Contó con Isis Martí como codirectora. Salieron 14 números entre 1965 y 1966.

11) *Cultura y Verdad.* Apareció en 1966. Nada más se ha podido hallar sobre ella.

12) Dobbs Ferry. Fundada en esta pequeña ciudad del estado de Nueva York en 1976, fue una verdadera revista literaria animada por José Corrales, Vivian Medina y Manuel Pereira. Una publicación excelente.

13) *Enlace.* Fue fundada en Miami como una revista literaria en 1976. Tuvo una segunda época en Nueva York a partir de 1984. Sus codirectores fueron Mauricio Fernández y Orlando Rossardi. Se publicaron tres o cuatro números.

14) *Envíos.* Ya nos referimos a esta publicación, una verdadera revista literaria, casi exclusivamente poética. Como indiqué la fundó y dirigió en Nueva Jersey el poeta diácono Rev. Alberto Romero. Fue fundada en 1971 y aparecieron tres números, el último en 1973.

15) *Exilio.* Fue fundada y dirigida por el conocido mecenas Víctor Batista Falla en Nueva York en el año 1965, y siguió publicándose ininterrumpidamente hasta 1973. Su contenido era el de una revista

de cultura con un buen componente literario. Es la revista que ha contado con más medios económicos y conexiones internacionales. Fue una lástima que se dejara de publicar.

16) *Krisis*. Fue auspiciada por la Fundación de Estudios Cubanos y animada por Manuel Acosta y un grupo de codirectores. Aparecieron nueve números entre 1975 y 1979. Correspondió al modelo de revista de cultura con un importante segmento literario.

17) *Noticias de Arte*. Su subtítulo era "gaceta quincenal de las artes visuales, escénicas, musicales y literarias". *Res ipsa loquitur*! Apareció en 1976 bajo la dirección de Frank C. García. Se publicó en varios lugares. No he podido determinar cuántos números aparecieron.

18) *Nueva Generación*. Su subtítulo era "un mensaje de la juventud cubana" Fue una publicación con muchas vicicitudes. La Biblioteca de la Universidad de Miami no ha podido determinar si originalmente apareció en Caracas en el año 1963, o si no dónde. Salió entre 1963 y 1974. A partir del numero 20 (1970) se publicó en Nueva York bajo la dirección de José C. Prince Chelala. Fue al principio una revista de ciencias sociales y de persuasión democristiana. Poco a poco fue aceptando trabajos de tipo literario por lo que la incluimos en este ensayo aunque con reservas.

19) (La) *Nueva Sangre*. Apareció por primera vez en Nueva York en el año 1968 bajo la dirección de la dramaturga Dolores Prida con la poeta Mercedes Cortázar como codirectora. Se publicaron varios números.

20) *Protesta*. Fue quizás la primera de las revistas literarias en el exilio. Se publicaron un par de números en Miami. Sus directores fueron William Bush y Mario Martín en 1962.

21) *Punto Cardinal*. Apareció en el año 1966, otra de las valiosas publicaciones literarias de Mauricio Fernández.

22) *Punto y Aparte*. La fundó también Mauricio Fernández en el año 1968, tuvo las mismas características de las anteriores.

23) Resumen. Sólo he podido determinar que se fundó en 1966.

24) *Revista Cubana*. Fundada en Nueva York por el Ing. Carlos Ripoll, fue más bien una revista de cultura aunque no faltaron páginas de crítica literaria que justifiquen su inclusión en este estudio. Quizás, después de *Exilio*, fue la revista que contó con más medios para su

publicación. Retomó –aunque no se indicó en el primer numero– el nombre de la prestigiosa publicación fundada en Cuba por el ilustre polígrafo Dr. José Maria Chacón y Calvo. A pesar de su excelente presentación y de las prestigiosas firmas con las cuales contó, sólo publicó dos números.

25) *Románica*. Creada en Nueva York University en la ciudad de los rascacielos por Iraida Iturralde y Lourdes Gil; apareció entre 1972 y 1978.

26) *Vanguardia*. Fue fundada en Nueva York por el pintoresco Rolando Campins en el año 1968; solo aparecieron un par de números.

Deseo mencionar, aún fuera de los límites que me impuse, las revistas *El Puente* de José Mario, publicada en Madrid; los trípticos desplegables *Pin Pan Pun* del profesor-poeta O. F. de la Vega y la revista *Guángara Libertaria* de los anarquistas cubanos. Las tres de magnífica calidad, lo que justifica la excepción hecha.

¿Qué conclusión podemos sacar después de haber listado estas revistas? Desde un punto de vista estrictamente editorial los resultados han sido desalentadores pues sólo dos de 25, menos del 10%, se siguen publicando. Sin embargo, el resultado cultural es enorme, pues inclusive en su modestia sirvieron para el lanzamiento de numerosísimos creadores y críticos literarios que hoy gozan de merecido renombre. Por otra parte, rompieron el surco donde después germinaría la producción de las dos décadas posteriores a 1979, o sea, la básicamente animada por el grupo del éxodo del Mariel.

No quiero terminar sin indicar un par de cosas. Primero, que este estudio se ofrece como las primicias de una investigación más acabada, además, y por tercera vez, como se hace en el foro, insto a todos los que esto oyeren o leyeren a que me completen y corrijan los datos provisionales aportados, e inclusive las conclusiones. En segundo lugar, deseo poner de manifiesto, a guisa de conclusión que, como dijo el Prof. Louis Horowitz, el decano norteamericano de la cubanología, el aporte de la inteligencia cubana exiliada al mundo cultural de los EE.UU. es sólo comparable al de la alemana de los años treinta.[9] Si no, al tiempo...

A ello quiero agregar, que con esta obra literaria, artística y científica se restablece la tradición de un pensamiento cubano y una obra positiva fuera de la Isla, especialmente en los EE.UU., tradición que iniciaran cubanos de la talla de José Martí, Félix Varela y José Antonio Saco.

---

[9] También debo este dato al Prof. L. O. Pérez.

PANEL: Arte y cultura visual
Moderador: *Orlando Rodríguez Sardiñas*

Ricardo Pau-Llosa
Florida International University

Cuba and its Artists: The Perils of Continuity

Under pressure of fashion, political convenience, and sheer intellectual laziness, art in our times is studied as an expression of a group as defined by race, class, gender, sexual orientation, belief system, ethnicity, or some other purely sociological and/or political label. The following idea is becoming extinct and may well be heretical in our ever more dogmatic times: Works of art are expressions of individuals in enigmatic dialogue with the values of their times as well as the values and ideas of their civilization and of others which the artist may be aware of; as a result of this enigmatic dialogue images and other constructs of the imagination emerge with the power to redefine all the values and ideas which were in play in the internal "dialogue" of creativity. In other words, the work of art is a lasting enigma incapable of being exhausted by the interpretations it inspires, and certainly incapable of being reduced to a pedestrian, parochial, or journalistic manifestation of an issue or conflict that happens to be "hot" at the time. The triumph of sociology over aesthetics and the enigma of the imagination is particularly damaging to the study of art realized by Cubans and Cuban-Americans because of the high political voltage associated with this population and because of the overarching interest the Art World Establishment has in keeping "ethnics" separate from the "real art" done by fully assimilated artists.

The most revolutionary notion that can be engaged in the study of Cuban art is that it has its own intellectual currents and traditions which, though not unique, certainly manifest themselves in original and idiosyncratic ways in Cuban art. What's more, these traditions are profoundly western –rooted in the most complex philosophical and aesthetic concerns of the West– regardless of the source of some of the images or the allusions to other traditions, West African or others. Seeing art as the product of thought and reflection is far more dangerous to the pre-ordained system of Art World values than seeing art as a mere reflection of a group struggling to advance its interests, defend its folk heritage, or merely revel in its own differentness.

In the interest of these political agendas, Cuban exile artists are often referred to as "immigrants" and the totalitarian nature of the regime from which they fled is purposely ignored--this by critics and commentators in magazines like *Art in America* as well as in newspapers like *The Miami Herald* and *The New York Times*. Cuban exile artists have little choice but to passively go along with these dogmatic distortions of their history if they want North American and Western European curators and critics to take notice of their works. Overt political denunciation in works of art, or even by the artists themselves, is a luxury reserved exclusively to victims of right wing regimes (e.g., Pinochet's Chile, apartheid South Africa) or to alleged victims of democratic capitalist societies.

The arbiters of status and recognition in the Art World refuse to confront the oneiric luminist paintings of Rafael Soriano, Cuban master born in Matanzas in 1920 and who has lived in Miami exile since the early sixties. A major artist of impeccable technique and absolute originality, Soriano's lyrical, brooding landscapes of the mind in which form, color, distance, light and shadow mingle without dissipating is utterly out of step with the prevailing Art World dogma regarding Cuban art. This dogma can be summed up as follows: 1) the only Cuban artists are those who remain in Cuba and collaborate actively or discreetly with the Cuban regime, 2) all art by exiles must be dismissed as either bourgeois nostalgia or, if undeniably good, must be viewed as part of the immigrant assimilation process hence as a product of North American culture. Soriano, who came to the US in his early forties, can hardly be appropriated as a "Cuban-American" artist since he neither grew up nor was he educated in this country. His abstract and revolutionary vision of the melding of space, light, and form betrays not a tinge of Cuban reference, so he cannot be accused of nostalgia mongering. More shockingly to these Art World gurus, Soriano does represent one of the high points of Cuban art--the current which began with Carlos Enríquez in the thirties and which sought to give visible expression to action and transformation through novel representations of light and translucency.

In the face of such an obvious failure of dogma, the only response left to the Art World guru is simply to ignore Soriano, silence him and his work through the re-enactment of a Stalinist revision of history which only North American critics with impeccable liberal credentials can exercise, provided they do so in the name of tolerance and freedom of expression. It has been more than a decade since an exhibition of Soriano has been reviewed in the English-language *Miami Herald*, and what scant attention he's been given by this paper has been reduced to the Spanish-language *El Nuevo Herald* that circulates solely among Miami Cubans and other Hispanics.

Article one of the Official Art World Dogma on Cuba has become increasingly difficult to exercise. In the early nineties many of Cuba s top notch artists availed themselves of the regime's softening of travel restrictions on artists and their families. The crumbling of what was already a dilapidated socialist economy, precipitated by the collapse of the Soviet Union and its European empire, meant that Cuba had to curtail spending if the regime wanted to survive. Allowing artists to exit was one way to do this and, at the same time, rid itself of potentially troublesome creative and thinking individuals during a volatile period. Most established artists fled via Mexico but would eventually find themselves in Miami. José Bedia, unquestionably Cuba's most celebrated painter since the communist take over, joined a host of other artists in this break for freedom. Among them, Rubén Torres Llorca, Leandro Soto, Glexis Novoa, Ana Albertina Delgado, Adriano Buergo, Tomás Esson, and Arturo Cuenca. Critics who once lauded the works of these and other artists while they were still in Cuba –hence they could be passed off as "official" painters of the regime– suddenly did not know what to say. Tomás Esson saw one of his paintings taken down from a group exhibition at the Museo de Arte Contemporáneo in Monterrey, México by the American curator because Esson had become overnight an untouchable exile.

Leftist art critics and curators –who have the real clout in the Art World– began to ignore or outwardly criticize the works of these artists whose only change had been the acquisition of the freedom to finally express themselves freely against the Cuban regime. Cuba has continued to supply these spokespersons masquerading as art critics with new artists to politically misrepresent. Although North American and European interest in all things Cuban has only grown in recent years, one senses a profound hesitation on the part of Art World gurus friendly to the Cuban regime to expose themselves to more embarrassment by overly praising Cuba's new official artists. These too may decide that freedom is indeed precious and bolt from Utopia. Besides, the regime is presently more interested in promoting popular musicians; they generate more money and have greater impact in the international media which helps the regime appear modern, pro-culture, and democratic to ignorant foreigners.

Another difficulty arises when the Art World Dogma on Cuba has to deal with a conflict between Cuban exiles and the regime's cultural exports. These conflicts center in Miami, but they reveal the sinister and hypocritical workings of the Art World Establishment and their friends in the mainstream media. While leftist critics only praise artists they deem politically aligned with the regime, they insist exiles exhibit their new American-taught "tolerance" by separating art from politics. The paradigmatic conflict of this kind took place in the spring of 1988 in the Cuban

Museum of Art and Culture –now defunct but then a small and sloppily run Cuban exile cultural institution in Miami's Little Havana. At issue were works of art brought from Cuba under mysterious circumstances and which showed up at an auction to benefit the Museum. Some of these works were allegedly the confiscated property of Cuban exiles who were shocked to see them on display at the pre-auction exhibition, and others were works by very official artists of the regime: Mariano Rodríguez, Carmelo González, Raúl Martínez, and Manuel Mendive. The controversial insertion of these works was the brainchild of the auction organizer Ramón Cernuda, art collector and at the time one of the Museum's directors. The crisis eventually pitted the exile community against the "tolerant" Cernuda faction, divided the board, and otherwise turned an innocuous cultural institution into a political battleground in the national press.

What is significant for the purposes of this analysis is not the crisis itself but the way in which the press--and above all the *Miami Herald* –chose to represent the controversial artists. In a rigorous mantra that has not abated in thirteen years (the conflict is still often referred to as it is a watershed), all *Herald* writers refer to the four artists simply as "artists who live in Cuba and had not broken with the Castro government." Referring to Mariano Rodríguez– a life-long member of the Cuban Communist Party, a prominent member of its Central Committee, a self-proclaimed bomb-setting terrorist during the thirties, an avid Torquemada who zealously imposed Marxist ideology on fellow artists, especially at the beginning of the regime in the sixties--is disingenuous at best, malicious at worst. Mariano Rodríguez was never shy about his politics, so why has the *Herald* continued to this day to misrepresent what this man stood for? The other four artists were also committed to supporting the communist regime, and did so unabashedly. If the issue is strengthening political tolerance, why water down the positions of communists who happen to be artists, in many editorials in countless news reports, follow-ups, and passing references in related articles?

The answer is propaganda. It suits the *Herald* and others who deplore seeing the Cuban exile community as a continuous cultural and moral bastion against totalitarianism on the island, to magnify apparent exile hysteria and political intolerance. Obviously, for non-Cuban readers, seeing furious exiles denouncing the presence of works of art in an auction by "artists who simply live in Cuba" creates a far more polarizing effect than explaining who these artists were and why exiles who fled that regime might see them, perhaps justifiably, as moral and mortal enemies. Imagine a parallel phenomenon: pro-apartheid official artists of South Africa selling their works in an auction a fraction of whose profits go to benefit a museum run by black South African exiles, with the rest of the profits going to the apartheid government. Or change the setting to artists who were members of the Pinochet dictatorship and a Chilean exile museum. It is not difficult to grasp the issue then, nor would any American newspaper dare to misrepresent or dilute the allegiances of the offending artists. However, to this day, the Cuban Museum debacle still provides the *Herald* with ammo against the exiles and their cause. Cuban artists, indeed all Cuban exiles, are made a hostage to the machinations of politicized journalists who, like those who run *The Miami Herald* and write in its pages, prefer to see themselves as a colonial government attempting to subdue unruly natives rather than as a newspaper whose mission is to inform its readers accurately, professionally, and with as little bias as possible.

Cuba, the nation and its identity, has been forged as much by its many experiences of exile over the last two centuries as it has been by events which have transpired within the island. In this regard, Cuba has been both cursed and blessed with having a strange trans-territorial sense of itself, a fact which has impelled exiles to perpetuate their culture and their cause over the longest and most frustrating diaspora experience of Cuba's history. The war against the exiles, then, has been primarily a war against their drive toward continuity, for in destroying this not only will the exile cause be defeated, Cuba itself will have been transformed into a more physically definable reality. This suits a lot of people's interests. The regime's for one, who will then be able to claim absolute control over all things Cuban. And myriad North Americans, liberals and conservatives alike, find common interest in this emasculating transformation of Cuba and its current exile epic. This transformation restores the myth of American assimilation wherein foreigners who come here abandon all ties with their mother countries and become good, football-playing, burger-chomping, coupon-clipping Americans with an utterly parochial vision of the world. Exilic duality —especially that which has typified the Cuban-American experience, wherein English-fluent and savvy Cubans succeed in America yet feel bound to the liberation of Cuba and to its future reconstruction— upsets far too strongly America's eroding vision of itself as the land everyone dreams of living in and becoming a part of as if they had no past.

The most horrific irony of it all is that most Cubans in the US are unconsciously joining the process of their own disintegration as a historical and moral adventure in uniqueness. The artists and intellectuals will be, in all natural likelihood, the last to surrender. Hence the interest in hitting them first, and hardest. However, the most satisfying irony is that this strategy practically guarantees the opposite result. Art thrives in resistance to the obstinate and false agendas of the powerful. Over the last five years there has been an explosion of thematic references to Cuba and its suffering in the art and literature of Cuban exiles –recent arrivals and not so recent alike. In 1987 I co-curated (with Inverna Lockpez and Ricardo Viera) a traveling exhibition of Cuban exile art titled "Outside Cuba/Fuera de Cuba" at Rutgers University's Zimmerli Museum. It gathered works by nearly 50 artists, yet explicit references to Cuba's oppression and the woes of exile were rare. Were such an exhibition to be curated today, these references would be ubiquitous and ineluctable. That brand of petty anti-Cuban exile sentiment whose headquarters is One Herald Plaza in Miami has failed, will fail, and in that most just of failures lies a shred of hope for Cuba's future as a resurgent culture in our times.

Bajo los auspicios de la
Asociación Nacional de
Educadores Cubano-Americanos
Y Herencia-Cultural Cubana
Durante el Congreso
"CUBA: EXILIO Y CULTURA"
que se celebrará el **7, 8 y 9 de octubre de 1999**

GRAN TEATRO CUBANO

presentará:

Exilio

de

Matías Montes Huidobro

con

Julie De Grandy
Julio O'Farrill
Eliana Iviricu
Germán Barrios
Gustavo Laborie

Dirección y Montaje:

DUMÉ

Asesor literario: **José Corrales**
Asistente de dirección: **Aimée Iraguela**
Diseño de luces: **Mari Juana**

Viernes, 8 de octubre a las 8:15 p.m.

Miami Dadeland Marriott Hotel (Grand Ballroom-2nd Floor)
9090 South Dadeland Blv. (frente a Dadeland Mall)
Costo de la entrada: $15.00

Para más información llamar a **(305) 593-2555** ** Correo electrónico: Gfernan@aol.com (NACAE)

Presentación de la obra teatral *Exilio* de Matías Montes Huidrobo, montaje y dirección de Dumé, por el Gran Teatro Cubano

Matías Montes Huidobro

Escribir teatro en el exilio

Mis textos dramáticos han sido incluidos en muchas antologías y colecciones con este carácter: Gas en los poros en *Teatro cubano* (Rine Leal, 1963) y *En el tiempo en un acto*, (José Triana, 1999); *La sal de los muertos* en *Teatro selecto contemporáneo hispanoamericano* (Rodíguez-Sardiñas y Suárez-Radillo, 1971); *The Guillotine* en *Selected Latin American Plays* (Matas y Collechia, 1975) *La Madre y la Guillotina* en *Literatura Revolucionaria Hispanoamericana* (Mirza González, 1994); *Your Better Half* en *Cuban American Theatre* (Rodolfo Cortina, 1991); *Olofe's Razor* en *Cuban Theater in the United States* (Colecchia y González-Cruz, 1992) y en *Presencia negra: teatro cubano de la diáspora* (González Pérez, 1999); *Su cara mitad* en *Teatro cubano contemporáneo* (Espinosa Domínguez, 1992), *Once Upon a Future* (en *Little Havana Blues* (Suárez y Poey, 1996), *El hombre del agua*, en alemán, en *Kubanische Theaterstücke* (Adler y Herr, 1999). Estas once inclusiones me convirten en uno de los dramaturgos cubanos más antologados del siglo XX, lo que agradezco; pero cualquiera que sea la denominación de la colección antológica, lo cierto es, y debo decirlo, que me considero un *dramaturgo cubano* al que le ha tocado vivir y formar parte de las más complejas variantes de la historia contemporánea.

Tras recibir en 1960 el Premio José Antonio Ramos por mi obra absurdista Las vacas, continuar ese mismo año con la sangrienta lucha tribal entre padres e hijos en La sal de los muertos, practicar el matricidio en Gas en los poros y, de acuerdo con el momento histórico, plantear el fratricidio revolucionario en La Madre y la Guillotina, me defino a mí mismo, particularmente con esta obra, tanto desde el punto de vista teatral como histórico, y me voy de Cuba el 27 de noviembre de 1961.

Al hacer con La Madre y la Guillotina, que es la última obra que escribo en Cuba, una representación histórica de lo que estaba ocurriendo en mi país y al decidir no darla a conocer en ese momento, entiendo a plenitud que no había nacido, como escritor y dramaturgo, para oficialidades históricas, las cuales dejaba para otros "personajes". Es por eso que tengo que irme. El destino era partir, representar la historia por el camino de aquellos que se habían ido, ya fuera físicamente en una tradición que nos viene del siglo XIX, o por los caminos de la alienación, no menos caracterizadora. La historia de nuestra dramaturgia, y de nuestra literatura en general, inauguraba capítulos no calculados por el castrismo revolucionario e iba a hacerse más allá de nuestra insularidad, incluyendo remotos horizontes de lava, arena y mar. La nómina de dramatugos exiliados es extensa y no la cito por temor a omisiones, pero toda ella demuestra, como es el caso de *Exilio*, que para hacer teatro cubano uno puede vivir en cualquier parte.

Es indiscutible que la historia coloca al dramaturgo en un complicado laberinto de oposiciones Y que es más fácil aceptar la historia oficial y reproducirla de acuerdo con los dictámenes de la oficialidad, en un espejo sin contradicciones, de franco oportunismo, mientras allá en el fondo de la conciencia se nos está avisando del error. Todas estas trampas se dan a cada paso que dan el dramaturgo y sus intérpretes, y son más fáciles las cosechas inmediatas que las últimas. Pero la verdadera historia sólo puede escribirse por oposición, al precio inclusive de no ser representada. Para no repetirme, remito al público a la voz de Miguel Angel en *Exilio*, que le explica a Román las consecuencias de irse de Cuba, porque, modestia aparte, es un texto definidor de lo que significa escribir en el exilio y de lo caro que ha sido, en el cual, paradójicamente, le doy vida a un tipejo muy despreciable. ¡Así son las paradojas de la escritura y, sobre todo, de este gran teatro! Ser dramaturgo en el exilio es... muy difícil, pero uno tiene que vivir con lo que uno ha elegido, que es el único modo de ser.

Es evidente que *Exilio*, pieza en tres actos unificados en las puesta en escena de la obra, es el resultado de una experiencia directa sufrida como cubano, escritor y dramaturgo, ampliada a nivel general a un período que cubre los años anteriores al triunfo del castrismo hasta aproximadamente principios de los ochenta, con una intención abarcadora de un exilio total y si es posible más trascendente.

Esto no excluye que la obra se nutra de componentes inmediatos, creándose así una composición intertextual. Ya desde el primer acto, Miguel Angel anda con su "Cantata" en el bolsillo, para ver que partido le puede sacar, y la estrena en Nueva York, como ocurre con una homóloga que se estrena, efectivamente, en Nueva York en 1958 y que después, al conmemorarse el primer aniversario del triunfo castrista, es llevada a escena en la mismísima Sierra Maestra, con cuartetas tomadas del discurso de Castro a los metalúrgicos –los que nos da la medida de los parámetros de la poesía cubana "de la Revolución".

En el segundo acto *Exilio* recrea la expectativa que representó en los círculos teatrales cubanos la apertura del nuevo Teatro Nacional, que estaba sin terminar a finales del batistato y que se inaugura parcialmente en 1961. Para esa fecha, la propuesta de que llevara por nombre el de **Gertrudis Gómez de Avellaneda** había pasado a mejor vida en beneficio de **Francisco Covarrubias**, creador de nuestro teatro bufo, más en concordancia con las direcciones de la vida cubana del momento, al que se le da el nombre de la sala que lo inaugura. Por otra parte, no sube a escena *Baltasar* de la **Avellaneda**, como se propuso también en algún momento, ni una obra de **Piñera**, como debió haber sido, sino *La ramera respetuosa*, aprovechando la visita de Sartre a Cuba, lo que dio lugar a que se dijeran muchos disparates. En lo que a mí respecta, estaba a mi cargo hacer la reseña de la obra para el periódico "Revolución", pero, ignorando el hecho político que representaba la presencia de Castro en el teatro (a pesar de que él era el protagonista), arremetí contra la desastrosa puesta en escena de tal modo que mi reseña quedó censurada y no alcanzó las pruebas de galera.

En realidad se trataba de una verdera toma de poder, como la que tiene lugar en términos de "dramáticos" durante el segundo acto, cuando los personajes se enfrentan violentamente unos a otros. Estos elementos y otras insinuaciones están presentes en la obra. Aunque exactamente no ocurrió así, lo cierto es que el destino del Teatro Nacional en ese momento estaba asociado estrechamente a desplazamientos que ocurrían en la "realidad" teatral, represiones en algunos casos por preferencias sexuales. Fermín Borges, dramaturgo cubano que después vendría a morir en el exilio, que en ese momento era asesor del Teatro Nacional, sería después cruelmente desplazado por figuras militantes, algunas de ellas anónimas e ignorantes. A eso se une la persecución directa a los homosexuales, como ocurre con Virgilio Piñera, que es encarcelado en una redada que tiene lugar en esos momentos. Ciertamente la situación de Borges y Piñera me inspiran aspectos de Rubén, como otros "caracteres" de la realidad dejan su huella en otros personajes.

Ya en el tercer acto, las referencias se vuelven más remotas, salvo en el poema que Beba le hace recitar a Miguel Angel, que es una versión paródica de uno que para mal de las letras cubanas anda por ahí. Invitado Miguel Angel a dar charlas en uno de esos "tours" organizados por la izquierda universitaria, bien conocida por todos aquellos que hemos funcionado dentro de círculos académicos, el reencuentro está inspirado en el quehacer profesional. Ninguno de los cinco personajes escapan a nexos conocidos o por conocer, que dejo a la imaginación del receptor, aunque "todo parecido con persona viva o muerta es pura coincidencia". En última instancia, a medida que pase el tiempo el parecido será, realmente perecedero, mientras que Román, Victoria, Miguel Angel, Beba y Rubén seguirán en escena.

En cierto modo, *Exilio* representa para mí un homenaje al teatro en general y al teatro cubano en particular, tal y como dice Rubén hacia el final del segundo acto: "¡El teatro, Victoria, la única verdad posible! Escapábamos para siempre mientras Beba y Miguel Angel quedaban encarcelados, apretando el torniquete de su propia pesadilla!" Es por eso que ahí están, en cierto modo, al menos para mí, todos los escenarios cubanos, autores y actores, directores, luminotécnicos, tramoyistas, personajes e intérpretes, en la Casa de Comedias, El Coliseo, Teatro del Circo, Teatro Principal, El Diorama, El Gran Teatro Tacón, Teatro Villanueva, Payret, Alhambra, Martí, La Comedia, Auditorium, Valdés Rodríguez, Yesistas, Las Máscaras, Arlequín. Talía, Prometeo. De un Teatro Tacón en las entrañas del Nacional en el Centro Gallego, hasta el sueño frustrado de un Teatro Nacional para todos los cubanos, pasando por infinidad de escenarios y proyectos, trasladados muchos de ellos al exilio, el teatro es, Victoria, la única realidad posible.

Opiniones sobre *Exilio*

"Curiosamente, el alejamiento del ambiente patrio –que en un plano real concreto ha caracterizado de represivo, acosador, enajenante –ha incrementado su dependencia del lenguaje metafórico". En *Ojos para no ver, La madre y la guillotina* y *La sal de los muertos*, "obras todas que entrañan una substancia política, lo que rige, empero, es la anormalidad de un mundo vuelto de cabeza donde se sobrevive exclusivamente a nivel individual..."
Jorge Febles, "El habla metafórica, la metáfora visual y la metáfora total en *Exilio*"

"Montes Huidobro dramatiza paralelamente espacios dramáticos múltiples que se entrelazan, intentando borrar así cualquier división entre realidad y ficción, texto e intertextualidad. Escribir y dramatizar el libreto son actos conjuntos que constituyen la acción misma. Los personajes, autores de su propia tragedia real, son los autores y actores a su vez de la tragedia que montan en escena, lo cual constituye un plano mimético del acontecer histórico del cubano exiliado"
Daniel Zalacaín, "El viaje a la otra orilla"

"Esta pieza bordea la frontera entre el teatro testimonial y el imaginativo, ya que mientras las fechas y los espacios tienen un asidero histórico, los juegos del teatro dentro del teatro y del exilio sobre el exilio permiten la pluralidad semántica, alcanzando así un valor universal fuera de los límites geográficos y culturales de la trama"
Guillermo Schmidhuber, Latin American Theatre Review

Exilio "es una versión teatral –diría, eminentemente teatral–, del exilio sufrido por los artistas cubanos en los últimos cuarenta años"
Julio Matas, "Teatro cubano del exilio"

"De la vivencia personal inserta en un acontecer cubano e inmediato, trascendida y hecha obra de arte, se deriva una experiencia y proyección de alcances universales, de manera que si *Exilio* en particular nos sitúa en un contexto y una problematica cubanos, esta focalización por otra parte no constituya una *territorialización* empobrecedora del acontecer dramático, pues si bien los personajes viven sus circunstancias *cubanas* de principio a fin, estas son las del ser humano en cualquier parte, y en cualquier momento"
Rolando Morelli, "Un *Exilio* con ventana al universo..."

"Las acotaciones [...] enfatizan el movimiento, el gesto, la pantomima, la violencia física, las luces, el espacio y tiempo dramático y su otra preferencia fundamental, la del teatro dentro del teatro..." "Como característica esencial de todo teatro artudiano [...] combina los temas 'que corresponen a la agitación y a la inquietud características de nuestra época...' (Artaud)" "La pieza, a la manera artudiana, combina fondo y forma. A primera vista en el fondo, más a la superficie de éste, queda una interpretación obviamente política. Sin embargo, la intencionalidad ritualista y cósmica que explícitamente sugiere el cotexto evidencia la parte de trasfondo metafísico"

Arístides Falcón, El teatro cruel de Matías Montes Huidobro

"*Exilio* representa, sin duda, la culminación de la dramaturgia de Montes Huidobro [...], por su complejidad de forma, caracterizaciones, temas y técnicas dramáticas"

Elizabeth Espadas, Revista Iberoamericana

"La obra nos conduce con crudeza por nuestro monstruoso, innecesario y largo exilio. Incluso, los espectadores podríamos levantarnos en cualquier momento [...] y expresar nuestros testimonio de exiliados, y quedar nuestra voces, nuestra tragedia personal, perfectamente integrada a la puesta en escena"

Luis de la Paz, Diario de las Américas

"No Cuban writer from the exile community in the United States had included a gay character as a significant feature of his work until Matías Montes Huidobro' *Exilio*"

David William Foster, Sexual Textualities

"The relationship of time and reality in Montes Huidobro's theater reduces itself to the more profund and universal question, What is reality? [...] Montes does not see or elects not to see death as final. For this reason he calls it an exile, albeit the cruelest of exiles. [...] Time, therefore knows no finite limits. When we cease to exist in this time frame, we persist in other temporal levels of this sigle continuum of time [...] Montes Huidobro's perception of life as infinite and multidimensional rather than finite and single-dimensional includes as well a probing for the reason of human life. For Montes Huidobro we indeed do form *part of a dream*"

Francesca Collechia, "Some Temporal Consideration in the Theater of Matías Montes Huidobro"

Cronología de *Exilio*

1986 Lectura dramática en el *Cocunut Grove Playhose* bajo la dirección de Rafael de Acha, con Mario Ernesto Sánchez (Miguel Angel), Alina Interián (Victoria), Hall Estada (Rubén), Norberto Perdomo (Román) y Luisa Gill (Beba)

1987 Lectura escenificada en *El Portón*, Latin American Theatre Ensemble del Barrio, Nueva York, bajo la dirección de Orestes Matachena, con Rafael Martínez (Miguel Angel), Lula Santos (Victoria), Alcalá (Rubén), José Corrales (Román) y Graciela Mas (Beba)

1988 Estreno en el *Museo Cubano* el 19 de marzo, en Miami, dirección y montaje de Dumé, con Marcos Casanova (Miguel Angel), Celia Do Muiño (Victoria), Manolo de la Portilla (Rubén), Rubén Rabasa (Román) y Nattacha Amador (Beba). Escenografía de Rafael Mirabal.

1996 Presentación del *Gran Teatro Cubano* en el *Creation Art Center* de Miami, dirección y montaje de Dumé, con Jorge Reyes (Miguel Angel), Julie de Grandy (Victoria), Jorge Trigoura (Rubén), Pedro Rentería (Román) y Eliana Iviricú (Beba).

Dumé y el Gran Teatro Cubano

EXILIO fue llevada a escena por GRAN TEATRO CUBANO, agrupación teatral dirigida por Dumé, director comprometido con una mayor divulgación de la dramaturgia cubana a través de numerosas puestas en escena realizadas, primero con el "Guerpo Guernica" en La Habana, después con el "Dumé Spanish Theater" de Nueva York y finalmente en Miami con "Gran Teatro Cubano".

Nacido en La Habana en 1929, después de su graduación en la Academia de Arte Dramático de La Habana de 1950, recibió de Andrés Castro especial formación como actor y trabajó en escenarios de Europa y Latinoamérica, Hizo su debut como director en *La taza de café* de Rolando Ferrer. Según el Dr. José A. Escarpanter, "en el arte teatral de Dumé sobresalen, entre otros muchos valores, dos: su continua devoción a la puesta en escena de obras cubanas, por lo cual ocupa un sitio único en la historia de la escena insular de los últimos cuarenta años, y su acercamiento respetuoso y creador, a la vez, hacia el texto escrito. Dumé, como pocos directores de nuestros días, sin traicionar la obra del dramaturgo, la recrea siempre con inusitada imaginación, fuerza y poseía sobre las tablas". Es importante destacar que Dumé ha dedicado gran parte de su tiempo a dar a conocer obras de dramaturgos cubanos, entre ellos: José Corrales, Fermín Borges, Abelardo Estorino, José Triana, Manuel Reguera Saumell, Eugenio Hernández, Ignacio Gutiérrez, José A. Brene, Carlos Felipe, Héctor Santiago, Rolando Ferrer y Matías Montes Huidobro. Puede decirse, sencillamente, que Dumé ha sido uno de las figuras más destacadas y respetadas de la escena cubana del siglo XX.

Ángel Cuadra

Teatro en el Congreso: "Cuba: Exilio y Cultura"

Durante los recientes días 7, 8 y 9 de este mes de octubre, en el Hotel Marriot de Dadeland, se llevó a efecto uno de los más importantes congresos culturales que han tenido lugar en el largo exilio cubano, bajo el nombre de "Cuba: Exilio y Cultura".

Académicos, escritores, profesores, músicos, sociólogos, economistas, periodistas y otros artistas ofrecieron una amplia visión panorámica de la grande y positiva labor que han hecho los cubanos en el destierro, que quedará resaltada en la historia de Cuba y de los Estados Unidos, y que será, al cabo, también punto de mira obligado para los observadores futuros de la cultura que en América se expresa en español.

Una de las actividades de dicho Congreso que quiero resaltar es el aspecto del teatro, que tuvo una doble manifestación: un panel integrado por destacados teatristas y estudiosos del teatro cubano, y la presentación de una pieza teatral, con un elenco de actores profesionales y una dirección excelente.

Julio Matas, Raúl de Cárdenas, Teresa María Rojas, Pedro Monge Rafuls y José A. Escarpanter, moderados por Matías Montes Huidobro, dieron una interesante exposición tanto de la panorámica del teatro cubano en el exilio, como de las peculiaridades de ese quehacer artístico y sus esfuerzos por abrir espacios dentro de una cultura distinta.

La obra puesta en escena fue *Exilio* de Matías Montes Huidobro, en la noche del 8 de octubre. Es una de esas piezas dramáticas de imprescindible referencia para traer a los ojos y conciencia del espectador toda una etapa histórica de este proceso político que ha pasado el pueblo cubano, desde la década del 50 hasta la etapa que sobrevino después de 1959.

Dos momentos del exilio cubano, y dos motivaciones, aparentemente similares, pero finalmente disímiles: el sueño revolucionario convertido en desastre nacional por la final dicotomía en la sociedad y las personas a la que llevó en Cuba la crisis política.

Cinco personajes integran la trama. La acción transita desde el primer exilio de los cinco en Nueva York, durante el gobierno de Fulgencio Batista. Segundo momento, el regreso a Cuba, y la nueva y peor dicatadura que disgregó la familia y la comunidad cubana en dos bando irreconciliables. Y el tercer momento, el nuevo exilio de tres de ellos y el casual reencuentro de los cinco otra vez en New York, en una escena que muestra la terrible realidad cubana, y el sentido de desarraigo irremediable que tiene el exilio.

Un punto a descatar en la puesta en escena es el nivel de actuación del conjunto y la armonía de la realización escénica. Julie De Grandy, en el papel de Victoria, cubre bien su encargo de actriz frustrada, que las circunstancias la llevan a ser mujer de empresa en el exilio. German Barrios, muestra su experiencia en el mesurado Román, dramaturgo, y a la vez hombre de afirmación ideológica, que logra un gran momento en el diálogo que defiende sus ideas. Gustavo Laborié tuvo a su cargo el personaje atormentado de Rubén, de mucha intensidad dramática, que aborda bien las transiciones que le impone el personaje. Julio O'Farrill, se encarga de Miguel Angel, el poeta claudicante bajo el condicionamiento que le impone la cultura oficial cubana. Su rabia contendia lo lleva, al final, a un buen momento de alta tensión dramática, que realiza con eficacia. Eliana Iviricú tuvo una excelente actuación en el rol de Beba, la oveja dócil --o taimada-- de la primera parte; y la implacable inquisidora como funcionaria del gobierno marxista, en una transformación estupenda de gran efectividad dramática y destacada demostración.

Finalmente hay que anotar la labor del director Dumé; una muestra más de su talento como realizador teatral, que movió el conjunto adecuadamente, en una coordinación que atrapó en todo momento la atención y la tensión del numeroso público asistente.

Es una lástima que todo ese esfuerzo se concretara a una sola noche; ya que esta obra, "Exilio", debería recorrer varios escenarios, por la importancia de su testimonio y su calidad.

Reseña publicada en "Literatura y Arte", Diario de las Américas. Oct. 24, 1999

Sábado, 9 de octubre

PANEL: Crítica literaria y de arte y estudios martianos
Moderador: *Rogelio de la Torre*

Eduardo Lolo
CUNY, Kingsborough Community College

Cuba: exilio y crítica literaria

El exilio, como trágica experiencia humana, no es una actividad nueva ni puede circunscribirse a una raza o cultura en especial. En realidad, el exilio es tan antiguo como el sentimiento que lo promulga –el odio estatuido– y la fuerza que lo impone –el poder omnipotente. La intensidad punitiva del destierro obligatorio ha sido asociada, desde la Antigüedad, hasta con la misma muerte. Ya Diógenes señalaba cómo el exilado estaba muerto para su Patria; Publilius Syrus calificaba al exiliado como "un cadáver sin sepultura"; para Shakaspeare el exilio era, simplemente, muerte.

Pero el hombre es paradoja viva, aun muerto. Y los muertos vivientes del exilio de todas las épocas han asombrado a sus verdugos con una tenaz permanencia en la tierra de donde fueran expulsados. Todas las lágrimas del desarraigo –sin importar tiempos, culturas o latitudes– tienen el mismo grado de amargura; pero también toda la luz de una misma esperanza. Y de esa esperanza que –ya lo señaló Esquilo– sirve de alimento al desterrado, nacen y se desarrollan aportes inconmensurables a la tierra que le es negada a todo exiliado. El proceso es sumamente complejo y escapa a los objetivos centrales del tema de este análisis, pero creo entreverlo en la pregunta que hiciera Horacio: "¿Qué exilado de su país escapó de sí mismo?" Como el cubano exilado no puede escapar de sí mismo, se mantiene intrínsecamente en Cuba dondequiera que vaya. Permanece en Cuba no por estar en Cuba, sino por ser en Cuba. Su Cuba personal –que es mucho más que una suma de nostalgias– lo acompaña a todas partes como elemento esencial de su propia naturaleza; vuelve tórridas las nieves del norte, hace Caribe el Pacífico lejano, pinta de Habana a Bruselas, Londres, París. O extiende la isla toda noventa millas al norte de la historia prostituida. Hay tantas Cubas como cubanos exiliados. La imagen gigantesca de todas ellas puede ser descrita con solo dos palabras: Patria y Dignidad.

La permanencia de esa Cuba –múltiple y única a la vez– más allá de los pechos sangrantes de tiempo, se debe a la labor constante y solitaria de los intelectuales cubanos exilados. La obra de los escritores del exilio pudiera dividirse en varias etapas, perfectamente delimitadas según las edades con que salieron de Cuba los creadores involucrados y el momento histórico de su éxodo privado. A manera de simplificación pudieran establecerse dos grupos fundamentales de escritores cubanos en el exilio: el integrado por aquellos intelectuales ya del todo formados como tales en Cuba, y el de quienes, por razones cronológicas, vinieron a convertirse en escritores fuera de la Isla. Ambos grupos, a su vez, pudieran subdividirse de acuerdo al momento en que iniciaron sus respectivos viajes hacia nuevas dimensiones sin patria pero sin amo. Cada uno de los grupos y subgrupos resultantes ha tenido su propia cuota de angustia, su asfixia privada. Y, conviviendo con esa particularidad, otras angustias y asfixias comunes a todos los grupos. Aunque también éxitos y reconocimientos, logros y metas alcanzadas en todos los órdenes.

El grupo inicial de escritores cubanos exilados (integrado por intelectuales en funciones antes de salir de Cuba en los años sesenta) es, sin lugar a dudas, el que tuvo que enfrentar las mayores dificultades. Hay que recordar que en esa época el mensaje castrista, con toda su carga de demagogia y verdades a medias, era el preferido por lo mejor de la intelectualidad internacional del momento. Los "tontos útiles" (y algunos nada tontos) tenían control casi absoluto de publicaciones y casas editoriales, becas y otorgamientos de premios. La Habana de la década del 60 se convirtió, por obra y gracia de la mitificación de la prensa internacional cómplice, en la meca de la intelectualidad latinoamericana. Y Miami –como símbolo y centro del exilio cubano–, según la misma óptica, en el refugio de 'gusanos' derechistas y conservadores, pugnando contra la historia.

Sin embargo, a pesar de tener que desarrollar sus labores intelectuales en medio tan hostil, aquellos escritores cubanos llegados adultos al exilio en la década del 60, no cejaron un solo momento de presentar a sus pares y al mundo las medias-mentiras que había implícitas en las medias-verdades castristas. Disidentes en Cuba, continuaron siendo tales en los medios intelectuales extranjeros. Pero siempre con una Cuba, nostálgica o real, en la mira de sus trabajos y esfuerzos.

Oleadas de destierro posteriores seguirían (con las debidas excepciones que confirman la regla) el digno ejemplo de esos primeros intelectuales cubanos exilados. El mismo camino transitarían (también con sus excepciones, claro está) los llegados niños a las playas del exilio o simplemente nacidos de este otro lado de la historia. Se diversificaron las edades, los tiempos, las nostalgias; pero la dignidad histórica presente en la actitud y el trabajo de la mayoría de ellos siguió siendo una misma.

Afortunadamente, muchos de esos intelectuales han logrado ocupar, en los medios académicos norteamericanos, las cátedras hispanas que habían formado, mayoritariamente, otros exilados precedentes: los españoles republicanos. Y desde tales cátedras, incomprendidos y solitarios (cuando no vilipendiados), han mantenido viva la luz de la verdad y la esperanza cubanas; una Isla siempre viva en medio de la angustia.

Tal incorporación de los intelectuales cubanos a los medios académicos norteamericanos habría de propiciar un desarrollo de la crítica literaria nunca antes alcanzado en nuestra historia. En efecto, de todos los sub-géneros conocidos, la crítica literaria había sido el menos cultivado incluso durante el medio siglo que, a duras penas, logró sobrevivir la Primera República de Cuba. La larga noche castrista continuaría ese legado de desidia con el agravante de condicionar la crítica literaria (como toda obra artística) a los requerimientos propagandísticos de una cultura dominada por un estado totalitario.

Debo aclarar, sin embargo, que el destacado cultivo de la crítica literaria por los intelectuales cubanos exilados no puede achacarse únicamente a la mencionada incorporación de éstos a funciones académicas. En realidad, no todos aquellos que han cultivado el sub-género en los últimos 40 años se han encontrado activamente asociados a labores educativas. Más allá de los conocidos requerimientos académicos relacionados con las carreras pedagógicas de nivel universitario, hay una razón que no puede ser circunscrita a condicionantes externos. La misma puede ser identificada en esa ya señalada Cuba personal (y colectiva a la vez) que lleva todo exilado como preciado equipaje pecho adentro. En efecto, tal permanencia de la Isla lejana en sitio tan cercano provocó un desusado hurgar en su representación más firme: la obra literaria. Conociendo más a Cuba a través de la obra de sus escritores, los intelectuales cubanos exilados lograron mantenerla viva más allá de sus nostalgias y añoranzas personales. La Cuba individual y del 'hoy' perdido y usurpado, se transformó en una Cuba colectiva de múltiples 'hoy' recuperados. Prácticamente ninguna obra importante ni ningún autor vigente han quedado fuera de las investigaciones, análisis e interpretaciones de los críticos literarios cubanos del exilio. El intelectual cubano exilado, ante la pérdida física de su Cuba contemporánea, ha respondido con la recuperación crítica de todas las Cubas posibles: las vividas, las perdidas, las soñadas, y también, por qué no, las por venir.

Tal recuperación, en el campo de la crítica literaria en especial, presenta en la actualidad cientos de obras editadas en múltiples países. Conocidas y prestigiosas casas editoriales han visto incrementado su renombre con la publicación de muchas de ellas. Otras, de nueva fundación, se han hecho conocidas y han alcanzado su prestigio gracias, precisamente, a la inclusión de los trabajos investigativos de los críticos literarios del exilio cubano.

La constante labor de estos estudiosos de la literatura, aunque no homogénea en cuanto a su alcance y calidad literaria se refiere, ha recorrido direcciones múltiples. Cada una de ellas ha perseguido objetivos específicos que complementan los objetivos generales ya apuntados. Entre tales direcciones cabe destacar la que conduce a los escritores que, por la convergencia de sus obras y el período histórico que les tocó vivir, son considerados pilares fundamentales en la formación de nuestra nacionalidad. En efecto, tal parece que yendo a las raíces propias de la cubanía, los críticos literarios del exilio han intentado tanto profundizarla como mantenerla viva en los más disímiles entornos culturales. Entre los escritores de tales características más estudiados por nuestros críticos se encuentran los mejores poetas, novelistas y ensayistas de los siglos XVIII y XIX. Y muy en particular –no podía ser de otra forma– José Martí.

La labor literaria martiana ha sido una de las más investigadas y analizadas por los críticos cubanos del exilio. En realidad, resultaría absurdo hacer ningún nuevo intento al respecto sin tomar en cuenta muchas de las obras publicadas sobre el tema por críticos exilados. Múltiples son las razones que han determinado semejante caudal (y calidad) de estudios literarios martianos escritos y publicados fuera de Cuba en los últimos 40 años. La importancia única de esa obra dentro de la cultura cubana y su condición de "mina sin acabamiento" (como la calificara Gabriela Mistral) podrían identificarse entre tales razones; incluso la Primera República dejó como legado un importante cúmulo de estudios críticos sobre la obra del Maestro. Pero hay más: la constitución del llamado "Centro de Estudios Martianos" por parte del gobierno castrista a fin de implementar lo que Carlos Ripoll llamó con precisión "la falsificación de Martí en Cuba", sirvió de estímulo extra a los críticos cubanos del exilio para dedicar sus esfuerzos al análisis y estudio de la obra literaria del Apóstol; la verdad, acosada por la mentira, se torna entonces más verdad aún. Algunos serían autores que ya desde la Primera República venían dedicándose a la obra de Martí; otros comenzarían sus esfuerzos en el exilio. Entre tales críticos se encuentran Rosario Rexach, Leopoldo Barroso, Oscar Fernández de la Vega, José Olivio Jiménez, Gastón J. Fernández, Alberto Hernández-Chiroldes, Ricardo Rafael Sardiñas, Enrico Mario Santí, Louis Pujol, Eduardo Lolo y Onilda A. Jiménez, en muy incompleta nómina que sólo intenta ilustrar con ejemplos de generaciones y formaciones diferentes.

Otros muchos se dedicarían al estudio martiano dentro de la historiografía, la filosofía o la política, pero siempre con la literatura como punto de partida o llegada, como todo lo relacionado con Martí. Al igual que los críticos literarios, estos historiadores y ensayistas provienen de diferentes generaciones y formaciones intelectuales. Una muy incompleta nómina puede ser formada con los nombres de Jorge Mañach, Roberto D. Agramonte, Carlos Márquez Sterling, Octavio R. Costa, Rafael Esténger, Humberto Piñera Llera, Gastón Baquero, René Armando Leyva, Florencio García Cisneros, Rafael Lubián y Arias, Pedro Roig, Tomás G. Oria, y otros, aunque no hay duda alguna de que el más prolífero y constante de los estudiosos de Martí en las postrimerías del siglo XX sería Carlos Ripoll.

En efecto, los numerosos estudios e investigaciones sobre la vida y la obra de José Martí de Carlos Ripoll (la mayoría de ellos publicados por la Editorial Dos Ríos que él mismo fundara) alcanzan más de una docena de libros y folletos. Todos ellos extraen nuevas luces de la mina inagotable de que hablaba la Mistral. Sorpresivos unos, controversiales otros, pero serios y profundos todos, sus hallazgos históricos y sus interpretaciones constituyen hoy en día el mayor y más fresco caudal de estudios martianos al margen de la maquinaria falsificadora castrista. En realidad, a partir de la fundación de la Editorial Dos Ríos nadie podrá ya acometer ningún estudio martiano serio sin acudir a la basta obra de análisis, interpretación e investigación debida a los esfuerzos y el talento de Carlos Ripoll, nuestro único investigador martiano actual a tiempo completo –y a alma completa.

Todos estos estudiosos de la vida y la obra de José Martí simbolizan la lucha de los intelectuales del exilio por preservar un Martí que, gracias a ellos, logró sobrevivir incólume el ataque de la maquinaria propagandística castrista. Historiadores y críticos literarios lograrían mancomunadamente con objetividad, profesionalismo, dedicación y una alta calidad técnica, conjurar la falsificación de Martí en Cuba que durante muchos años ha intentado sin tregua el gobierno totalitario de la Isla, manteniendo y profundizando un Martí que tiene mucho que hacer por Cuba todavía.

Pero Martí no ha sido nuestro único escritor de tiempos de la Colonia en ser profundamente estudiado por la crítica literaria del exilio. Sirven de ejemplo los análisis críticos sobre Heredia de Julio Garcerán de Vall y Ángel Aparicio Laurencio, los estudios dedicados a Julián del Casal de Rosa M. Cabrera, Esperanza Figueroa, Julio E. Hernández-Miyares y Luis F. Clay Méndez; los ensayos sobre la obra de Gertrudis Gómez de Avellaneda debidos a Rosario Rexach y Florinda Álzaga, etc., etc. Las raíces literarias de la cubanidad, fuera de Cuba, han prendido en todos los terrenos imaginables: desde las nieves del norte hasta los pantanos o desiertos del sur. Porque es el caso que todos, por servir de refugio a cubanos dignos, conducen a un solo lugar: el alma de un pueblo en diáspora histórica.

La atención brindada por los críticos del exilio a los autores cubanos del siglo XX no es menor. Han estudiado las obras de las primeras generaciones de la república críticos tales como María Capote, Aldo R. Forés, Alberto Gutiérrez de la Solana, Zenaida Gutiérrez Vega, Octavio de la Suarée, Marta Linares Pérez, Rogelio de la Torre, Gastón Fernández-Torriente, Mirza L. González, Ricardo Larraga y Sara Márquez, entre otros. Pero es indudable que, cuantitativamente, los estudios críticos del exilio sobre el siglo XX cubano se centran, fundamentalmente, en el análisis, estudio y promoción de otros escritores exilados. Varias son las razones de tal centralización. Entre ellas podría señalarse una lógica solidaridad o simpatía nacida al calor de angustias y dolores comunes. Pero no creo sea la más importante. Antes bien considero que otras dos, sin intentar rebajar en un ápice la importancia de tal solidaridad, la superan con creces. Por un lado el hecho de que, salvo raras excepciones, los mejores intelectuales cubanos de los últimos 40 años han terminado de esta orilla de la historia o han muerto en Cuba separados, por razones políticas, del movimiento cultural isleño. Y, por el otro, que esos escritores de valía, condenados oficialmente a la condición de personas no-personas por sus divergencias con el gobierno castrista, por su profesión vieron extendida semejante pena a la condición de escritores no-escritores, 'borrados' oficialmente de la cultura cubana y boicoteados en el extranjero por una poderosa intelectualidad internacional cómplice. Vino entonces la crítica literaria del exilio al rescate de tales escritores marginados, con la intención de garantizarles el sitio correcto que se habían ganado dentro de la cultura cubana y que el castrismo y sus corifeos intentaban usurparles.

Ilustran lo anterior los trabajos sobre Jorge Mañach de Rosario Rexach, Andrés Valdespino, Amalia de la Torre, Jorge L. Martí y Nicolás Emilio Álvarez; los estudios sobre Guillermo Cabrera Infante de José Sánchez-Boudy y Reynaldo L. Jiménez; los análisis sobre la obra de Lydia Cabrera de Josefina Inclán, Rosa E. Valdés y Mariela A. Gutiérrez; los exámenes de la obra de José Lezama Lima debidos a Luis F. Fernández Sosa y Alina Camacho-Gingerich; los trabajos sobre Eugenio Florit de Orlando E. Saa, María C. Collins y Mary Vega de Febles; los estudios sobre Severo Sarduy de Sánchez-Boudy, Roberto González Echevarría y Francisco Cabanillas; los trabajos sobre Hilda Perera de Florinda Álzaga, Luis A. Jiménez y Rosario Hiriart; los análisis de la obra de Reinaldo Arenas de Perla Rozencvaig, Félix Lugo Nazario, Roberto Valero y Francisco Soto; los trabajos sobre José Sánchez-Boudy de René León y Laurentino Suárez, etc, etc.

Otros libros intentan miradas más amplias que cubren ya sea un género o período en especial o engloban autores varios. Entre ellos son de destacar los dedicados al estudio de la narrativa debidos a los trabajos investigativos de Julio E. Hernández-Miyares, Berardo Valdés y Alberto Gutiérrez de la Solana; o al teatro como en los casos de Matías Montes Huidobro y Esther Sánchez-Grey Alba; o a la poesía como en los de Luis Mario y José Olivio Jiménez, o al ensayo como en el de Elio Alba-Buffill, o a los autores del exilio en su conjunto como los esfuerzo de José Sánchez-Boudy y Pablo Le Riverend.

Incluso escritores que decidieron ser fieles al castrismo (o se ven como tales) han tenido su atención por parte de la crítica cubana del exilio. Una atención que, a pesar de las dolorosas distancias entre estudiosos y estudiados, no llega con la mirada tendenciosa que sí caracteriza a la crítica literaria castrista. El profesionalismo de los críticos exilados ha dado a tales autores el justo tratamiento que sus obras merecían, con independencia de las divergencias personales entre unos y otros. Sirven de ejemplo Ernesto Méndez Soto, Adriana Tous, Juan Barroso VIII, Esther P. Mocega-González, Roberto González Echevarría, Armando González-Pérez y Antonio A. Fernández Vázquez quienes fueron capaces de analizar, sin prejuicios ni ofuscaciones, la obra de autores tales como Alejo Carpentier, Nicolás Guillén y otros asociados, directa o indirectamente, con el castrismo.

Pero la labor de los críticos cubanos del exilio no se ha circunscrito a la literatura cubana. Al mismo tiempo que desarrollaban sus trabajos e investigaciones en el campo nacional, algunos se hacían especialistas renombrados en autores extranjeros o literaturas foráneas. Por ejemplo José Olivio Jiménez, Ana Rosa Núñez, Rosario Hiriart, María C. Dominicis, Esperanza G. Saludes y Ela Gómez-Quintero son autores de libros sobre la literatura peninsular que constituyen obras de consulta obligatoria en los campos en que desarrollaron sus respectivos trabajos críticos. Otros dirigirían sus miradas hacia otras tierras y autores hispanoamericanos, entre los cuales cabe citar a Anita Arroyo, Otto Olivera, Alberto C. Pérez, Silvia Martínez Dacosta, Luis F. González Cruz, Raquel Chang-Rodríguez, Luisa M. Perdigó, Olga Carrera González, María L. Rodríguez Lee, Francisco Antolín, Rubén L. Gómez, Ofelia Martín Hudson, etc.

Todo lo señalado hasta ahora ha sido con relación a estudios mayores en forma de libros. Y aunque la nómina de autores parece inmensa, en realidad recoge sólo una parte representativa de un total que, dada su dimensión, resulta imposible citar en un trabajo como éste. Si a tal nómina de cubanos exilados autores de importantes libros de crítica literaria unimos aquéllos que han dado a conocer sus investigaciones en trabajos de menor extensión publicados en revistas especializadas o compilaciones, ya entonces tendríamos que hablar de una relación que cubriría un libro todo de varios centenares de páginas. Y no exagero: tan temprano como en 1975, una bibliografía fundamentalmente de artículos de crítica literaria debida a Alberto Gutiérrez de la Solana cubre un tomo de más de 200 páginas. Porque es el caso que, a pesar de la nada velada conspiración de las izquierdas en contra de los críticos cubanos del exilio, decenas y decenas de artículos de autores cubanos exilados han aparecido en importantes revistas especializadas de las Américas y Europa. Para contrarrestar la señalada conspiración, sus autores tuvieron que elevar la calidad, originalidad e importancia de sus trabajos a niveles que los hicieran inmunes a la discriminación política. Y aunque no todos lograron esa inmunidad por mucha calidad que presentasen, han bastado los que pudieron vencer o burlar la censura de los "tontos útiles" para extender el nombre de la crítica cubana del exilio a un reconocimiento transcontinental.

Otra forma de conjurar tal conspiración ha sido la publicación de revistas literarias al margen de la maquinaria izquierdista ya establecida. Desgraciadamente, la inmensa mayoría de esas revistas literarias independientes tuvieron una vida efímera, quedando únicamente como ejemplos de esfuerzos, sacrificios y seriedad académica en un mundo donde las prensas y la academia aparecen, en general, dominadas por la izquierda. Entre esas luces fugaces cabe resaltar la *Revista Cubana* editada en Nueva York en 1968. No menos importantes fueron los sacrificios que dieron luz a las revistas *Exilio, Alacrán Azul*, y *Mariel*.

Pero no todos los esfuerzos han podido ser ahogados. Sirve de ejemplo cimero *Círculo: Revista de Cultura*, publicada por el Círculo de Cultura Panamericano. La misma, aunque abierta a todas las culturas hermanas (incluyendo, como es lógico, las culturas hispánicas en los EE.UU.), lo cierto es que ha logrado mantenerse viva desde 1971 hasta la fecha, sin faltar a una cita con sus lectores, gracias al esfuerzo de los conocidos críticos cubanos Carlos M. Raggi (hasta 1975) y Elio Alba-Buffill y Esther Sánchez-Grey Alba desde entonces hasta hoy en día. *Círculo*, a pesar de la resistencia de las izquierdas, está considerada en la actualidad entre las más serias y prestigiosas revistas norteamericanas de crítica literaria en idioma español, siendo la mayoría de sus colaboradores críticos literarios del exilio cubano. También, *Círculo Poético,* fundada por Ana G. de Raggi y que hoy dirigen José Corrales y René León; y *Caribe*, fundada por Matías Montes Huidobro y que hoy dirigen los profesores Armando González Pérez y Jorge Febles. Otro ejemplo a destacar es la revista independiente *Linden Lane Magazine*, fundada por Heberto Padilla y Belkis Cuza Malé en 1982, la cual se mantiene actualmente por los esfuerzos de la segunda —y pese a los múltiples escollos que su independencia implica—, como un campo abierto a la crítica literaria cubana de este lado de la historia.

Mención especial merecen los críticos literarios cubanos que laboran en la prensa periódica. Aunque sus trabajos analizan y dan a conocer nuevas obras de todo el espectro cultural hispano, por lógicas confluencias históricas y culturales dan cabida preponderante a los trabajos de autores cubanos del exilio. Entre ellos cabe señalar a Octavio R. Costa (alta figura de la literatura cubana por sí mismo), así como a Belkis Cuza Malé, Guillermo Cabrera Leiva, Gloria Leal, Luis Mario y Armando Álvarez Bravo, entre otros. Todos ellos, aprovechando el amplio alcance de la prensa diaria, dan a conocer al público general sus juicios y análisis de obras que, de no ser por ellos, no tendrían promoción más allá de los reducidos círculos académicos o intelectuales. Estos críticos literarios de periódicos, a veces subestimados por el carácter efímero del medio donde laboran, cumplen una labor de extensión cultural de valor incalculable. No hay que olvidar que gracias a ellos los escritores no estamos siempre tan solos.

Otros logros importantes de los críticos literarios del exilio cubano se encuentran en las antologías y compilaciones de épocas y géneros diversos producto de la paciente labor de estudio y selección de estos especialistas. Entre tales críticos se encuentran Julio Hernández-Miyares, José O. Jiménez, Carlos Ripoll, Ana Rosa Núñez, Marta Linares Pérez, Felipe Lázaro, Hortensia Ruiz del Vigo, el binomio José Cid Pérez y Dolores Martí de Cid, Leonardo Fernández-Marcané, Concepción T. Alzola, Antonio R. de la Campa, Susana Redondo de Feldman, Manuel G. Valdés, y muchos más.

Íntimamente relacionado con la actividad anterior, es el caudal y calidad de las introducciones, prefacios y estudios preliminares de críticos cubanos del exilio a diversas e importantes obras publicadas en las últimas décadas, tanto dentro como fuera de la literatura cubana. En este renglón la lista sería interminable, por lo que voy a mencionar únicamente, a manera de muestra colectiva, la labor de los múltiples críticos encargados de los prólogos a las publicaciones de la ya famosa Editorial Cubana de Miami, cuya junta directiva preside Luis J. Botifoll. Esta editorial, en una labor de poco más de 10 años, ha venido reproduciendo importantes obras cubanas ausentes de las librerías por mucho tiempo (algunas de ellas verdaderas rarezas bibliográficas) en ediciones facsimilares antecedidas de prólogos modernos. Es de destacar que tanto los editores, como los críticos que tienen a su cargo la presentación preliminar de las obras editadas, hacen sus funciones sin fines de lucro, ya que los libros son vendidos a precios tan módicos que dudo alcancen el monto de sus costos. Es una labor que, además de profesionalismo, destila desinterés y amor.

El agobiante prolongamiento de nuestro exilio ha creado un nuevo fenómeno en el mundo de las letras cubanas: el surgimiento de una literatura cubana en inglés. Autores que salieron niños de Cuba, o nacieron fuera de la isla de padres criollos, han creado este nuevo tipo de literatura cubana. Algunos de ellos nunca han estado en la Isla; sin embargo, temas, personajes y motivos cubanos distinguen sus trabajos: todo excepto el idioma español, hasta entonces considerado el vehículo lingüístico único de nuestra cultura. Ellos han entrado al llamado "melting pot" sin rechazar su herencia cultural; al contrario, parece que han agregado parte de la misma a la cultura estadounidense a la cual pertenecen. El impacto de este nuevo tipo de literatura cubana en la literatura cubana general es todavía desconocido, si es que llega a existir impacto alguno; es una historia en progreso. Sin embargo, esta nueva y suigéneris literatura cubana –que será analizada a profundidad en otro panel–, también ha sido objeto de estudio por parte de la crítica literaria del exilio. Baste señalar a Gustavo Pérez Firmat, Rodolfo J. Cortina, Luis F. González-Cruz, Carolina Hospital y Virgil Suárez, entre quienes se han dedicado al análisis de este feliz o trágico fenómeno.

Caracteriza a la mayoría de los críticos literarios del exilio cubano, ya sean autores de libros, de artículos para compilaciones o revistas especializadas, de prólogos y prefacios, o siempre presurosos colaboradores de la prensa diaria, una alta calidad técnica y una objetividad analítica a prueba de dolores y traumas históricos. Testifican lo anterior las distinciones y premios recibidos por críticos cubanos exilados en base a su labor como tales. Un ejemplo elocuente es la nómina de ganadores del Premio Letras de Oro en el género ensayo. Este certamen, que organizaran durante casi una década la Universidad de Miami y el Instituto de Estudios Ibéricos, constituyó el más importante de su clase en los EE.UU. a finales de la década de los ochenta y principios de la siguiente. El premio se otorgaba a los mejores libros escritos en español en este país durante el año e incluía todos los géneros. Sorprende que la mayoría de los premios otorgados en el género de ensayo, a pesar de la multiplicidad sub-genérica conocida, recayera en obras de crítica literaria, casi todas de autores cubanos. Fueron premiados entonces críticos tales como Roberto Valero, Eduardo Lolo y Jesús J. Barquet, entre otros.

De todo lo anterior se desprende un hecho indiscutible: que por razones disímiles, tanto externas como internas, el más largo exilio de nuestra historia ha dado como resultado impremeditado el mayor caudal de estudios críticos sobre nuestra literatura nacional en toda la historia de la cultura cubana. En efecto, nunca antes nuestros autores habían sido objeto de semejante atención crítica, ni siquiera durante la corta etapa de nuestra Primera República. La destacada calidad de la mayoría de los trabajos publicados es una de las principales características de ese caudal señalado. Ha determinado tal calidad, más allá del talento individual de los críticos involucrados, la alta calificación técnica alcanzada por muchos de ellos gracias a sus estudios en universidades de los EE.UU. y el hecho de haber podido desarrollar sus obras analíticas en un medio libre de presiones políticas o censuras gubernamentales. Incluso el escollo de la discriminación de las izquierdas sirvió de acicate a nuestros intelectuales para perseguir y alcanzar metas superiores, tales como la fundación de casas editoriales y revistas culturales donde nuestros autores pudieran dar a conocer sus obras fuera de la égida de los lacayos culturales del castrismo.

Cuba como ente cultural, no pocas veces en peligro en la Isla que le diera vida, ha sobrevivido robusta y vigorosa en las playas del exilio. Desde el punto de vista intelectual hemos terminado viviendo sin amo y con patria. Incluso muchos de nosotros, al saber más de Cuba ahora que antes, desde cierto ángulo somos más cubanos que cuando vivíamos en la isla sin profundizarla. La lejanía física nos ha acercado culturalmente. Antes recibíamos la cubanía como la persona de pulmones sanos el aire que respira; que es decir, sin percatarnos de la importancia que para la vida tiene cada bocanada de aire. El exilio nos aportó, desde el punto de vista histórico, la sensibilidad del asmático, para quien la recepción de cada limosna de aire silbante que llega a su pecho se convierte en una fiesta de vida. Así recorremos el exilio: inhalando cubanía de a poco, conscientemente, para que nos llegue, para que no se nos acabe. Y del exhalar correspondiente han surgido todos estos estudios sobre la más perdurable representación de esa cubanía: la obra literaria nacional.

El advenimiento y desarrollo de las publicaciones cibernéticas ha propiciado un nuevo medio de difusión para la crítica literaria del exilio. Los "navegantes" en la red pueden encontrar infinidad de trabajos debidos a estudios de nuestros críticos en múltiples "sitios". Baste citar a manera de ejemplo, Nexos (www. Nexos2/htp.com), la nueva versión electrónica de La Habana Elegante(www.habanaelegante.com) o la Sección de Cultura de La Nueva Cuba, el primer periódico cubano independiente en la internet (www.lanuevacuba.com). Es de destacar que en el nuevo medio los críticos cubanos del exilio comparten sueños, estudios y esperanzas con sus homólogos del "insilio", quienes valientemente hacen llegar sus criticas a través de sitios tales como Cuba Free Press (www.cubafreepress.org) y Cuba Net (www.cubanet.org) al margen del control gubernamental que caracteriza todas las publicaciones cubanas originadas en Cuba.

El siguiente paso a dar por la crítica cubana del exilio queda pospuesto hasta el advenimiento de la Segunda República. Al igual que la Primera República absorbió en su seno la obra toda del exilio decimonónico, el amanecer histórico en lontananza presagia una absorción similar. La cultura cubana es una sola, no importa dónde se desarrolle; puede incluso no importar la lengua en que se exprese. Y aunque actualmente nos divide, como señalara recientemente Belkis Cuza Malé, la verdad y la mentira; la mentira, por su propia condición de tal, tiene los días contados. El exilio cubano de los últimos 40 años ha creado un cúmulo de obras de análisis y crítica literaria listo para incorporarse, tan pronto como salga el sol luego de la larga noche castrista, a la cultura nacional a la que ha pertenecido siempre. No hemos perdido el tiempo. Cuarenta años nos separan de Cuba, y cuarenta años nos acercan a Cuba. Es cierto que regresaremos con la mirada de Lázaro a su retorno y la respiración histórica del asmático; pero no con las manos y las almas vacías. La crítica literaria del exilio es una prueba más que fehaciente.

Bibliografía mínima de autores nombrados

Agramonte, Roberto D. *Martí y su concepción del mundo*. San Juan, PR: Ed. Universitaria, 1971.

—— *Las doctrinas educativas y políticas de Martí*. Río Piedras, PR: Editorial de la Universidad de Puerto Rico, 1991.

Alba-Buffil, Elio. *Enrique José Varona. Crítica y creación literaria*. Madrid: Hispanova de Ediciones, 1975.

—— *Cubanos de dos siglos. Ensayistas y críticos*. Miami: Ed. Universal, 1998.

Álvarez Bravo, Armando. *Al curioso lector*. Miami: Universal, 1996.

Álzaga, Florinda. *La Avellaneda: Intensidad y vanguardia*. Miami: Ed. Universal, 1997.

—— *Ensayo sobre* El sitio de nadie *de Hilda Perera*. Miami: Ed. Universal, 1975.

Alzola, Concepción T. *La más fermosa (leyendas cubanas)*. Miami: Universal, 1975.

Antolín, Francisco. . *Los espacios en Juan Rulfo*. Miami: Universal, 1991.

Arroyo, Anita. *Razón y pasión de Sor Juana Inés de la Cruz*. México: Ed. Porrúa, 1972.

Baquero, Gastón. *La fuente inagotable*. Valencia, España: Pre-Textos, 1995.

Barroso VIII, Juan. *Realismo mágico y lo real maravilloso en* El reino de este mundo *y* El siglo de las luces *de Alejo Carpentier*. Miami: Universal, 1977.

Barroso, Leopoldo. *Ensayos sencillos. En torno a la poesía de José Martí*. New York: Senda Nueva de Ediciones, 1992.

Cabanillas, Francisco. *Escrito sobre Severo. (Acerca de Severo Sarduy)*. Miami: Universal, 1990.

Cabrera, Rosa M. *Julián del Casal. Vida y obra poética*. Nueva York: Las Américas Publishing, 1970.

Cabrera, Rosa M. & Gladys Zaldívar, eds. *Homenaje a Getrudis Gómez de Avellaneda*. Miami: Universal, 1981 .

Camacho-Gingerich, Alina. *La cosmovisión poética de José Lezama Lima en* Paradiso *y* Oppiano Licario. Miami: Universal, 1990.

Campa, Antonio R. de la. *La poesía española de posguerra (1939-1952)*. Madrid: Gráficas Uguina, 1969.

Capote, María. *Agustín Acosta. El modernista y su isla*. Miami: Universal, 1990.

Carrera González, Olga. *El mundo de Macondo en la obra de Gabriel García Márquez*. Miami: Universal, 1974.
Chang-Rodríguez, Raquel. *Hidden Messages: Representation and Resistance in Andean Colonial Drama*. Lewisburg: Bucknell UP, 1999.
Cid Pérez, José & Dolores Martí de Cid, eds. *Teatro cubano contemporáneo*. Madrid: Aguilar, 1962.
—— *Teatro indio precolombino*. Madrid: Aguilar, 1964.
—— *Teatro indoamericano colonial*. Madrid: Aguilar, 1973.
Collins, María C. *Tierra, mar y cielo en la poesía de Eugenio Florit*. Miami: Universal, 1978.
Cortina, Rodolfo J. *Cuban American Theater*. Houston: Arte Público Press, 1990.
Dominicis, María C. *Don Juan en el teatro español del siglo XX*. Miami: Universal, 1978.
Esténger, Rafael. *Martí frente al comunismo*. Miami: Ed. AIP, 1966.
Fernández de la Vega, Oscar. *Iniciación a la poesía afro-americana*. Miami: Universal, 1973.
—— *En "la barranca de todos" II. Las playas en "Los zapaticos de rosa"*. New York: Hunter College of CUNY, 1984.
Fernández-Marcané, Leonardo. *20 cuentistas cubanos*. Miami: Universal, 1978.
—— *Cuentos del Caribe*. Madrid: Playor, 1979.
Fernández Sosa, Luis F. *José Lezama Lima y la crítica anagógica*. Miami: Universal, 1974.
Fernández-Torriente, Gastón. *La novela de Hernández-Catá. Estudio de la Psicología*. Madrid: Playor, 1976.
Fernández Vázquez, Antonio A. *Novelística cubana de la Revolución (1959-1975)*. Miami: Universal, 1980.
Fernández, Gastón J. *Temas e imágenes en los* Versos Sencillos *de José Martí*. Miami: Universal, 1977.
Fernández, Wifredo. *Martí y la Filosofía*. Miami: Universal, 1974.
Figueroa, Esperanza. Julián del Casal: Poesias Completas y pequeños poemas en prosa en orden cronológico. Miami: Universal, 1993.
Forés, Aldo R. *La poesía de Agustín Acosta*. Miami: Universal, 1976.
García Cisneros, Florencio. *José Martí y las artes plásticas*. New York: Ed. ALA, 1972.
Gómez, Rubén L. *Intertextualidad generativa en* El beso de la mujer araña *de Manuel Puig*. Miami: Universal, 1996.
Gómez-Quintero, Ela. *Quevedo, hombre y escritor en conflicto con su época*. Miami: Universal, 1978.
—— *Literatura de dos mundos: España e Hispanoamérica*. Miami: Universal, 1993.
González Cruz, Luis F. *Pablo Neruda, César Vallejo y Federico García Lorca. Microcosmos poéticos. Estudios de interpretación crítica*. Nueva York: Anaya-Las Américas, 1975.

González Cruz, Luis F. & Francesca M. Colecchía. *Cuban Theatre in the United States. A Critical Anthology*. Tempe, AZ: Bilingual Review, 1992.

González Echevarría, Roberto. *La ruta de Severo Sarduy*. Hanover, NH: Ediciones del Norte, 1993.

—— *Isla a su vuelo fugitiva*. Madrid: Porrúa, 1983.

—— *Relecturas: estudios de literatura cubana*. Caracas: Monte Ávila, 1976.

González, Mirza L. *La novela y el cuento sicológico de Miguel del Carrión*. Miami: Universal, 1979.

González-Pérez, Armando. *Acercamiento a la literatura afrocubana*. Miami: Universal, 1994.

Gutiérrez de la Solana, Alberto. *Investigación y crítica literaria y lingüística cubana*. Nueva York: Senda Nueva de Ediciones, 1978.

—— *Maneras de narrar: contraste de Lino Novás Calvo y Alfonso Hernández Catá*. Nueva York: Eliseo Torres & Sons, 1972.

Gutiérrez Vega, Zenaida. *José María Chacón y Calvo, hispanista cubano*. Madrid: Ed. Cultura Hispánica, 1969.

Gutiérrez, Mariela A. *Lydia Cabrera: Aproximaciones mítico-simbólicas a su cuentística*. Madrid: Verbum, 1997.

—— *El cosmos de Lydia Cabrera*. Miami: Universal, 1991.

Hernandez-Chiroldes, Alberto. *Los* Versos Sencillos *de José Martí. Análisis Crítico*. Miami: Ed. Universal, 1983.

Hernández-Miyares, Julio, & Perla Rozencvaig, eds. *Reinaldo Arenas: Alucinaciones, fantasías y realidad*. Glenview, IL: Scott, Foresman/Montesinos, 1990.

Hernández-Miyares, Julio, ed. *Narradores cubanos de hoy*. Miami: Ed. Universal, 1975.

—— *Narrativa y Libertad. Cuentos cubanos de la diáspora*. Miami: Universal, 1996.

Hiriart, Rosario. *Pasión de la Escritura: Hilda Perera*. Miami: Universal, 1998.

—— *Las alusiones literarias en la obra narrativa de Francisco Ayala*. Nueva York: Eliseo Torres & Sons, 1972.

—— *Los recursos técnicos en la novelística de Francisco Ayala*. Madrid: Ínsula, 1972.

Hospital, Carolina, ed. *Cuban American Writers: Los Atrevidos*. Princeton, NJ: Ellas/Linden Lane, 1988.

Inclán, Josefina. *Cuba en el destierro de Juan J. Remos*. Miami: Universal, 1971.

Jiménez, José Olivio. *La raíz y el ala. Aproximaciones críticas a la obra literaria de José Martí*. Valencia, España: Pre-Textos, 1993.

—— *Poetas contemporáneos de España y América. Ensayos críticos*. Madrid: Verbum, 1998.

Jiménez, Luis A. & Ellen Lismore Leeder, eds. *El arte narrativo de Hilda Perera. De* Cuentos de Apolo *a* La noche de Ina. Miami: Universal, 1996.

Jiménez, Onilda A. *La mujer en Martí. En su pensamiento, obra y vida.* Miami: Universal, 1999.

Jiménez, Reynaldo L. *Guillermo Cabrera Infante y* Tres tristes tigres. Miami: Universal, 1977.

Larraga, Ricardo. *Mariano Brull y la poesía pura en Cuba.* Miami: Universal, 1994.

León, René. *La poesía negra de José Sánchez-Boudy.* Miami: Universal, 1977.

Le Riverend, Pablo. *Diccionario biográfico de escritores cubanos en el exilio.* Newark, NJ: Ediciones Q-21, 1990.

Leyva, René Armando. Trayectoria de Martí. Miami: Editorial AIP, 1967.

Linares Pérez, Marta. *La poesía pura en Cuba y su evolución.* Madrid: Playor, 1975.

Lolo, Eduardo. *Mar de espuma. Martí y la Literatura Infantil.* Miami: Universal, 1995.

—— *Las trampas del tiempo y sus memorias.* Coral Gables: Iberian Studies Institute & University of Miami, 1991.

Lubián y Arias, Rafael. *En la revolución de Martí.* Miami: Granada Art, 1984.

Lugo Nazario, Félix. *La alucinación y los recursos literarios en las novelas de Reinaldo Arenas.* Miami: Universal, 1995.

Mario, Luis. *Poesía y poetas. Ensayos técnico-literarios.* Miami: Universal, 1984.

Márquez, Sara. *Arte y sociedad en las novelas de Carlos Loveira.* Miami: Universal, 1977.

Márquez-Sterling, Carlos. *Martí. Ciudadano de América.* Nueva York: Las Américas Publishing, 1965.

—— *Biografía de Martí.* Barcelona: Manuel Pareja, 1973.

Martí, Jorge L. *El periodismo literario de Jorge Mañach.* San Juan, PR: Ed. Universitaria, 1977.

Martín Hudson, Ofelia. *La nueva imagen del indio en* Todas las sangres *de José María Arguedas.* Salamanca: Universidad Pontificia de Salamanca, 1998.

Martínez Dacosta, Silvia. *El informe sobre ciegos en la novela de Ernesto Sábato* Sobre héroes y tumbas. Miami: Universal, 1972.

Méndez Soto, Ernesto. *Panorama de la novela cubana de la Revolución.* Miami: Universal, 1977.

Mocega-González, Esther P. *La narrativa de Alejo Carpentier. Su concepto del tiempo como tema fundamental.* Nueva York: Eliseo Torres & Sons, 1975.

Montes Huidobro, Matías. *Persona, vida y máscara en el teatro cubano.* Miami: Universal, 1973.

Núñez, Ana Rosa, ed. *Poesía en éxodo. El exilio cubano en su poesía, 1959-1969*. Miami: Universal, 1970.

Oria, Tomás G. *Martí y el krausismo*. Boulder, CO: Society of Spanish and Spanish-American Studies, 1987.

Perdigó, Luisa M. *La estética de Octavio Paz*. Madrid: Playor, 1975.

Pérez Firmat, Gustavo. *Life on the Hyphen*. Austin: U of Texas P, 1994.

Pérez, Alberto C. *Realidad y suprarealidad en los cuentos fantásticos de Jorge Luis Borges*. Miami: Universal, 1971.

Piñera Llera, Humberto. *Idea, sentimiento y sensibilidad de José Martí*. Miami: Universal, 1981.

Poujol, Louis. *Tres visiones del amor en la obra de José Martí*. Miami: Universal, 1995 .

Redondo de Feldman, Susana & Anthony Tudisco. José Martí: Antología Crítica. New York: Las Américas Publishing, 1968.

Rexach, Rosario. *Estudios sobre Martí*. Madrid: Playor, 1985.

—— *Estudios sobre Gertrudis Gómez de Avellaneda. La reina mora del Camagüey*. Madrid: Verbum, 1996.

—— *Dos figuras cubanas y una sola actitud*. Miami: Universal, 1991.

Ripoll, Carlos. *La vida íntima y secreta de José Martí*. Nueva York: Editorial Dos Ríos, 1995.

—— *Páginas sobre José Martí*. Nueva York: Editorial Dos Ríos, 1995.

—— *Martí: político, estadista, conspirador y revolucionario*. Nueva York: Editorial Dos Ríos, 1997.

—— *José Martí: notas y estudios*. Nueva York: Editorial Dos Ríos, 1999.

Rodríguez Lee, María L. *Juegos sicológicos en la narrativa de Mario Vargas Llosa*. Miami: Universal, 1984.

Roig, Pedro. *La guerra de Martí*. Miami: Universal, 1984.

Rozencvaig, Perla. *Reinaldo Arenas: Narrativa de Transgresión*. México: Oasis, 1986.

Ruiz del Vizo, Hortensia. *Antología del costumbrismo cubano*. Miami: Universal, 1975.

Saa, Orlando E. *La serenidad en las obras de Eugenio Florit*. Miami: Universal, 1973.

Saludes, Esperanza G. *La narrativa de Luis Martín Santos a la luz de la psicología*. Miami: Universal, 1981.

Sánchez, Julio C. *La obra novelística de Cirilo Villaverde*. Madrid: De Orbe Novo, 1973.

Sánchez, Reinaldo, ed. *Reinaldo Arenas. Recuerdo y presencia*. Miami: Universal, 1994.

Sánchez-Boudy, José. *La temática narrativa de Severo Sarduy*. Miami: Universal, 1985.

—— *La temática novelística de Alejo Carpentier*. Miami: Universal, 1969.

—— *Historia de la literatura cubana del exilio*. Vol I. Miami: Universal, 1975.

Sánchez-Grey Alba, Esther. *La mujer en el teatro hispanoamericano y otros ensayos*. Montevideo: Universidad Católica del Uruguay, 1992.
—— *Teatro cubano moderno. Dramaturgos*. Miami: Universal, 2000.
Santí, Enrico Mario. *Pensar a José Martí: Notas para un centenario*. Boulder, CO: Society of Spanish and Spanish-American Studies, University of Colorado, 1996.
—— *Por una politeratura*. México, DF: Ed. Equilibrista/Conaculta, 1997.
Soto, Francisco. *Reinaldo Arenas*. New York: Twayne Publishers, 1998.
Suarée, Octavio de la. *La obra literaria de Regino E. Boti*. Nueva York: Senda Nueva de Ediciones, 1977.
Suárez, Laurentino. *La narrativa de José Sánchez-Boudy. Tragedia y folklore*. Miami: Universal, 1983.
Suárez, Virgil & Delia Poey. *Little Havana Blues. A Cuban-American Literature Anthology*. Houston: Arte Público Press, 1966.
Torre, Amalia de la. *Jorge Mañach, maestro del ensayo*. Miami: Universal, 1978.
Torre, Rogelio de la. *La obra poética de Emilio Ballagas*. Miami: Universal, 1977.
Tous, Adriana. *La poesía de Nicolás Guillén*. Madrid: Ediciones Cultura Hispánica, 1971.
Ulloa, Justo C., ed. *José Lezama Lima. Textos críticos*. Miami: Universal, 1978.
Valdés, Berardo. *Panorama del cuento cubano*. Miami: Universal, 1976.
Valdés Cruz, Rosa E. *Lo ancestral africano en la narrativa de Lydia Cabrera*. Barcelona: Ed. Vosgos, 1974.
Valdés, Manuel G. *Poesías de Amor. Cuba*. Hialeah, FL: Editorial Valmart, 1983.
Valdespino, Andrés. *Jorge Mañach y su generación en las letras cubanas*. Miami: Universal, 1971.
Valero, Roberto. *El desamparado humor de Reinaldo Arenas*. Coral Gables, FL: North-South Center, University of Miami, 1991.
Vega de Febles, Mary. *La obra poética de Eugenio Florit*. Miami: Universal, 1987.
Villa, Álvaro de & José Sánchez-Boudy. *Lezama Lima: Peregrino inmóvil. Un estudio crítico de Paradiso*. Miami: Ed. Universal, 1971.
Zaldívar, Gladys. *Novelística cubana de los años 60*. Miami: Universal, 1977.

Enrique José Varona
Historiador

Los pintores cubanos de París

El exilio es una condición inherente a la sociedad cubana de la segunda mitad del siglo XX. Todos y cada uno de nosotros estamos condicionados o marcados de una forma u otra por un exilio prolongado por más de cuatro décadas, y la cultura cubana está igualmente permeada por esta dualidad creativa, o sea, a lo largo de estos últimos cuarenta años han coexistido dos culturas cubanas, la del exilio y aquella del interior de la isla, aunque en ambas persistan, evidentemente, elementos comunes.

Un aspecto representativo de la evolución de la cultura cubana en este sentido, lo constituye el análisis de la pintura moderna y contemporánea, un aspecto que es, a mi juicio, poco estudiado y digno de una mayor reflexión.

Generalmente se ignora, por ejemplo, que uno de los primeros núcleos de cubanos con intereses culturales y creativos afines que optaron voluntariamente por el exilio, fue un nutrido grupo de artistas plásticos que decidió radicarse en París a principios de los años 1960. La mayoría de estos pintores llegó a la «Ciudad Luz» en 1959, como parte de un programa estatal de becas establecido por el gobierno cubano antes de los cambios políticos ocurridos ese año. Como consecuencia de estos cambios, casi todos estos artistas optaron por asumir una posición de confrontación abierta ante el régimen que aún hoy día dirige el país, y por lo general no han vuelto a regresar a Cuba. Algunos de ellos asumieron una actitud menos radical, regresando en ocasiones a la isla o manteniendo contactos oficiales con el Ministerio de Cultura de Cuba por medio de su embajada acreditada. Sin embargo, es interesante analizar que todos los artistas cubanos de París mantienen una unidad de criterio al valorar a sus dos figuras más representativas, el pintor Wifredo Lam y el escultor Agustín Cárdenas. Ambos, aunque políticamente no manifestaron nunca una apatía abierta ante el gobierno cubano, se mantuvieron fuera del país durante todo su período activo de creatividad. Lam murió en París en 1982 y Cárdenas, muy enfermo, regresó en 1994 a Cuba, donde desea fallecer, según testigos de su voluntad senil.

La totalidad de artistas cubanos de París concuerdan igualmente en solidarizarse con lo que fue uno de los dramas más patéticos del primer exilio pictórico: el suicidio de Ángel Acosta León, quien víctima de la orden oficial de regresar a Cuba, decidió tirarse a la hélice del barco que lo llevaba a la isla-prisión, llegando ya a las cercanías de sus costas.

Desde hace algunos años he tenido la posibilidad de seguir de cerca la evolución de las artes plásticas cubanas del exilio en Francia, y más recientemente he desarrollado un trabajo de catalogación, repertorio y documentación de los artistas cubanos de París en las últimas cuatro décadas. El resultado de estos estudios ha sido muy alentador hasta el momento.

Últimamente este estudio se ha enriquecido con el apoyo en equipo de William Navarrete, historiador de arte cubano radicado en París, que ha contribuido en gran medida a complementar mi trabajo inicial. Ambos hemos entrevistado a la mayoría de los artistas cubanos residentes en París desde aquel primer núcleo establecido en 1959 hasta los recién llegados.

Dentro de las figuras más importantes del núcleo primario sobresalen Jorge Camacho, Jorge Castaño, Joaquín Ferrer, Julio Herrera Zapata, Guido Llinás y Gina Pellón. Cabe destacar que entre ellos Gina Pellón no formaba parte del plan de becas ya que estando casada entonces con Joaquín Ferrer, las autoridades culturales cubanas le denegaron ese derecho argumentando que, según los criterios oficiales, el esposo tenía la prioridad. Gina Pellón viajó por sus propios medios y se negó a regresar a La Habana al año siguiente, cuando la embajada cubana en París convocó a todos los becarios para ordenarles el regreso forzado.

Es necesario insistir en el sistema de becas estatales, ya que las mismas se habían convertido en una tradición cultural en Cuba desde los inicios de la república hasta que fueron suprimidas por el actual gobierno. Entre otros artistas, se beneficiaron con estas becas en Europa, grandes nombres de nuestra escuela cubana de pintura, como Amelia Peláez, Eduardo Abela, el escultor Ernesto Navarro, Enrique Riverón, quien obtuvo una beca otorgada por ayuntamiento de Cienfuegos en 1924, o el propio Wifredo Lam, quien viajó a Europa por vez primera en 1923 gracias a una subvención que le otorgó su municipio natal de Sagua La Grande, en Las Villas. Es decir, que estos viajes de estudios al viejo continente eran estimulados oficialmente y contribuían al fomento de una cultura nacional durante la Cuba republicana. Los mismos sentaron las bases para aglutinar en París a una primera comunidad cultural cubana del exilio europeo, integrada por diversos intelectuales, no solamente pintores, que también fueron becarios, como el cineasta Néstor Almendros o el escritor Severo Sarduy. En el caso de este último, debe destacarse su actividad paralela como pintor, que propició una retrospectiva de su obra en el Museo Nacional Centro de Arte Reina Sofía, de Madrid, en 1998.

A este primer núcleo de pintores cubanos mencionados se fueron sumando otros que llegaron a París durante la década de 1960, como Roberto García-York y Ramón Alejandro.

Quisiera detenerme en el caso de Ramón Alejandro. Este pintor, procedende del exilio cubano de París, se instaló en Miami en 1995, enriqueciendo el medio artístico local sobre todo con la difícil tarea de la edición de arte. Su labor es meritoria en este sentido, y su experiencia, talento y relaciones con casas de edición francesas se han conjugado para dar a la luz excelentes tiradas únicas en su género.

Al analizar la repercusión de todos estos artistas dentro de una cultura cubana del exilio deben tenerse en cuenta varios aspectos:

- En primer lugar, estos pintores se desarrollaron en un medio hostil, ya que la intelectualidad francesa de la época veía con malos ojos un distanciamiento con el régimen cubano, y no resultaba fácil exponer o dar a conocer una obra de un cubano exiliado en un medio en el que primaba una simpatía por la política oficial cubana.

- En segundo lugar, y paradójicamente, los años sesenta en París generan un movimiento cultural latinoamericano considerable, dentro del cual la cultura cubana se impone precisamente, en gran parte, gracias a estos artistas del exterior. En este sentido el apoyo incondicional de figuras tan respetadas del mundo artístico como Wifredo Lam y Agustín Cárdenas, fue decisivo.

- Un tercer aspecto a destacar es la existencia en París de una estructura que dió acogida a los artistas del grupo inicial y a los que posteriormente continuaron llegando hasta fines de los años sesenta. Esta institución, que hoy subsiste nominalmente, sin cumplir su función original, es la Casa Cuba de la ciudad universitaria de París, inaugurada el 15 de enero de 1933 gracias a una donación de la familia Abreu. Esta casa que desde entonces acogía a los becarios cubanos en la capital francesa fue la segunda de su tipo inaugurada por un país latinoamericano, después de la argentina. Su concepción se debe al arquitecto francés Albert Laprade, quien diseñó un edificio de estilo neo-colonial cubano, con la fachada inspirada en la catedral de La Habana, ostentando los relieves del escudo de la república y las armas de las antiguas seis provincias. La casa, de sesenta habitaciones, es hoy propiedad de la Universidad de París, y sirvió hasta los años sesenta de residencia y de lugar de reunión a los pintores cubanos, quienes además organizaban activamente exposiciones en sus amplios salones, custodiados por un vestíbulo central dominado por un busto de José Martí realizado por Sicre, donación del hijo del Apóstol.

El grupo de pintores del primer núcleo del exilio cubano en París mantuvo durante más de 15 años una relativa unidad, sirviendo de vitrina de la cultura cubana en Francia y difundiendo una imagen de nuestras artes plásticas en galerías de renombre, grandes exposiciones oficiales de arte latinoamericano, revistas y diversos medios de difusión masivos o incluso enriqueciendo las colecciones estatales francesas. Pintores como Jorge Camacho, por ejemplo, figuran en el Museo Nacional de Arte Moderno o Roberto García-York en el Museo de Arte Moderno de la Ciudad de París, y prácticamente todos están representados en el gabinete de grabados de la Biblioteca Nacional de Francia.

Este grupo de pintores no estuvo ajeno al exilio estadounidense y a su problemática cultural. En 1985, Carlos M. Luis programó en el entonces Museo Cubano de Arte y Cultura de Miami la exposición « 10 artistas cubanos de París », que rindió homenaje a la carrera de al menos una selección de estos artistas.

A partir de la década de los ochenta, el círculo cubano de los pintores de París continuó ensanchándose con la llegada de prestigiosas figuras, como Jesús de Armas, un pintor neo-taíno que realizó en Cuba desde la década de 1970 una meritoria labor de arqueología artística. Igualmente se sumó al paisaje pictórico de la capital francesa el pintor de la llamada «generación de los ochenta» Moisés Finalé, a tiempo que su contemporáneo Humberto Castro también permaneció por un tiempo en la capital gala.

A manera de conclusión debemos señalar que los artistas cubanos de París no mantienen hoy en día una unidad política consciente, por obvias razones que no se necesitan debatir en este contexto ; pero a pesar de ello representan en cada caso y en su conjunto, a nuestra cultura del exilio. Como ejemplo tenemos la reciente inauguración del Museo Martiniqués de Artes de América, que presentó sus colecciones en la Casa de la América Latina de París, contando con obras realizadas por cubanos en el exilio parisino durante estos últimos cuarenta años. Entre ellos figuraban, Jesús de Armas, Jorge Camacho, Agustín Cárdenas, Joaquín Ferrer, Wifredo Lam y Gina Pellón. Estos nombres dieron renombre al de Cuba, situándolo entre los países mejor representados en esta institución cultural oficial.

Otra manifestación pictórica que merece ser mencionada fue la reciente exposición « Lejos de Cuba », llevada a cabo a fines del pasado año y principios del presente en el Museo de Tapiserías de Aix-en-Provence, en el sur de Francia. Esta muestra ha marcado pautas ya que logró reunir por vez primera en un museo francés a una nutrida representación del exilio pictórico cubano de diversas generaciones y tendencias, constituyendo un amplio catálogo de artistas radicados tanto en Europa como en los Estados Unidos. De nuestros pintores de París de la primera generación del exilio se presentaron Gina Pellón y Jorge Castaño, junto a un total de diecinueve entre los cuales se encontraban Ramón Alejandro y Humberto Castro, radicados en París por un tiempo y residentes hoy en Miami. En fin, la pintura cubana del exilio es una y representa un segmento importante dentro del análisis general de la cultura cubana del presente siglo.

Y es que la pintura, protagonista por excelencia de las artes visuales, ha encontrado también en el exilio una fuente de desarrollo que ya integra el patrimonio cultural de esa única patria que todos deseamos en el futuro: CUBA.

Enrique-José Varona (Las Tunas, 1963) Es graduado de altos estudios de la Universidad de Ciencias Humanas de Estrasburgo en la especialidad de Historia del Arte, dentro de la cual ejerció como profesor en este centro. Actualmente labora en el Departamento de Servicios Pedagógicos del Museo Nacional de Arte Moderno y Contemporáneo de París, Centro Georges Pompidou.

PANEL: Educación
Moderador: *Luis González del Valle*

Elio Alba Buffill
Emérito, CUNY, Kingsborough Community College

Los profesores universitarios cubanos del exilio y la preservación de la conciencia nacional

> A la memoria de mi buen amigo el Dr. Alberto Gutiérrez de la Solana que, en 1978, fue el primero que recogió la labor intelectual del exilio cubano para destacar su importancia

I. Análisis del proceso histórico

La pérdida de la patria, esa horrible sensación de forzado alejamiento de la tierra en que nacimos, esa angustia y desesperación que experimenta todo exiliado que ha preferido dejarla para poder vivir con la preciada libertad de pensar que es consustancial a la dignidad humana, hace surgir en él un hondo sentimiento de nostalgia y en consecuencia una creciente necesidad de acercársele espiritualmente, ya que no lo quiere hacer materialmente, mientras ésta sea esclava. Por otra parte, el interés del régimen marxista, manifestado en estas cuatro décadas, en que ha intentado reescribir la historia de la nación cubana desconociendo su valioso pasado cultural, ha intensificado el interés de los intelectuales de la diáspora en estudiar el mismo para fijar la importancia no sólo de su literatura, sino también de nuestras aportaciones a la Historia, la Filosofía, las Artes, en fin, para evaluar la relevancia de esa cultura cubana, que es el producto del esfuerzo de muchos y muy valiosos hijos de esa tierra y que ha sido un factor fundamental en el proceso de formación de la conciencia nacional. Los profesores cubanos exiliados, empeñados en esa digna labor, han ayudado sustancialmente, mediante sus estudios, a preservar esa conciencia nacional en el pueblo cubano de la diáspora, pese al desarraigo de la patria, es decir, han luchado por mantenerla vigente, pues como José Martí la había definido insuperablemente, patria es "comunidad de intereses, unidad de tradiciones, unidad de fines, fusión dulcísima y consoladora de amores y esperanzas"[1].

---

[1] José Martí, " La República española ante la Revolución cubana", *La Gran Enciclopedia Martiana*, Miami, Editorial Martiana, 1978, Tomo 2, 56.

Este proceso ha tenido históricamente diferentes manifestaciones. En primer lugar, hay que subrayar el hecho de que la implantación del régimen marxista que lanzó a las playas del exilio a más de un millón de cubanos produjo, desde luego, el alejamiento de la isla de la gran mayoría de nuestros más destacados intelectuales. A pesar de las limitaciones que el gobierno marxista intentó imponer a la salida de algunas de nuestras prominentes figuras, tanto en las letras como en las artes o en las ciencias, lo cierto es, que muchos de éstos pudieron abandonar la isla para no asfixiarse por la carencia de libertad y algunos de ellos fueron acogidos, dado el prestigio internacional que disfrutaban, en universidades norteamericanas, en sus respectivas áreas de especialización.

En cuanto al aspecto literario específicamente, se debe indicar que a este grupo inicial se fueron uniendo muchos profesionales cubanos que sentían vocación magisterial y motivados por las razones anteriormente apuntadas, es decir, el ansia de mantener el contacto con nuestra cultura, al que se unió el deseo de poder utilizar en su magisterio el uso de su lengua española, se sintieron atraídos a realizar estudios graduados para la licenciatura y el doctorado con especialización en literaturas hispanas, lo que produjo la formación de un número considerable de profesores universitarios dedicados a la enseñanza de esas materias.

A la iniciativa personal de muchos profesionales exiliados se unió en algunos casos, proyectos del Programa de Ayuda al Exiliado Cubano del Departamento de Asistencia Social del gobierno de este país que propiciaron becas de estudios para profesionales interesados en esas áreas. Estos grupos estuvieron formados al principio no solamente por educadores –muchos de los cuales tuvieron dificultades para obtener cátedras de enseñanza superior, pese a las específicas credenciales que tenían– sino también por doctores en Derecho, a los que, en algunos casos, por las regulaciones específicas en relación al ejercicio de su profesión, se les había demorado los procesos de reválida en su especialidad.

Con el transcurso del tiempo, a todos ellos se les fueron uniendo nuevas generaciones de cubanos exiliados, a quienes, pese a haber completado parte de su educación básica en este país, también les atraía, como a los cubanos que les habían precedido en esta profesión, los estudios literarios y el mantener la vinculación con el idioma materno y la cultura de la patria. El resultado ha sido que las cátedras de idioma español y de literaturas hispánicas en este país han sido una poderosa fuente de trabajo para cientos y cientos de profesionales cubanos de la diáspora, que a través de los años han logrado extraordinarios éxitos profesionales y que han llevado a cabo una muy seria evaluación de la cultura nacional.

Como parte de ese proceso, desde el principio, se produjo una abundante selección de autores y temas cubanos como objeto de estudio en las tesis de licenciatura o maestría o del doctorado de los exiliados cubanos, estudios que en muchos casos merecieron publicación y reconocimiento crítico y que a su vez condicionaron el área de especialización del futuro profesor, que se manifestó en monografías y libros posteriores. Además, los catedráticos cubanos tuvieron mucho interés en presentar conferencias sobre temática de nuestra isla en los congresos profesionales y se dedicaron a la publicación de libros o artículos, reseñas de libros o fichas biobibliográficas sobre literatura cubana en las revistas literarias correspondientes. A medida que la participación de los profesores nacidos en Cuba se fue acrecentando, la propia dinámica de los acontecimientos fue determinando la creación de un mayor número de sesiones especiales de literatura cubana a través de los años, en los congresos profesionales de la Asociación de Profesores de Español (AATS&P) y la de Idiomas Modernos (MLA) y en algunas de las instituciones regionales de éstas. Creo que merece mencionarse a ese efecto, la Mountain Interstate Foreign Language Conference, en cuya organización participaron activamente muchos profesores cubanos de la zona que se agruparon alrededor del Secretario de la institución, el Dr. Gastón Fernández, profesor de Clemson University.

Un hecho importante en este desarrollo fue la creación de instituciones culturales organizadas por profesores e intelectuales cubanos. Dos de las primeras fueron, el Círculo de Cultura Panamericano, en New York, en 1963 y la Cruzada Educativa Cubana, en Miami, un año antes. El Círculo fue fundado por un grupo de escritores ampliamente reconocidos como Luis A. Baralt, Calixto Masó, José Cid Pérez, Dolores Martí de Cid, Alberto Gutiérrez de la Solana, Leví Marrero, Jorge Luis Martí, Edilberto Marbán, René Gómez Cortés y otros igualmente valiosos, que a iniciativa del Dr. Carlos M. Raggi y Ageo y con indudables objetivos ideológicos y culturales, señalaron como propósitos de la institución defender los valores de la democracia en la sociedad panamericana y promover la divulgación de la cultura cubana y por ende la hispanoamericana en este país. Desde el momento de su fundación, Raggi organizó reuniones anuales que coincidían en lugar y fecha con los congresos del MLA, en donde se estudiaba y evaluaba la historia literaria y cultural de Cuba y de nuestra América, reuniones que más adelante se transformaron en congresos anuales de tres días celebrados en noviembre en la zona metropolitana de Nueva York, a los que se agregaron los Congresos Culturales de Verano, celebrados desde su inicio en el Koubek Memorial Center de la Universidad de Miami. Este año de 1999 se efectuó el XIX Congreso de Verano en Miami y se va a celebrar el XXXVII en el William Paterson University de New Jersey. La labor cultural del CCP está ampliamente documentada en sus propias revistas *Círculo* y *Círculo Poético,* que desde inicio dieron cumplida cuenta de la misma. Por otra parte la Cruzada Educativa Cubana fijó entre sus propósitos la divulgación de los valores culturales de Cuba. Sus organizadores principales fueron los doctores María Gómez Carbonell y Vicente Cause. Su primer asesor cultural lo fue el Dr. Juan J. Remos y posteriormente, la Dra. Mercedes García Tudurí. También colaboraron eficazmente en esa institución, según se señala en el libro *Cruzada Educativa Cubana*[2], las doctoras Ana Rosa Núñez, Dolores Rovirosa, Florinda Álzaga y Delia Reyes de Díaz. Cruzada organizó múltiples actos, creó el Día de la Cultura Cubana y los Premios "Juan. J. Remos" y "José de La Luz y Caballero", para reconocer a los cubanos que se fueron destacando en el exilio, en las distintas vertientes de la cultura y del arte.

También deben mencionarse por la importancia de sus respectivos aportes, la Sociedad Cubana de Filosofía, que tuvo como fuente inspiradora la iniciativa de la Dra. Mercedes García Tudurí y la Academia de la Historia de Cuba en el Exilio, en cuya organización participaron muy activamente los doctores Mario Riera Hernández, Rolando Espinosa y Marco Antonio Ramos; asociaciones que agruparon muy destacadas figuras de esas materias y promovieron la divulgación del estudio que se hacía en el exilio, de dichas disciplinas; asimismo; el Instituto Jacques Maritain, bajo la orientación del Dr. José Ignacio Rasco y la Editorial Cubana, presidida por el Dr. Luis Botifoll y que tiene al propio Dr. Rasco como secretario, son dos instituciones que han mostrado una preocupación central por el estudio de la cultura cubana; la Fundación Padre Félix Varela de Miami y la de New York, dedicadas a la divulgación de la obra de esa gran figura, que han tenido el asesoramiento, la primera de Monseñor Agustín Román y la segunda, de Monseñor Raúl del Valle y después de la muerte del destacado exégeta de Varela, de Monseñor Octavio Cisneros; la institución que auspicia este congreso la National Association of Cuban American Educators, de valiosísima aportación a la evaluación de la cultura cubana, además de otras sociedades prestigiosas.

Parte valiosa también de todo este proceso lo constituyen, el Primer Congreso de Literatura Cubana en el Exterior celebrado en Nueva York, del 14 al 16 de diciembre de 1973 en La Catedral de San Juan El Divino[3]; el Reencuentro Cubano celebrado del 25 al 30 de junio de 1976 en la Universidad de Miami; los dos congresos de Homenaje celebrados en

---

[2] Alberto Gutiérrez de la Solana, Editor, *Cruzada Educativa Cubana*.Premio "Juan J. Remos'. Mini-Biografías de los que recibieron ese Galardón de 1971 a 1983, New York, Senda Nueva de Ediciones, 1984.

[3] Merece señalarse la labor que en la coordinación de este Primer Congreso de Literatura Cubana en el Exterior realizaron los profesores Oscar Fernández de la Vega, Alberto Gutiérrez de la Solana y Julio Hernández-Miyares, que colaboraron con el Centro Cultural Cubano de Nueva York en su primera etapa.

Florida International University a dos glorias de la literatura cubana, el de 1976 dedicado a Lydia Cabrera y el de 1989 a Enrique Labrador Ruiz; los dos congresos organizados por Rosa M. Cabrera en SUNY, New Paltz, con motivo de dos centenarios importantes: uno el de la muerte de Gertrudis Gómez de Avellaneda y el otro el del centenario de la publicación del *Ismaelillo* y los cuatro Congresos de Intelectuales Disidentes, celebrado el primero en 1979 en Paris, el segundo en Columbia University, en New York, y los dos últimos efectuados respectivamente en Washington y en Venezuela. Además del Simposio de Literatura Cubana de los siglos XIX y XX (Outside Cuba/ Fuera de Cuba), auspiciado por Rutgers The State University of New Jersey, en octubre de 1987 que tuvo como coordinador al Dr. Francisco Feito.

Este proceso también se caracterizó por la aparición de más estudios sobre literatura cubana no sólo en la revista *Hispania,* órgano de la revista de la Asociación de Profesores de Español de este país, sino en otras revistas académicas norteamericanas. También se empezó a crear revistas literarias, de las que bastaría citar como ejemplos, de las exclusivas de temática nacional, la *Revista Cubana*, en 1968, cuya responsabilidad estuvo a cargo del Dr. Carlos Ripoll, como Director, el Dr. Humberto Piñera, como Director Asociado y el Dr. Julio Hernández Miyares como Secretario-Tesorero, y entre las de temática hispanoamericana aunque con marcado énfasis en la cubana, la ya aludida revista *Círculo* bajo la inspiración y dirección del profesor Carlos M. Raggi hasta su lamentable desaparición en 1975 y desde esa fecha bajo mi edición con la colaboración de los doctores Alberto Gutiérrez de la Solana y Esther Sánchez Grey Alba como Editores Asociados y la revista *Círculo Poético,* que dirigió Ana G. Raggi, hasta su muerte hace apenas tres años, que fue sustituida por Gladys Zaldívar, siendo sus editores actualmente José Corrales y René León. Muchas de las publicaciones pioneras desgraciadamente no tuvieron una larga existencia y de todas ellas, solamente *Círculo*, ha podido mantener su vigencia sin interrupción. Imposible, dada las limitaciones de tiempo a que estamos sometidos, intentar una enumeración exhaustiva de todas las revistas que en el transcurso de los años se han venido publicando y que han dedicado valiosas y abundantes páginas a la cultura cubana, pero sí queremos subrayar que la creación de las mismas fue fecunda y aunque pocas han perdurado, nos podemos enorgullecer del valor de su aporte. Sólo por vía de ejemplo, mencionaremos *Exilio,* bajo la dirección de Víctor Batista y el profesor Raimundo Fernández Bonilla; *Caribe,* inspirada por los profesores Matías Montes Huidobro y Yara González Montes; *Envíos*, que tuvo como Director al Licenciado Alberto Romero y como Subdirectores a los profesores Francisco E. Feito y Octavio de la Suarée; *Mariel,* que agrupó a jóvenes intelectuales vinculados a la emigración masiva desde el puerto del Mariel y que tuvo como máximo orientador al destacado novelista Reynaldo Arenas. También merecen mencionarse *Linden Lane Magazine* y *Ollantay*, revistas que se siguen actualmente publicando y que respectivamente dirigen la escritora Belkis Cuza Malé y el dramaturgo Pedro Monge Rafuls.

Una prueba fehaciente de la importancia de la evaluación de la cultura cubana hecha por los profesores de la diáspora se tiene en el hecho de la publicación de numerosos índices biobibliográficos que fueron recogiendo esa labor, comenzando con el primer intento que se hizo para destacar la misma, realizado por el Dr. Alberto Gutiérrez de la Solana, profesor de la Escuela de Estudios Graduados de New York University, que apareció en 1978 y que se tituló *Investigación y Crítica Literaria y Lingüística Cubana*[72] y al que se unieron los índices bibliográficos de José B. Fernández y Roberto G. Fernández de 1981[73]; de David William Foster de 1985[74]; de Daniel C. Maratos y Marnesba D. Hill de 1986[75]; de Pablo Le Riverend de 1988 y 1990[76] y de Julio Martínez de 1990[77].

II. La preservación de la conciencia nacional

La labor de los profesores cubanos fue desarrollada con seriedad, objetividad y adecuada documentación y trajo como resultado necesario, una fundada impugnación a la interesada propaganda del gobierno marxista cubano por reducir los valores culturales de nuestro pasado histórico. Pretende la NACAE con este congreso poner de manifiesto la aportación de los cubanos exiliados en todas las ramas del saber humano. Aquí, atendiendo al enfoque de este trabajo, hay que apuntar cómo los profesores

---

[72] Alberto Gutiérrez de la Solana, *Investigación y crítica literaria y lingüística*, New York, Senda Nueva de Ediciones, 1978.

[73] José B. Fernández y Roberto G. Fernández, *Índice Bibliográfico de Autores Cubanos (Diáspora 1959-1979). Biobibliographical Index of Cuban Authors (Diaspora 1959-1979)* Miami, Ediciones Universal, 1983.

[74] David Wiliam Foster, *Cuban Literature. A Research Guide*, New York, Garland Publishing Inc., 1985.

[75] Daniel C. Maratos y Marnesba D. Hill, *Escritores de la Diáspora Cubana, Manual Bibliográfico/ Cuban Exile Writers, A Biobibliographical Handbook*, Metuchen, N.J., The Scarecrow Press Inc, 1986.

[76] Pablo Le Riverend, *Diccionario Biográfico de Poetas Cubanos en el exilio (Contemporáneos)* Newark, N.J., Ediciones Q-21, 1988 y *Diccionario Biográfico de Escritores Cubanos en el Exilio (Contemporáneos)*, Newark, N.J., Ediciones Q-21, 1990.

[77] Julio Martínez, Editor, *Dictionary of Twentieth-Century Cuban Literature*, New York, Greenwood Press, 1990.

cubanos trataron de iluminar fehacientemente la existencia de ese poderoso proceso cultural y como en el mismo, en virtud de la decidida intervención del pensamiento y la acción de nuestros fundadores, se fue desarrollando la formación de nuestra conciencia como nación, manifestada en las últimas décadas del siglo XIX, por la férrea voluntad del pueblo cubano de lograr su independencia, como lo patentiza la gloriosa epopeya que va de 1868 a 1898.

Debe indicarse, desde luego, que el estudio de la cultura de los pueblos está íntimamente relacionado con la determinación de los elementos que hay que considerar para llevar a cabo un fundado análisis de la misma. Uno de los criterios prevalecientes es el que mide la cultura de una sociedad específica por su capacidad de producir grandes figuras que la representen y que con sus logros y su preocupación por el destino de esa comunidad puedan considerarse como la correspondiente medida del grado de desenvolvimiento cultural de esa sociedad que los ha producido. Por eso reitero que, en definitiva, uno de los medios que emplearon los profesores universitarios cubanos exiliados fue el estudio amplio y profundo de los fundadores de nuestra nacionalidad cubana, figuras en algunos casos, soslayadas y en otros, desvirtuadas por el régimen cubano. Por ejemplo, el gobierno dictatorial de Cuba ha querido presentar unas afinidades inexistentes entre Martí y la revolución marxista; se ha referido al padre Félix Varela solamente en su dimensión patriótica pero ha olvidado interesadamente todo su profundo mensaje ético, su firme concepción creacionista y su inquebrantable posición espiritual y religiosa y ha destacado en Enrique José Varona, su admiración por las corrientes cientificistas pero ha ocultado su permanente devoción por la libertad humana y sus expresiones visionarias apenas iniciado el comunismo, sobre los horribles peligros a los que el marxismo podía someter a la Humanidad.

En relación con el apóstol de la independencia cubana, aludía yo hace algunos años, en las "Palabras Preliminares" del volumen extraordinario *José Martí, en el centenario de su muerte*[10] de la revista *Círculo* a Andrés Valdespino, que en un artículo "Imagen de José Martí en las letras cubanas" se enfrentó, con la claridad y rigurosidad de pensamiento que siempre le caracterizó, al intento del gobierno cubano de presentar a un Martí socialista. También hablé de Carlos Ripoll, reconocida autoridad sobre Martí, que en el discurso de apertura del Congreso del Círculo de Cultura Panamericano en conmemoración del Centenario de la publicación del *Ismaelillo,* ratificaba la tesis que ha venido manteniendo en numerosos de sus libros y estudios relativa a que Martí consideró siempre que el culto

---

[10] Elio Alba Buffill, "Palabras Preliminares", *Círculo: Revista de Cultura*, Número Extraordinario, Vol. XXV, 1996, 9-12.

a la libertad y a la plena dignidad del hombre eran requisitos que habían de tenerse en cuenta para cualquier intento de honda transformación social y me referí además a Octavio Costa, que en un artículo que mereció un premio del Colegio de Periodistas en el Exilio había también puesto de manifiesto las diferencias insalvables entre las doctrinas martianas del amor y su cultivo de la libertad y las teorías materialistas del gobierno cubano.

Los estudios martianos de los cubanos del exilio son numerosos y muy valiosos, tal como señalé en el aludido estudio de *Martí ante el centenario de su muerte*, al que remito al lector interesado en esa materia, así como a la magnífica bibliografía sobre los estudios martianos en el exilio, efectuada por la doctora Dolores Rovirosa[11] También hay que destacar el gran esfuerzo de reproducir la obra de Martí en el exilio, constituido por la publicación de *José Martí. Obras Completas*, edición de Jorge Quintana de 1964 y *La Gran Enciclopedia Martiana*, de 1978 en 14 volúmenes por la Editorial Martiana, así como las diversas selecciones del pensamiento de Martí publicadas en el exilio, una de las más recientes, la obra del profesor Adalberto Alvarado *El Pensamiento Martiano. Diccionario* que ya va por la segunda edición[12] pero en relación a las ideas que vengo desarrollando, debo específicamente aludir a modo de ejemplo, a las obras de los profesores Roberto Agramonte y Humberto Piñera Llera. En efecto, en su *Martí y su concepción del Mundo*[13], que es esfuerzo muy valioso de rigurosa sistematización del pensamiento filosófico martiano, Agramonte, analiza las ideas del apóstol sobre los conceptos metafísicos fundamentales y hasta dedica cuatro capítulos a estudiar la filosofía martiana del espíritu y hace una evaluación de la misma desde los aspectos intelectuales, afectivos y volitivos. Es decir, que muy rigurosamente y con constantes citas de fuentes, sitúa a Martí dentro de las corrientes filosóficas de orientación espiritual, tan alejadas del materialismo marxista tan en boga en la Cuba comunista. En otro de sus libros fundamentales, *Las doctrinas educativas y políticas de José Martí*[14], el crítico muy acertadamente fundamenta la indisoluble relación que existe entre la cultura y la libertad y ve en lo que llama la doctrina martiana de la cultura una connotación ética, elemento moral, que es a no dudarlo una de las bases del pensamiento martiano.

---

[11] Dolores Rovirosa, *Bibliografía Martiana,* Tomo I, 1959-1980 y Tomo II, 1981-1996, Miami, Ediciones Universal, 1997.

[12] Adalberto Alvarado, *El Pensamiento Martiano Diccionario,* 2a. Edición, Miami, Editorial Interamericana Inc., 1994.

[13] Roberto Agramonte, *Martí y su concepción del Mundo,* San Juan, Editorial de la Universidad de Puerto Rico, 1971.

[14] ___, *Las doctrinas educativas y políticas de José Martí,* San Juan, Editorial de la Universidad de Puerto Rico, 1991.

Agramonte prueba fehacientemente con reiteradas referencias a los textos martianos, que la revolución de independencia estaba fundada, para Martí, en un equilibrio social que iba a permitir una genuina plasmación de la democracia representativa y llega incluso el exégeta a reunir y evaluar las reflexiones martianas sobre elementos fundamentales del funcionamiento de la democracia como son la prensa libre, los partidos políticos y el ejercicio libre del sufragio, desgraciadamente tan ausentes en la dolorosa Cuba de hoy.

Igualmente iluminador en perfilar la verdadera dimensión democrática del pensamiento martiano, fue *Idea, sentimiento y sensibilidad de José Martí* de Humberto Piñera Llera.[15] Baste una referencia a tres aspectos de este valioso volumen, uno es el que se refiere al énfasis que pone Piñera en destacar la responsabilidad de la palabra en Martí y como ésta estuvo siempre asentada, en el apóstol, al servicio de los valores: verdad, justicia y caridad, tan en contraste con la demagogia e irresponsabilidad que hoy impera en la isla; otro, el capítulo de este libro dedicado al concepto de la libertad en Martí, que parte de una revisión de Piñera de ese concepto desde el punto de vista filosófico, con las correspondientes alusiones al determinismo y al libre albedrío y al que le sigue un iluminador estudio del crítico sobre la masa de pensamientos martianos sobre la libertad, que deja bien situada la genuina vocación democrática del mártir de Dos Ríos y por último, el capítulo dedicado a la patria, que en Martí es muy básico porque, como señala Piñera, presenta tres dimensiones inextricablemente unidas entre sí, como pensamiento, como sentimiento y como acción tendiente a liberarla. Martí es presentado por Piñera como la cúspide de la preocupación por la patria de la ensayística cubana, que ha tenido en ella muy valiosos cultivadores.

Otras figuras destacadas en la exegética martiana entre los profesores exiliados son el ya aludido Carlos Ripoll, el que en sus numerosos libros ha efectuado acercamientos literarios, históricos, sociológicos y políticos a Martí y es, sin duda, uno de los intelectuales cubanos que más constancia y penetración ha demostrado en estos estudios; José Olivio Jiménez, autor de varios libros y ensayos sobre el apóstol entre los que se destaca, *La raíz y el ala. Aproximaciones críticas a la obra literaria de Martí,* en donde lo acerca a aquellas posiciones de la Filosofía Existencial que están más en concordancia con la trascendencia[16]; Rosario Rexach con su libro *Estudios*

---

[15] Humberto Piñera Llera, *Idea, sentimiento y sensibilidad de José Martí,* Miami, Ediciones Universal, 1980.

[16] José Olivio Jiménez, *La raíz y el ala. Aproximaciones críticas a la obra literaria de José Martí.* Valencia, Pretextos, 1993. Puede verse mi reseña sobre este libro que salió publicada

sobre Martí,[17] que Gastón Baquero calificó de importante lectura a profundidad de la obra martiana, además de los muy valiosos colaboradores de las dos Memorias que sobre sus congresos martianos ha publicado el Círculo de Cultura Panamericano, *José Martí ante la crítica actual*[18],con ocasión del centenario de la publicación del *Isamelillo* y *José Martí en el centenario de su muerte*[19]. En efecto, el exilio cubano ha sido pródigo en valiosos estudios martianos que, dadas las limitaciones de espacio de este trabajo, nos resulta imposible enumerar.

Otra gran figura del proceso de formación de la conciencia nacional, el padre Félix Varela, también ha merecido con justicia la preocupación de los catedráticos del exilio, que han ido, desde enfoques muy valiosos sobre él en estudios panorámicos sobre la filosofía cubana como el de Mercedes García Tudurí[20] y Humberto Piñera Llera[21] hasta estudios específicos como el libro de Rosario Rexach, *Dos figuras cubanas y una sola actitud,*[22] en el que dedica cuatro capítulos del libro a Varela, así como los trabajos monográficos sobre el ilustre educador, filósofo, patriota y sacerdote de la propia Mercedes García Tudurí y Raúl del Valle publicados en forma de folletos.

Entre las colecciones de ensayos que en el exilio se han publicado sobre el ilustre patriota, sacerdote, filósofo y educador, citemos el auspiciado por la Sociedad Cubana de Filosofía, publicado en 1979, *Homenaje a Félix Varela*[23] en el que se recogió el primer ciclo de conferencias organizado en el exilio por esa institución. Allí se estudia la ética de Varela, en su fundamental *Cartas a Elpidio*, por Mercedes García Tudurí y Alberto Gutiérrez de la Solana; sus ideas políticas por José Sánchez Boudy y Félix Cruz Álvarez y se le analiza en dos estudios comparativos, uno con Martí en

---

en *Revista Hispánica Moderna,* Columbia University, New York, Vol, XLVII, No. 2 (diciembre 1994).

[17] Rosario Rexach, *Estudios sobre Martí,* Madrid, Editorial Playor, 1985.

[18] Elio Alba Buffill, Editor, Alberto Gutiérrez de la Solana y Esther Sánchez-Grey Alba Editores Asociados, *José Martí ante la crítica actual* (En el centenario del *Ismaelillo*), New Jersey, Círculo de Cultura Panamericano, 1983.

[19] ___, *José Martí en el centenario de su muerte, Círculo: Revista de Cultura,* Número Extraordinario, Vólumen XXV, 1996.

[20] Mercedes García Tudurí, "En torno a la filosofía en Cuba", *Cuba Diáspora,* Anuario de la Iglesia Católica , 1975, 47.

[21] Humberto Piñera Llera, *Panorama de la Filosofía Cubana,*, Washington D.C. , Union Panamericana, 1960, , 41-44.

[22] Rosario Rexach, *Dos figuras cubanas y una sola actitud. Félix Varela 1788-1853. Jorge Mañach 1898- 1961.* Miami, Fl. Ediciones Universal, 1991.

[23] Sociedad Cubana de Filosofía (Exilio), *Homenaje a Félix Varela,* Miami, Ediciones Universal, 1979.

relación a sus ideas políticas, por Humberto Piñera y otro con Varona en sus dimensiones de filósofo, educador y patriota, por el autor de esta ponencia. También la revista *Círculo* dedicó una serie de artículos de su volumen XVIII, de 1989, a estudiarlo, recogiendo ponencias de los Congresos Anual y de Verano de 1988. Así fue visto como siervo de Dios, como pensador, como teólogo, como humanista moderno, como estudioso del Derecho Constitucional, como ensayista y hasta se evaluó su nostalgia, su vocación y su obra y se analizó el valioso trabajo del Dr. Ignacio Lasaga sobre su pensamiento filosófico. Sus autores fueron respectivamente: Monseñor Agustín Román, Mercedes García Tudurí, Sixto J. García, Rogelio A. de la Torre, Luis A. Gómez Domínguez, Amalia V. de la Torre, Rosario Rexach de León y El Rev. Dionisio A. de Lara. De 1990 es *El Padre Varela. Pensador, Sacerdote y Patriota*, editado por Roberto Esquenazi Mayo[24], en el que se recoge el Simposio del 1988 auspiciado por la Biblioteca del Congreso de este país y Georgetown University y que contiene trabajos sobre el magisterio de Varela de José M. Hernández y José Ignacio Lasaga; la vigencia de Varela por Alberto Cordero; Varela, como el patriota cubano de tres mundos de Antonio Hernández Travieso –el autor de la conocida biografía de Varela de 1949 reproducida por Ediciones Universal en 1984–; Varela como visionario de la modernidad de Enrico Mario Santí; la contribución social del Padre Varela en los Estados Unidos de Felipe J. Estévez y "El dilema espiritual del padre Félix Varela" de Luis E. Aguilar. Otro valioso libro que no debe dejar de mencionarse es *Varela en su bicentenario*[25], publicado por el Instituto Jacques Maritain que contiene trabajos de Alberto García Menéndez, José Ignacio Lasaga, Rosario Rexach, Felipe Estevez, Francisco J Muller, José Ignacio Rasco y Luis Gómez Domínguez que respectivamente lo estudian en el ambiente histórico de su época, en su dimensión filosófica, pedagógica y pastoral, en sus relaciones con la Ciencia, en sus ideas políticas y el último analiza la actualidad de Varela.

Para una más amplia consulta de los numerosos estudios por los intelectuales del exilio sobre Varela véanse dos valiosas bibliografías sobre "el que nos enseñó a pensar", una por Enildo A. García[26] y otra por Manuel Fernández Santalices[27].

---

[24] Roberto Esquenazi-Mayo, Editor, *El Padre Varela. Pensador, Sacerdote y Patriota*, Georgetown University Press, Washington D.C., 1990.

[25] Instituto Jacques Maritain de Cuba, *Varela en su bicentenario,* Miami-Caracas, Saeta Ediciones, 1991.

[26] Enildo A. García, Editor, *Bibliografía de Félix Varela Morales (1788-1853)*, New York, Senda Nueva de Ediciones, 1991.

[27] Manuel Fernández Santalices, *Bibliografía del P. Félix Varela*, Miami, Fl. Saeta Ediciones, 1991.

También figura fundamental del proceso cultural cubano fue Enrique José Varona, el reconocido filósofo, sociólogo y crítico literario, que es entre los ensayistas cubanos del siglo XIX, uno de los que después de Martí y Varela ha atraído más la atención de los profesores universitarios cubanos del exilio. Tanto Humberto Piñera como Mercedes García Tudurí, en estudios generales del proceso filosófico cubano escritos en este país, se han detenido a estudiar la importancia de su figura. El que les habla ha publicado dos libros sobre él, *Enrique José Varona. Crítica y creación literaria*[28] y *Los estudios cervantinos de Varona*[29] y más de una docena de trabajos sobre distintos aspectos de su vida y su obra, en colecciones de ensayos y revistas literarias y José Sánchez Boudy, su libro *Enrique José Varona y Cuba*[30]. Además sobre Varona han escrito en el exilio, Zenaida Gutiérrez Vega, Matías Montes Huidobro, José Ignacio Rasco, Octavio R. Costa, Carlos Alberto Montaner, Alberto Gutiérrez de la Solana, Rosa M. Cabrera, Marcos Antonio Ramos, Octavio de la Suarée, Ángela Aguirre y otros valiosos escritores, que harían esta lista interminable. La exegética de la diáspora le ha reconocido su extraordinaria labor en la formación de la conciencia nacional como editor de la *Revista Cubana,* como valiente conferenciante, defensor de la causa de la independencia de la isla en muy prestigiosas sociedades culturales de Cuba, en las últimas décadas del siglo XIX y por ser el autor de *Cuba contra España,* que es, con el *Manifiesto de Montecristi,* uno de los dos documentos más fundamentales de la revolución de independencia cubana producidos para justificar la necesidad de la guerra de emancipación. Como dije antes, el actual gobierno cubano ha tenido mucho empeño en omitir en todas sus publicaciones sobre él, sus opiniones sobre el comunismo que aparecen en su obra ensayística, pues éstas siempre fueron negativas. Véase por ejemplo, su artículo "¿Abriremos los ojos?", que el propio Varona recogió en su libro de 1918, *De la colonia a la República,* en el que señaló que "La teoría marxista, que hace depender toda la evolución del factor económico, no es sino la exageración de un hecho cierto"[31] y lo que afirmó en el volumen de 1885 de su *Revista Cubana,* cuando señaló claramente que el "comunismo, aunque pretenda hacerse oportunista, no es menos una peligrosa quimera que empieza por ser la negación de toda libertad y acaba por anular toda iniciativa y, por

---

[28] Elio Alba Buffill, *Enrique José Varona. Crítica y creación literaria*, Madrid, Hispanova de Ediciones, 1976.

[29] ___, Editor. *Los estudios Cervantinos de Varona*, New York, Senda Nueva de Ediciones, 1979.

[30] José Sánchez Boudy, *Enrique José Varona y Cuba*, Miami, Ediciones Universal, 1990.

[31] Enrique José Varona, "¿Abriremos los ojos?" en *De la colonia a la república,* Selección de trabajos políticos. La Habana, Sociedad Editorial Cuba Contemporánea, 1919, 228.

tanto, todo verdadero goce de los mismos bienes que pretende esparcir equitativa y posteriormente"[32]

Pero al igual que en estas tres altas figuras, también vibró en miles de cubanos, una honda preocupación patriótica. Entre los que la exegética ha calificado de fundadores de la patria y a los cuales los profesores universitarios también dedicaron su preocupación, podemos citar como muy representativos, a Francisco de Arango y Parreño, a Tomás Romay, al Padre José Agustín Caballero, a José Antonio Saco, a José de la Luz y Caballero, a Manuel Sanguily, a Enrique Piñeyro y a otros de igual categoría cívica e intelectual, pensadores en los que el dolor de su patria se vertió en páginas ensayísticas de denuncia a los males de la colonia y los que a través de sus obras empezaron a distinguir entre las apetencias y los intereses del pueblo cubano y los del gobierno metropolitano. La atención que han recibido de los estudiosos del presente exlio ha sido muy justificada porque el ensayo cubano durante el período colonial se enfrentó y resistió la intolerante política de las autoridades españolas, y logró ser, por la valentía y entereza de sus cultivadores, muy fecundo y valioso, especialmente desde los albores del siglo XIX y durante toda esta centuria. Hace ya algunos años señalé[33] que nuestros ensayistas del siglo XIX llevaron a cabo una labor iluminadora al brindar la cultura europea a nuestras tierras, una función analítica que descubrió al pueblo cubano las lacras coloniales y que fue formativa de la conciencia nacional y una empresa redentora, fundamentando ideológicamente el proceso independentista.

En efecto, como señaló Raúl Shelton en su estudio "Francisco Arango y Parreño", incluido en una colección de ensayos, *Forjadores de la Conciencia Nacional Cubana,* publicado por el Patronato Ramón Guiteras, en Miami[34], la estrategia política de Arango y Parreño era pragmática pues para él, la prosperidad de la colonia contribuía a engrandecer a la madre patria. Shelton razonaba que sus propuestas la circunscribía a un solo tema sin poner en peligro el proyecto alambicándolo con otras ideas revolucionarias y radicales y que en sus preámbulos siempre aducía que España quería el bien de Cuba, lo que le permitió según el exégeta, criticar severamente el sistema administrativo colonial de España sin ser él censurado o criticado. Realizó pues, aunque adaptándose a las circunstancias de su época, esa función ilustrativa con implicaciones analíticas a las que nos hemos referido, con sus medulares ensayos sobre la industria azuca-

---

[32] Enrique José Varona, "Notas Bibliográficas", *Revista Cubana,* 1885, II, 366.

[33] Elio Alba Buffill, "La preocupación por Cuba en sus ensayistas del siglo XIX, *Conciencia y Quimera,* New York, Senda Nueva de Ediciones, 1985, 181-198.

[34] Patronato Ramón Guiteras Intercultural Center, *Forjadores de la Conciencia Nacional Cubana*, Miami, Ramón Guiteras Memorial Library, 1984.

rera y tabacalera, lo mismo que hizo Tomás Romay, con su planteamiento de la necesidad de los estudios científicos en la Cuba de la época y el Padre José Agustín Caballero, tan evocado y estudiado por Piñera, Rasco o García Tudurí, al enfrentarse en el campo pedagógico al intransigente escolaticismo imperante en la isla, cubanos valiosísimos que tuvieron una destacada intervención en el gobierno ilustrado del Capitán General Don Luis de las Casas. También, Nicasio Silverio Saínz, en *Tres Vidas Paralelas*,[35] estudió a Arango y Parreño destacando su carácter de fundador y lo analizó comparativamente con Félix Varela y José Antonio Saco. Este último, Saco, fue sin duda otra figura fundamental en el proceso de forjación de la conciencia nacional cubana, pese a las dudas que tuvo sobre la capacidad política de su pueblo. En "José Antonio Saco, defensor de la nacionalidad cubana" que vio la luz en el ya aludido libro *Forjadores de la Conciencia Nacional*, José Ignacio Rasco, parte del estudio de Fernando Ortiz sobre Saco acerca de los cinco puntos que abarcan sus grandes campos de batalla, es decir, su lucha contra el despotismo colonial, el esclavismo negrero, el anexionismo norteamericano, el absolutismo político y la revolución prematura, para concretar su análisis de la nacionalidad vista por Saco, explicando que: "en definitiva, todas estas posturas **anti** –que no son meramente negativas– concluyen en una afirmación rotunda presente en todas las variaciones de su pensamiento, y es la defensa y la reafirmación de nuestra nacionalidad incipiente, de nuestra cubanía raigal".[36] Otro de los fundadores de la nacionalidad cubana fue José de la Luz y Caballero, maestro extraordinario que tuvo conciencia de la necesidad histórica que tenía la Cuba de su tiempo de forjar hombres capaces de construir la patria del futuro, labor que llevó a cabo desde las aulas del colegio El Salvador, de donde salieron figuras muy fundamentales de la primera guerra de independencia. Este aspecto de Luz y Caballero fue estudiado en el exilio por dos brillantes profesores, Juan J. Remos en "La influencia del Colegio El Salvador en la generación de 1868"[37] y Humberto Piñera en "Luz y Caballero, Política de la Educación y Educación de la Política"[38], valiosos estudios que pueden tomarse como

---

[35] Nicasio Silverio Saínz, *Tres vidas Paralelas,* (F. de Arango y Parreño, Félix Varela y José Antonio Saco). Miami, Ediciones Universal, 1973.

[36] José Ignacio Rasco, "José Antonio Saco, defensor de la nacionalidad cubana", en *Forjadores de la Conciencia Nacional Cubana, ...,* 81.

[37] Juan J. Remos, "La influencia del Colegio El Salvador en la generación de 1868", *Revista Cubana,* Año I, Num.1, 57-68.

[38] Humberto Piñera, "Luz y Caballero, Política de la *Educación* y Educación de la Política" en *Forjadores de la conciencia nacional*, 56-71.

ejemplos de la atención que esta extraordinaria figura despertó entre los intelectuales del exilio.

De gran importancia fue también la pléyade de ensayistas y críticos literarios que dio lustre a Cuba en la segunda mitad del siglo XIX y entre los que se destaca Enrique Piñeyro, el reconocido crítico del romanticismo español, que también tuvo gran interés en la literatura de su patria y el que fue estudiado por el exilio en dos libros muy esclarecedores El primero, *Enrique Piñeyro. Su vida y su obra* de Gilberto Cancela[39] en el que se evalúa su significación como discípulo de La Luz y Caballero, para adentrarse después en la dimensión humana de Piñeyro, evaluando también su crítica literaria y su labor como historiador. El segundo, *Vida y crítica literaria de Enrique Piñeyro*[40] de Ángela Aguirre que es un estudio muy profundo y cuidadoso de su exegética que corrobora la tesis que se ha venido sosteniendo en esta ponencia, pues es revelador de la profunda devoción cubana de Piñeyro y de la extraordinaria influencia que ejerció sobre sus amigos, colegas y discípulos. De Manuel Sanguily, el eminente patriota, ensayista y crítico literario que tanto luchó por los grandes intereses de la nación cubana, tanto en la colonia como en la república, vamos a mencionar solamente los estudios de Luis Valdespino y Octavio R. Costa, para citar a dos de sus más destacados historiadores y exégetas.

En resumen, sobre el ensayo decimonono y sus cultivadores existen otros numerosos y serios estudios, de profesores y escritores cubanos del exilio, escritos desde diferentes perspectivas, la filosófica, la literaria, la histórica, la política, pero las limitaciones de tiempo a que necesariamente estamos sometidos nos impiden revisarlos.

También debido a estas razones, hemos dejado para otra ocasión la revisión del exilio sobre la obra de los pensadores de la etapa republicana que se enfrentaron al desarrollo de esa conciencia nacional después de obtenida la independencia, algunos de los cuales como Enrique José Varona, José Antonio Ramos, Fernando Ortiz y Jorge Mañach, transidos del mismo espíritu de los fundadores llamaron la atención a las frustraciones y fallos de nuestra república como paso necesario a las debidas rectificaciones. Lo que nos ha interesado indicar en este estudio, que confío sea el antecedente de una evaluación más amplia y profunda, es destacar la responsabilidad y seriedad con que los profesores del exilio, se han enfrentado al estudio de la labor de los fundadores de nuestra nación como un instrumento adecuado a la preservación de la conciencia nacional, en este pueblo en diáspora sometido a la influencia negativa de nuestro

---

[39] Gilberto Cancela, *Enrique Piñeyro. Su vida y su obra*. Miami, Ediciones Universal, 1977.

[40] Angela M. Aguirre, *Vida y crítica literaria de Enrique Piñeyro*, New York, Senda Nueva de Ediciones, 1981.

prolongado desarraigo. Esta labor de estudio e investigación de los profesores cubanos del exilio ha abarcado además todos los aspectos de la cultura nacional que desgraciadamente no hemos podido incluir en este trabajo dado el específico objetivo que nos hemos propuesto en el mismo.

En su discurso de ingreso a la Academia Nacional de Artes y Letras, en 1954, un profesor cubano, muerto en exilio, Rafael Estenger, advirtió, con esa honestidad intelectual que siempre le caracterizó, que era hora de separar las jerarquías literarias de los rangos patrióticos. Pese a que el momento histórico hubiera podido conspirar, contra ese propósito, creemos que la callada, serena y rigurosa labor, mantenida durante cuatro dolorosas décadas, de los intelectuales cubanos exiliados, ha estado a la altura que exigía el autor de la memorable *Vida de Martí*.

PANEL: Literatura cubana en inglés
Moderadora: *Maricel Mayor*

Isabel Álvarez Borland
College of the Holy Cross

Poéticas híbridas:
Gustavo Pérez Firmat y Pablo Medina

En una entrevista que aparece en *Apuntes Posmodernos*, Antonio Benítez Rojo, señala que la densidad cultural que presenta la isla de Cuba es resultado de la interacción entre los diferentes grupos étnicos a través de su historia(1). Como ejemplo de esta riqueza cultural, Benítez Rojo menciona la curiosa presencia de la corneta china dentro de la música del carnaval cubano, explicando que esta anomalía nos habla simultaneamente de la evolución de la historia, economía, y sociología de la isla: "la corneta china en el carnaval cubano encierra un complejo misterio de siglos: la llegada del chino, su atroz explotación, su aculturación a lo criollo, su deseo de emancipación,el chino en la República. . ."(22). Según Benítez, confluencias culturales, como el caso de la corneta china dentro del carnaval cubano, nos ofrecen información única y valiosa no solo sobre la evolución de la música cubana, sino también sobre las etapas de formación de Cuba como nación. Afirma Benítez: "lo que tuvo que ocurrir para que el desafinado y gangoso sonido de la corneta china se incorporara a un ritmo básicamente africano fue la cercanía del chino y el negro en las plantaciones de caña de azúcar del siglo pasado"(22).

De manera similar, la obra de los escritores que salieron de Cuba como adolescentes o preadolescentes durante los años 60, muestra la crucial dinámica de culturas en cercanía estudiada por Antonio Benítez Rojo y anteriormente por Fernando Ortiz (2). La poetización del éxodo cubano que ocurre a raíz de la Revolución del 59, nos muestra lo que puede suceder cuando dos culturas tan distintas como la cubana y la anglosajona se desarrollan en proximidad obligada dentro de un mismo país. En efecto, la narrativa de esta generación implica y encierra en sí misma momentos cruciales de la historia de Cuba durante las últimas cuatro décadas: dictaduras, exilios, y múltiples olas migratorias. Esta situación se extrema cuando ambas culturas conviven juntas dentro de la obra de un mismo escritor. En estos casos, la obra de autores esencialmente bilingües y biculturales trasciende su propia hibridez para evocar en sus novelas y poemas la historia de un país en crisis.

Al recrear una obra que surge de dos culturas, la cubana y la anglosajona, los autores de la generación uno y media buscan la reconstrucción de un yo que incorpore a las dos. Ya Gareth Griffith, en su estudio de literaturas inglesas del Caribe (3), nos había indicado que, al renunciar a su idioma natal, el escritor voluntariamente asumía un doble exilio. El escritor que ha perdido su tierra y decide escribir en el idioma del país adoptado tiene que renacer y rehacerse en el nuevo idioma para poder sobrevivir. De ahí el gran número de memorias y autobiografías en inglés que han surgido como parte de la obra de estos escritores. A continuación, quisiera explorar las consecuencias de la condición bilingüe y bicultural para esta generación intermedia apoyándome en las obras más recientes de Gustavo Pérez Firmat y Pablo Medina.

La obra de Pablo Medina expresa un tipo de hibridez que se vale del inglés como vehículo de expresión pero que al mismo tiempo rehúsa olvidar a Cuba y su pasado en español. Unos versos del poema "Driving Home," que aparece en su reciente antología *The Floating Island* (4), demuestran la imposibilidad que representa para el autor vivir exclusivamente en su presente anglosajón:

"I am driving home/ and the day is darkening/ clouds touching the far hills/An old man in suspenders/ hammers on despite the rain/ Despite the rain a smell/ takes me years ago to chidhood/ *aguacero, carretera* / my father home at last/ from mending fences (100)."

Poemas como éste confirman una interferencia de carácter involuntario del pasado que ocurrió en español en el inglés del poeta. Como lo había hecho la corneta china en la música afrocubana, las palabras "aguacero", y "carretera" entran y se acomodan en el poema aunque produzcan una disonancia en su ritmo anglosajón.

También en su novela *The Marks of Birth* (5), publicada en 1994, el personaje de Anton encarna la pérdida de la cultura de su infancia y como ésta se relaciona directamente a su desplazamiento lingüístico. La historia de Anton, la cual coincide en muchos detalles con la de Pablo Medina, se narra a través de la distancia del narrador en tercera persona. Anton no ocupa un lugar central en la novela, aunque su poca felicidad se hace evidente.

La solución inmediata para el personaje cubanoamericano –quien no es ni Antonio ni Anthony– es crearse otra identidad que le permita funcionar en la nueva cultura. Y cito de la novela en inglés: "It became his obsession to eliminate Spanish from his consciousness and make English the language of his thoughts and dreams. He whittled away at his accent and toned down his mannerisms so that they were controlled and Anglicized. He had surged into a present that could be his only in proportion to how fully he erased his old self" (214-5).

Al final de la novela, Anton encuentra el alivio que buscaba en los manuscritos de la abuela que, curiosamente, están redactados en un español que el lector nunca lee. La narración de la matriarca es una versión personal de la historia de Cuba que provee al nieto una posibilidad para aceptar la coexistencia del pasado cubano dentro de su presente anglosajón. Anton confronta simultáneamente dos culturas y dos maneras de ver el mundo y su dilema depende de su habilidad para comprender estas dos dimensiones intrínsecas de su existencia: "This is the land of waking. Ours was the land of dreaming. Here people matter in relation to their objects: there we mattered in relation to the people who dreamed with us. Our objects died when our dreams did" (246-47).

En su novela más reciente, *The Return of Felix Nogara* (6), el personaje cubanoamericano ocupa ahora el centro de la narración. Felix Nogara regresa a Cuba con el objeto de comprenderse, sus contradicciones, sus obsesiones y su falta de felicidad: "The aftertaste of loss had coated his tongue, his very being, so that everything tasted of that scared, lonely boy he had left behind and who now, mysteriously, scurried around inside of him and refused to be caught. Memory was the map of that country, the history of that longing" (112). Sin embargo, la historia de este Felix Nogara, [siempre sin hogar], es también la historia de la República y de las tiranías violentas que robaron la vitalidad del país desde sus primeros años. Al igual que Anton, Felix Nogara recurre a la historia de su isla para comprender mejor las causas de su tragedia personal.

El problema de escritores como Pablo Medina, quienes se han criado en dos culturas, no es la indagación en unos orígenes que conocen más que de sobra sino la locura de vivir a medio camino entre un mundo y otro. En el caso de Pablo Medina, un regreso a la historia y un repaso de ella es necesario para llegar a cierta resolución personal sobre la suerte de su generación.

Por otra parte, en la obra más reciente de Gustavo Pérez Firmat el conflicto se traduce principalmente a la problemática del lenguaje. Las ventajas de vivir en el guión habían sido celebradas por Pérez Firmat como un triunfo en su conocido libro teórico *Life on the Hyphen* (7), así como en su memoria *Next Year in Cuba* (8). Sin embargo en *Cincuenta Lecciones de Exilio y Desexilio* (9), Gustavo Pérez Firmat nos presenta una serie de viñetas-poemas que meditan en torno al dilema que puede presentar la condición bilingüe y bicultural para el escritor. En esta obra Gustavo Pérez Firmat plantea el tema del cruce de culturas y lenguas, no como celebración, sino como reto para el creador. No hay duda con respecto al tiempo histórico o a la geografía imaginaria en que se insertan estas lecciones: estamos en la

Cuba del exilio y del presente, vista en su doble cara de ausencia y de presencia. Y si la causa de todo se origina en la historia y en un exilio que no fue escogido por el poeta, es a la hibridez como síntoma de este desplazamiento a la cual se dirigen las reflexiones más profundas del escritor.

El libro reelabora el antiguo y triste tema del exilio sin afectación, con voz directa y con un diseño firme que explora el lenguaje dentro de la oración, la frase, la palabra y llega finalmente a su sonido. Desde el principio, el autor afirma la incomodidad de su condición híbrida y bilingüe que el autor llama "alguna imprecisa dolencia como la de no saber ubicarse en un idioma"(13). La estructura asociativa de las viñetas se establece mediante ideas o vocablos que aparecen y reaparecen en los varios fragmentos dentro de un contexto que evoca la desubicación lingüística y que considera el paso inexorable del tiempo. Tales enlaces llevan al lector del sonido de una palabra al significado de otra, así como también a la memoria. El lector se sumerge en las meditaciones lingüísticas con el autor y a veces escucha más que lee.

A través de estas "lecciones" los lenguajes del escritor se confrontan y se examinan uno al otro. Se estudia la concisión del inglés frente a la amplitud del español, se comparan las lenguas como diferentes maneras de percibir y comprender la vida y se subrayan las diferencias entre los idiomas las cuales pueden reflejarse hasta en la nomenclatura de los pájaros--el poético nombre del sinsonte se traduce al inglés como el imitativo mockingbird (77). Diferencias como éstas angustian al creador dentro de quien viven simultáneamente idiomas y culturas que a veces le parecen irreconciliables. El mayor obstáculo, nos indica Pérez Firmat, es entonces "la mudez" que un idioma causa en el otro.

Los síntomas del bilingüismo se sienten no solo al nivel de la palabra sino también como "complejo de repartición" condición que se siente con el cuerpo: "para el sujeto bilingüe limitarse a un solo idioma sería como respirar con un solo pulmón" (47). Esta condición orgánica se expresa mediante juegos de palabras que afligen al autor: "padezco de subjuntivitis, me duelen las conjunciones, sufro la declinación de los adjetivos" (45). De hecho la habilidad de poder percibir las cosas en plural del sujeto bilingüe se convierte en la raíz de un desequilibrio existencial para el creador. A través del libro la hibridez se define como condición de liviandad, idea que establece un dialogo con aquella *Isla en peso* meditada por el cubano Virgilio Piñera. La vida del exilado es "una vida en vilo" afirma el autor en los varios fragmentos. Sin embargo para el lector, la gravedad y el peso en estas reflexiones líricas se encuentran en la precisión del lenguaje autorial.

Si bien el fenómeno de la hibridez es síntoma, el exilio es su origen. En el caso de Pérez Firmat, esa ruptura que tanto siente y tan bien describe es también la historia de su desplazamiento y el de sus padres. Como indica Benítez Rojo, el fenómeno de la hibridez en la cultura es también la historia de esa hibridez. En el caso de Pérez Firmat esa historia es la de su generación y la del exilio de sus padres. Es el exilio el que impone otro idioma en el poeta: "al principio nos consideraban (y nos considerábamos) refugiados. Para algunos el refugio fue también idiomático, y el inglés se convirtió así en vehículo de fuga" (29). Como resultado, la elección del lenguaje creativo se traduce a un reto entre los idiomas que conviven dentro del escritor: "escribir en inglés es o puede ser un acto de venganza contra los padres, contra la patria, contra uno mismo" (23). Estas declaraciones establecen un contrapunto a las conclusiones finales del autor: "escribir en español es un acto de reconciliación –con mi patria, con mis padres, conmigo mismo" (53). . . "lo que busco más que nada: asentarme. . . en un solo idioma, en un solo país, en un ambiente con gente" (118).

A través de su viaje verbal, el narrador de *Cincuenta lecciones* expresa angustia y frustración ante su condición fragmentada. Sin embargo, al poeta siempre le quedan las palabras y su libertad (a la manera de Neruda) de torcerlas, y de arrugarlas a su manera. Valiéndose de etimologías y de diccionarios, Pérez Firmat anuncia su intención de "desaprender el inglés" usando a su lengua materna como puente o tabla de salvación: "quisiera anclarme en un idioma como si fuese un cuerpo o un puerto" (21). Con este objetivo, el autor regresa al tiempo de su infancia cuando el español era la única lengua que conocía y cuando el sonido de las palabras consistía exclusivamente en la música del español. En las viñetas finales, la voz del poeta empieza a aceptarse y a aceptar su destino, cumpliéndose así el proceso de exploración hacia dentro que el poeta había emprendido para arrancarse la angustia de una vida repartida.

La poesía lírica se ha relacionado con la filosofía en su manera de analizar y de cuestionar el yo existencial del poeta. Las viñetas de *Cincuenta lecciones* constituyen una combinación de prosa filosófica y poesía lírica en las que Pérez Firmat nos presenta reflexiones que aspiran a una unidad ontológica que el poeta sabe a priori es imposible de alcanzar. *Cincuenta lecciones de exilio y desexilio* es en realidad varios libros: un recuento personal de una experiencia estética e histórica, un análisis de las posibilidades del lenguaje, y un valioso testimonio de la sensibilidad poética de la generación uno y media. Texto escrito originalmente en español, estas reflexiones líricas están dirigidas no solo a los miembros de la generación del escritor, quienes con el autor también han llegado a los cincuenta, sino a todos los que han tratado de comprender y desentrañar la dualidad del exilio en sus vidas.

La diversidad lingüística de la narrativa cubanoamericana de la llamada generación del guión nos ofrece información valiosa sobre un sistema cultural que se encuentra en continuo desplazamiento y que centellea a veces en inglés y otras en español. Una importante dimensión dentro de esta generación híbrida es la de autores que se ubican completamente en el español para escribir su obra creativa. Miamenses y Newyorkinos como Lourdes Gil, José Kozer y Uva Clavijo sienten que esta opción linguística mantiene una continuidad esencial con la cultura cubana y con la tradición de letras hispanoamericanas. Dicha continuidad une a estos poetas con aquéllos que habían salido de Cuba ya establecidos en sus carreras literarias como Antonio Benítez Rojo, y los ya fallecidos Heberto Padilla, Reinaldo Arenas y Severo Sarduy.

Dado su carácter dinámico y cambiante es difícil vaticinar el futuro de la literatura cubana que se publica hoy en los Estados Unidos. Esto se debe en parte a que la mayoría de los autores que he mencionado continúan evolucionando su visión del país y de la comunidad ausente. Sin embargo, algunos caminos parece estar ya trazados. Mediante las nuevas oportunidades de difusión a través de revistas y editoriales que han surgido en Madrid a raíz del éxodo de los 90 en Madrid, como la revista *Encuentro* y las editoriales *Colibrí* y *Casiopea*, la literatura cubana producida en los Estados Unidos alcanza un tipo de cohesión que no tenía antes. No solamente existen ahora las posibilidades de siempre, es decir las posibilidades de traducción simultánea del inglés al español y del español al inglés, sino que también existe un nuevo tipo de cohesión linguistica facilitada por nuevas avenidas de publicación.

Los resultados de esta influencia hispanizante en la literatura cubana estadounidense son mayormente positivos pero también pueden causar alta tensión en aquellos escritores que, como Medina y Pérez Firmat, inevitablemente no pueden deshacerse del inglés o de la cultura anglosajona que irremediablemente vive en ellos. Al igual que el desafinado y gangoso sonido de la corneta china dentro de la música del carnaval cubano, la inevitable hibridez cultural y linguística de la generación uno y media encierra en sí misma la historia de dos culturas que tuvieron que convivir juntas. Estos narradores perpetuarán en sus obras una sensibilidad altamente creativa pero también trágica y fracturada ya que parte del hecho de nunca poder pertenecer por completo a una cultura y de pertenecer siempre a dos.

Obras citadas

1. Ilan Stavans. "Carnaval de ideas: Una conversación con Antonio Benítez Rojo." *Apuntes Postmodernos* Spring/Fall 1996:16-23.
2. Antonio Benítez Rojo. *La isla que se repite* Barcelona: Casiopea, 1998; Fernando Ortíz. *Contrapunteo cubano del tabaco y el azúcar*. La Habana: Editorial de Ciencias Sociales, 1940.

3. Gareth Griffith. *A Double Exile*. London: Marin Boyars, 1978.
4. Pablo Medina. *The Floating Island*. New York: White Pine Press, 1999.
5. ____. *The Marks of Birth*. New York: Farrar, Straus & Giroux, 1994.
6. ____. *The Return of Felix Nogara*. New York: Persea Books, 2000.
7. Gustavo Pérez Firmat. *Life on the Hyphen*. Austin: University of Texas Press, 1994.
8. ____. *Next Year in Cuba: A Cubano's Coming of Age in America*. New York:Doubleday-Anchor, 1995.
9. ____. *Cincuenta lecciones de exilio y desexilio*. Miami: Universal, 2000.

Gustavo Pérez Firmat
Columbia University

El sino cubano/americano[1]

> Decir no ahora es fácil,
> veremos dentro de un mes.
> **Virgilio Piñera**, *El no*

Hace muchos años que me acompaña, o mejor dicho, que me persigue, un notorio –ya que no notable– poema de Nicolás Guillén. Titulado "Responde tú," dice en parte:

> Tú, que partiste de Cuba,
> responde tú.
> ¿Dónde hallarás verde y verde,
> azul y azul,
> palma y palma bajo el cielo?
> Respondé tú.
>
> Tú, que tu lengua olvidaste,
> responde tú,
> y en lengua extraña masticas
> el güel y el yu,
> ¿como vivir puedes mudo?

El poema se publicó por primera vez en *Tengo*, un poemario de 1964. En ese momento, a cinco años del triunfo de la Revolución, no era difícil contestar los interrogantes del autor de *El gran zoo*, y hasta contestarlos en esa lengua extraña que es el español que masticamos nosotros los cubanos. Pero treinta y cinco años después responder ya no es tan fácil, como tampoco lo es decidir en cuál de nuestras dos extrañas lenguas formular la respuesta. Por ello mismo, sin embargo, se hace más urgente aventurar una réplica, y eso es lo que quisiera hacer aquí, acudiendo al testimonio de escritores como Roberto Fernández, Virgil Suárez, Ricardo Pau-Llosa y Pablo Medina, pues la obra de estos autores demuestra, por una parte, que la mudez puede ser locuaz y hasta elocuente; y por otra, que a veces es el sordo quien hace al mudo.

---

[1] ¿Cubano/americana o cubano-americana? Al tender un puente entre gentilicios, el guión denota conjunción. No así la vírgula, que separa, desgaja; en inglés se le dice *slash*, que también significa corte o cuchillada. El guión es nupcial; el *slash*, cismático. Como se verá, en este ensayo propongo que para el sujeto cubano/americano no hay conjunción o emparejamiento entre sus dos nacionalidades.

Comenzaré ubicando la respuesta, la propuesta cubano/americana con relación a la dialéctica criolla del sí y el no, tal como ha sido elaborada por Antonio José Ponte y Rafael Rojas.[2] En un agudo ensayo sobre Lorenzo García Vega, Ponte sugiere que el autor de *Los años de Orígenes* forma parte de lo que Ponte llama "la tradición cubana del no," tradición que arremete contra los mitos sagrados de la cultura nacional, cuestionando o demoliendo las bases que los sustentan. Como bien señala Ponte, a esta tradición pertenecen nuestros escritores "malditos," desde Casal hasta Piñera, Sarduy y Arenas, aunque conviene añadir que el no cubano no es siempre (como en la mayoría de estos autores) enfático, teatral, atronador--ese "NO! in thunder" que Melville atribuyera a su amigo Hawthorne,[3] y que retumba en las memorias de Arenas o en los "epitafios" de Sarduy. Entre nosotros existe también un no callado, una negación tranquila, la que se oye, por ejemplo, en la obra de Dulce María Loynaz, que dice en un poema titulado "La mujer de humo": "Soy lo que no queda ni vuelve."[4] Esa es también la modalidad negativa de otro negador ecuánime, Eugenio Florit, quien "ajusta su vida a una terca negación."[5] Pero rabioso o resignado, hilarante o melancólico, teatral o terco, el no es disidencia, o mejor, renuncia –sexual, política y hasta idiomática, como en algún cuento de Calvert Casey.[6]

La tradición cubana del no encuentra su contrario y complemento en la costumbre de la afirmación, que también es tradición cubana. El poema de Florit al cual acabo de aludir se titula "Nadie conversa contigo." A diferencia de Florit, el escritor afirmativo es gárrulo, conversador, pues se ve a sí mismo inmerso en un diálogo que se proyecta sobre el espacio de la

---

[2] Antonio José Ponte, "Por los años de Orígenes," *Unión: Revista de Literatura y Arte*, año VII, núm. 18 (enero-marzo 1995), págs. 45-52; Rafael Rojas, "La diferencia cubana," en *Isla sin fin* (Miami: Editorial Universal, 1998), págs. 105-122.

[3] "There is the grand truth about Nathanial Hawthorne. He says NO! in thunder; but the Devil himself cannot make him say yes." La cita proviene de una carta dirigida por Melville a Hawthorne fechada 16 de abril de 1851; reproducida en *The Norton Anthology of American Literature*, (New York: W.W. Norton, 1979), Vol. 1, pág. 2072.

[4] Dulce María Loynaz, *Poemas escogidos*, selección de Pedro Simón (Madrid: Visor, 1995), pág. 29.

[5] Eugenio Florit, *Lo que queda* (White Plains, New York: Ediciones Cocodrilo verde), p. 75.

[6] Pienso en el fragmento de la novela que Casey dejó inconclusa al morir, publicado bajo el título de "Piazza Margana." Escrito en inglés, "Piazza Morgana" termina con la declaración, "I am NOT leaving," negación que manifiesta el deseo del hablante de permanecer no sólo en el cuerpo de su amante sino en el espacio de la lengua inglesa. El texto se puede leer en Calvert Casey, *The Collected Stories*, ed. Ilán Stavans (Durham: Duke University Press, 1998), págs. 187-193.

cultura insular. La meta de ese diálogo puede ser, como en Lezama y Vitier, la elaboración de una teleología insular; o como en Mañach, la conquista de la nación que nos falta; o como en el propio Nicolás Guillén, la creación de una poesía vernácula. Pero en todos los casos la postura afirmativa supone un pacto entre el escritor y su país mediante el cual aquél se erige en vocero o representante de éste. El ejemplo más notable entre nosotros es quizás el de Fernando Ortiz, quien fuera descrito por Lino Novás Calvo como "Cuba en persona."[7] En mayor o menor medida, el escritor afirmativo propicia esta identificación de su obra con los relatos de la identidad. "Yoruba soy, soy lucumí, / mandinga, congo, carabalí," alardea Guillén, multiplicando su voz en la voz múltiple del cubano negro.[8]

No obstante, es importante subrayar que la vocación de afirmación implica no tanto representatividad real como autorepresentatividad, vínculos propuestos o presupuestos más que lazos efectivos. El pacto afirmativo requiere un sólo signatario. Ahí está el caso de Mañach, que aunque no lo confesara, toda su vida ambicionó ser él mismo Cuba en persona, sin que Cuba consintiera en la prosopopeya. Su "nación que nos falta" era también la nación que le *hacía* falta; y no deja de ser conmovedor que esta memorable frase haya sido destinada a encabezar un libro que Mañach nunca escribió.[9] El discurso de la frustración republicana que tan bien ha estudiado Rafael Rojas tenía para Mañach –aunque no sólo para Mañach– un sesgo profundamente autobiográfico, pues conllevaba la frustración de su vocación como escritor.[10] Mientras Cuba fuera una "patria sin nación," él no dejaría de ser un vocero sin voz; su sí permanecía trunco, segado por la falta de integración nacional.

Ahora bien, ¿dónde cabe, si cabe, la literatura cubano/americana en la encrucijada del sí y el no? ¿Son las novelas de Roberto Fernández o los poemas de Ricardo Pau-Llosa, pongamos por caso, actos de afirmación o de negación? Empecemos por admitir que aun los textos más irreverentes de este "canon," como las novelas de Fernández, tienden a reproducir la mitología de la identidad en sus acepciones más convencionales. Por mucho que Fernández desenmascare los excesos y excentricidades del exilio cubano, su escritura no socava los presupuestos sobre la nacionalidad que

---

[7] Lino Novás Calvo, "Cuba em pessoa," *Americas* (Nueva York), 2:7 (1950), págs. 6-8.

[8] Cito del "Son número 6," en *Sóngoro cosongo y otros poemas* (Madrid: Alianza, 1980), pág. 35.

[9] Sobre este punto ver Gustavo Pérez Firmat, "Jorge Mañach: Elements of Cuban Style," *Caribe: Revista de Cultura y Literatura*, 1:1 (diciembre 1998), págs. 10-25.

[10] Rafael Rojas, "El discurso de la frustración republicana en Cuba," en Horacio Cerutti (comp.), *El ensayo en nuestra América* (México: UNAM, 1993), págs. 411-432.

definen al exiliado. Por eso su obra es, en partes iguales, esperpento y homenaje. Del mismo modo, los estupendos poemarios de Ricardo Pau-Llosa, *Cuba* (1993) y *Vereda Tropical* (1998), son, entre otras muchas cosas, catauros de cubanismos. Catauros conscientes, con filo crítico y ánimo recreador, pero aun así conformados con los elementos típicos de nuestro folklore –las mulatas, los mameyes, el ron, el bolero, las palmas. Y *Life on the Hyphen* (1994), para no eximirme de esta observación, asume abiertamente el consabido heterosexismo del discurso de la identidad, ya que para su autor (o sea, para mí), un cubano/americano no es otra cosa que un cubano casado con una americana. Cuando el libro afirma que lo cubano/americano se caracteriza no por oposición sino por aposición, lo que está en juego es la posición, el acoplamiento, de dos cuerpos –Ricky con Lucy, o Gustavo con Mary Anne.

Sucede, sin embargo, que al ser pronunciado en inglés, al traducirse al *Cuban yes*, el sí cubano pierde su acento y cobra un carácter subjuntivo, condicional. Por mucho que insistamos en la índole exterritorial de la cultura cubana, afirmar lo cubano en inglés es ya una tácita negación. Es más: la decisión de escribir en inglés, más allá de las razones prácticas que puedan motivarla, manifiesta una renuencia a dejarse plantar en los jardines invisibles de la literatura insular. De las muchas razones que un individuo puede tener para desplazarse de la lengua materna a la lengua alterna, una de las más poderosas es el rencor. Escribir en inglés es o puede ser un acto de venganza--contra los padres, contra las patrias, contra uno mismo. Siempre me ha parecido que la afición por los juegos de palabras bilingües es un síntoma de ese rencor; el *pun* es una pulla, una pequeña detonación de terror y de tirria, una manera de blandir el *hyphen* como arma: que nos parta no el rayo sino la rayita.[11]

Pero si la literatura cubano/americana mastica lo cubano hasta triturarlo, no por ello se traga el inglés. Algunas de estas obras están redactadas en una "lengua extraña," para seguir dialogando con el poema de Guillén, en un esperanto desesperado que hace difícil su incorporación a la cultura norteamericana. Cuando uno de los personajes de *Raining Backwards* (1988) advierte, "Water that you can't drink, let it run, honey," está revelando la extrañeza de toda la novela, agua discursiva que el lector norteamericano no ha de beber, pues carece de lengua para paladearla. El inglés

---

[11] El rencor del cubano anglohablante hacia el idioma español tiene su contrapartida: el miedo del cubano hispanohablante hacia el idioma inglés. Cuando Guillén nombra el inglés como "lengua extraña," el calificativo delata ese temor, pues lo verdaderamente extraño del inglés para el cubano no consiste en ser una lengua extraña, sino todo lo contrario: en ser una lengua demasiado conocida, una presencia constante y cotidiana en el habla popular e inclusive en la toponimia y onomástica del país. Lo extraño, según Freud, es aquéllo que nos aterra por su amenazante familiaridad.

de Fernández es algo así como el alemán de Kafka –un dialecto menor incrustado en el seno de un lenguaje mayoritario.[12] Se trata de una escritura con acento, de un inglés emboscado por la cercanía del español. Ahí esta ese menú donde cada plato casi se sale del plato: *Shrimp at the little garlic* (Camarones al ajillo), *Saw at the oven* (Serrucho al horno), *Seafood sprinkle* (Salpicón de mariscos), *Pulp in its own ink* (Pulpo en su tinta).[13] No existe anglo-garganta capaz de deglutir este agrio ajiaco, este genial *hodge-podge*.

A la vez mitificadora y nihilista, constructiva y demoledora, la literatura cubano/americana vacila entre idiomas y culturas. No se decide, no se entrega. Afirma negando, pero niega con ansia de afirmación. A la tradición cubana del no y del sí tal vez haya que sumarle la tradición del tal vez--el acaso cubano, o *the Cuban-American maybe*. Entre el sí y el no yace la duda; y en la raíz de la duda yace la dualidad: esa dudosa dualidad es el territorio libre de América donde se halla y se pierde la literatura cubano/americana. Interrogado por Guillén, por Cuba, el escritor cubano de inexpresión inglesa no dice ni que sí ni que no; responde con la letra de un chachachá republicano: quizás, quizás, quizás. Y añade, como colofón: Pero quizás no es a lo mejor.

Aquí tengo que hacer una salvedad. Al situar la literatura cubano/americana en la disyuntiva del quizás, reconozco que algunas de las obras más mentadas de este corpus –por ejemplo, las novelas de Cristina García o de Oscar Hijuelos– no se ajustan a esta descripción. En efecto, estas obras adoptan una modalidad afirmativa –yo la llamaría *the ethnic aye*, el sí étnico– que poco o nada tiene que ver con el proyecto de escritura de Fernández o de Pau-Llosa. A modo de ilustración basta recordar la llamativa portada de *Dreaming in Cuban* (1992), que simula una caja de tabacos cuya etiqueta anuncia, en inglés, "Exported from Havana," y en español, "De Cuba." La idea parece ser persuadir al posible consumidor que tiene entre sus manos un producto netamente criollo. Y no sólo eso: un producto criollo que además goza del discreto encanto de lo prohibido, ya que esta preciada caja de habanos ha logrado burlar el embargo, y nada menos que en 1992, año en que se publica la novela y en que el Congreso norteamericano aprueba la ley Torricelli, cuya meta era precisamente reforzar el embargo. *Sin* embargo, *Dreaming in Cuban* es uno de esos libros que no podemos juzgar por su cubierta, pues la voz en torno a la cual se construye el relato –no en balde la narradora se llama Pilar– en ningún momento registra su extrañeza al verse expresada, apresada, en

---

[12] Aludo aquí al conocido libro de Gilles Deleuze y Félix Guattari, *Kafka: Pour une littérature minuere* (París: Editions de Minuit, 1975).

[13] Ver *Raining Backwards* (Houston: Arte Público Press, 1988), pág. 35.

inglés. No hay detrás del habla de Pilar o de García esa conciencia dividida, ese *langour between languages* del que habla Pablo Medina,[14] y que atraviesa toda la obra de Fernández o Pau-Llosa. Como ha señalado Isabel Álvarez Borland, García construye lo cubano en torno a la sensibilidad de un personaje que se identifica plenamente con su cultura de origen, la norteamericana.[15] En *Dreaming in Cuban* no hay extrañeza, hay exotismo –un atributo muy distinto. Lo extraño sacude estereotipos; lo exótico es un instrumento de apropiación mediante el cual una cultura se protege contra la extrañeza de culturas ajenas. En esa caja de habanos lo cubano no es hoja, es aroma; no es tabaco, es puro humo.

También es preciso reconocer el papel que la etnicidad desempeña dentro de la política cultural norteamericana. ¿Qué sucede cuando lo cubano dejar de ser una nacionalidad para convertirse en una etnia? Me limitaré a relatar una anécdota. Hace unos meses se transmitió por un canal de televisión norteamericano la entrega de los Hispanic Heritage Awards, premios otorgados cada año a figuras hispanas que han contribuido a la difusión de "lo nuestro." La velada terminó, claro, con un número musical de Celia Cruz. Cuando llegó el momento de presentar a quien fuera la Guarachera de Oriente y ahora es la Salsa Queen, la anfitriona del programa, Jennifer López, exhortó al público, "And now, let's mambo!" En eso se oyeron los primeros acordes de "La Guantamera" y salió Celia Cruz gritando que ella era un hombre sincero. Así se deslíe la cubanidad en latinidad, así se olvidan o se violentan discriminaciones necesarias entre géneros de música y generaciones de emigrados. La latinidad –*latinoness*– es un escenario donde Jennifer López malamente baila un mambo que no lo es. Por eso, cuando me dicen "latino," respondo: la tuya.

Mucho más coherente y seductor, para mí por lo menos, es el otro escape afirmativo al quizás cubano: la diáspora. Como ha señalado James Clifford, bajo este concepto se intenta englobar grupos muy distintos entre sí –exiliados, emigrados, desterrados, desposeídos.[16] Aquí yace su utilidad mas también su insuficiencia. Por una parte, el modelo diaspórico representa un saludable antídoto al excepcionalismo criollo en su variante exílica: nos aclara que no somos tan distintos como nos creemos. Pero sí somos distintos, no más pero tampoco menos que cualquier otro grupo de

---

[14] Cito de "Cuban Lullaby," en el poemario *Arching into the Afterlife* (Tempe, Arizona: Bilingual Press, 1991), p. 70. La estrofa completa reza: "Try to define it, this search, this / langour between languages, hunger / to leave one's skin, to find freed flesh / prettier than the breeze."

[15] Isabel Alvarez Borland, *Cuban-American Literature of Exile* (Chalottesville: University of Virginia Press, 1998), págs. 136-142.

[16] James Clifford, "Diasporas," *Cultural Anthropology*, 9:3 (1994), págs. 302-338.

exiliados, y por lo tanto emergemos de una coyuntura histórica con una fisionomía muy particular. La noción de diáspora tiende a elidir las facciones de esa fisionomía. Por mucho que nos consuele o nos inspire, la experiencia judía, en la cual se basa el modelo diaspórico, difícilmente puede aplicarse al caso cubano; quiero decir, al caso de ciertos cubanos y de su producción cultural. Nuestro vínculo con una geografía, y para colmo una geografía insular, presenta un obstáculo considerable al manejo del modelo diaspórico. Podemos precisar la diferencia acudiendo a un distingo de Jorge Mañach: mientras que en el sujeto diaspórico prima la "conciencia de mundo," en el cubano exiliado prima la "conciencia de isla."[17] El sujeto diaspórico se nutre de ausencia; mas para el exiliado no hay consuelo sin suelo, y no hay contacto sin tacto.

Tanto la etnicidad como la diáspora buscan un campo de afirmación y afincamiento más allá del sí y del no. Ambas encarnan un exilio débil, una cubanía de baja intensidad, para adaptar una frase de Arturo Cuenca.[18] Pero esta atenuación de vínculos de nacionalidad no da cuenta de las novelas y los poemas que aquí me ocupan, una literatura que se afana en afirmar su pertenencia a Cuba, por conflictiva contradictoria que resulte tal afirmación. Contra el exilio débil, el exilio duro, el exilio duradero; contra la cubanía de baja intensidad, la cubanía convulsa, el sí atronador: "YES! in thunder."

Aunque en este punto no siempre he estado de acuerdo conmigo mismo —como dice Borges en alguna parte, "lo que decimos no siempre se parece a nosotros"— no creo que el abandono del español nos permita trascender nuestra condición de exiliados, igual que tampoco creo que podamos integrarnos al *mainstream* norteamericano masticando el inglés. El título del reciente libro de Isabel Álvarez Borland, Cuban-American Literature of Exile, nombra la paradoja: la literatura cubano/americana propiamente dicha —las novelas de García o de Hijuelos— no es literatura de exilio; y la literatura del exilio cubano, en inglés o en español, no es americana.

Es muy posible que negados a la diáspora no menos que a la etnia, los que escribimos los libros que conforman la tradición del quizás, del acaso, del vaivén que de ninguna parte viene y a ninguna parte va —es posible que seamos una generación sin descendencia. En este momento de transición dentro de la isla y fuera de ella, las obras más representativas de esta tendencia —entre ellas *Cuba* (1993) de Ricardo Pau-Llosa, *Raining*

---

[17] Las frases "conciencia de isla" y "conciencia de mundo" aparecen respectivamente en *Historia y estilo* (La Habana: Minerva, 1944), pág. 136, y *El espíritu de Martí*, ed. Anita Arroyo (San Juan: Editorial San Juan, 1973), pág. 67.

[18] Citado por Rafael Rojas, *Isla sin fin*, pág. 182.

Backwards (1988) y *Holy Radishes!* (1995) de Fernández, *Exiled Memories* (1990) de Pablo Medina, *Going Under* (1996) de Virgil Suárez y *Next Year in Cuba* (1995) –tienen ya cierto aspecto museal, aunque sea una característica deliberada y hasta ostentosa: museo, pero también vitrina. No se me escapa, además, que las paredes de nuestro museo están tapiadas con espejos. Al principio aludí a un poema de Eugenio Florit titulado "Nadie conversa contigo." Es un título equívoco, pues el empleo de la segunda persona establece un contexto comunicativo que el enunciado mismo rechaza. Así es el "sí pero no," el "sino" cubano/americano, al entablar un tenso y angustiado autodiálogo con una Cuba que no escucha porque no existe.

Al final de *Dreaming in Cuban*, Pilar, después de asistir a un bembé y de pasearse a sus anchas por la embajada del Perú en abril de 1980, regresa a Nueva York. Muy distinto es el desenlace de *Going Under*, cuyo protagonista, Xavier Cuevas –la X de su inicial ya lo marca como incógnita– se lanza al mar, balsero al revés, para nadar hacia Cuba. Pero su destino incierto recuerda el chiste: nada por delante, y nada por detrás. Asimismo, en *Raining Backwards* la Abuela emprende el mítico viaje de regreso, y al equivocarse de dirección acaba no en Varadero sino en Noruega. Ambas novelas culminan, por lo tanto, en un literal y cubanísimo embarque.

En ese mismo bote –*in that same boat*– navegamos nosotros, a la vez americanos con rayita y cubanos rayados.

Jorge Febles
Western Michigan University

"Para escribir como en español: la trayectoria lingüística de Roberto G. Fernández"

Mucho se ha escrito ya sobre la producción narrativa de Roberto G. Fernández. Mary S. Vásquez, Gustavo Pérez Firmat, William Deaver, Isabel Álvarez Borland, Gabriella Ibieta, hasta el rumano Andrei Codrescu, entre otros, han consagrado páginas explicativas a las obras fundamentales del autor, que suelen reducirse mayormente a sus dos textos en inglés: *Raining Backwards* y *Holy Radishes!* Se ha hecho hincapié en la índole paródica de su novelar, en las afinidades de éste con el realismo mágico, en el retrato a la par grotesco y compasivo del exilio cubano que Fernández compone con afán puntillista, en el cariz polifónico de sus libros, en la armazón deshilvanada de los mismos que – hasta *Holy Radishes!*– exige el leérselos como viñetas entrelazadas, en la intertextualidad polimorfa patente en su método creador. Muchos han reparado igualmente en el oído prodigioso de un narrador que intenta captar voces al vuelo para producir hablas que se debaten entre el idiolecto anormal o chocarrero y el pidgin de transición, imprescindible para subsistir en un espacio ajeno y a veces enajenante. Otros han censurado la supuesta banalidad de relatos carentes con frecuencia de significados explícitos y que también desvirtúan o infravaloran tragedias humanas particulares y el drama exílico en general. Sin embargo, nadie ha emprendido aún, que yo sepa, la tarea de aproximarse a la trayectoria lingüística de Roberto G. Fernández con el objeto de precisar una evolución que, a mi modo de ver, se metaforiza o trasunta en los mismos personajes que crea. No me lo propongo yo tampoco; primero, porque entrañaría una labor ardua, meticulosa y sobre todo extensa en demasía; segundo, porque no soy lingüista y creo que esta curiosidad me ha llegado un poco tarde para padecer la necesaria metamorfosis. Por consiguiente, me propongo tan sólo destacar un desarrollo, pormenorizar ciertas coincidencias y sugerir algunas pautas que tal vez apunten a un enfoque crítico válido en torno a la narrativa de Roberto G. Fernández.

Comienzo citando un largo párrafo de *Next Year in Cuba,* en el que el Gustavo Pérez Firmat alude a su azarosa formación lingüística, la cual se representa como carga inelectable que matiza tanto su labor creativa como su comportamiento humano. Declara el narrador-personaje:

Because of her barely audible monotone, English first took hold of me through the eyes, not the ears... Words on a printed page stayed with me longer than fragments of conversations... Even now I tend to think of English as a speechless language, a Sanskrit, an arabesque of silent signs. Spanish is for the voice, it resonates in my eardrum; English speaks to the inner ear, its rhythms and cadences are the noiseless rustle of unheard melodies... I find English prose smooth, elastic, capable of shades of expression that Spanish does not allow. If my life depended on a sentence, I would write it in English. But switch from the page to the podium, and I become Spanish-dominant, a Cuban conquistador. When it comes to giving voice to my silent thoughts, I'm far more at home in my mother tongue. Even when I'm relaxed and rested, American words often stick to my mouth like mounds of molasses. Yet in Spanish my diction is flawless; there's no *r* I can't trill, no consonant cluster I can't conquer. If my life depended on a *spoken* sentence, I'd die if I couldn't speak it in Spanish.

Esa ambivalencia lingüística y hasta fonética que sintetiza Pérez Firmat[1] no sólo constituye la más rica cantera temática y formal de los textos de Fernández, sino que también elucida el propio desarrollo literario del escritor, convirtiéndolo hasta cierto punto en criatura de sus ficciones. Me he referido muchas veces a la explicación que ofreció Fernández a la revista *Time* cuando se le preguntó por qué había escrito *Raining Backwards* en inglés. "I did it," dijo, "for the same reason that the Miami Sound Machine sings in English... I wanted to reach a wider audience" (47). Bien puede ser, siempre he pensado, pero ese prurito se afirma, sin duda, en un proceso de maduración discernible al repasar someramente sus obras y las voces que en éstas proliferan.

Para principiar, me detengo ante un cuadernillo de relatos que publicó Fernández en 1976, cuando aún se desenvolvía como estudiante en Florida State University y que, según indica en la inscripción inicial, obsequió a sus amigos como regalo navideño. Lo llamó *El jardín de la luna*, por el primero de los cuatro breves cuentos que aparecen en él. Los

---

[1] Al leer mi trabajo, intenté ilustrar los planteamientos de Pérez Firmat por medio de mi propios desaciertos expresivos. De ahí que escribiera lo siguiente en la versión original: "Leo este párrafo en inglés –y no según la versión en español del libro– para dejar huella transparente, con mi acento, mi entonación y mis vacilaciones, de ese *melao* que le entorpece la lengua al Gustavo personaje de *Next Year in Cuba* y que compartimos casi todos los miembros de la consabida "generación uno-y-medio," a la que pertenece también, lógicamente, el autor de *Raining Backward* y *Holy Radishes!"*

demás se titulan "A primera vista," "Entre juegos"[2] y "Nocturno." Son, sin duda, retozos juveniles que el autor no toma muy en serio, por haber rebasado ya dicha etapa creativa. Ponen de manifiesto a un escritor balbuceante aún, superficial las más de las veces y, ante todo, desprovisto de estilo personal. Sólo a ratos, como en "A primera vista" –texto autoparodiado por el escritor en *La montaña rusa*– se apunta al humor teratológico que caracterizará buena parte de su producción posterior. Escasamente tres años antes de *La vida es un special,* el libro en que revela su promesa como escritor, Fernández se muestra atado a formas literarias caducas y a anécdotas más o menos insípidas que transmite en un español netamente neutro, aunque ajustado a ciertos parámetros dialectales cubanos. Tanto los narradores –sean estos personales como en "El jardín de la luna" y "A primera vista" o impersonales como en "Entre juegos" y "Nocturno" comparten un habla desabrida e incolora, según se observa, por ejemplo, en el cuento inicial de la colección. Se expresa así la voz narradora: "Hacía unos minutos había bajado del autobús y ahora recorría el viejo patio de la universidad. El trayecto había sido largo, casi seis horas. Me preguntaba por qué había venido" (4). Esa misma neutralidad caracteriza el diálogo en este cuento:

— ¿Puedo servirlo en algo?
— No, gracias. Estaba merodeando por aquí y subí a ver si...
— Bueno, si desea le puedo mostrar el funcionamiento de nuestro centro. Es una verdadera prueba de la tecnología al servicio de la educación..." (4)

Incluso los anuncios que se citan en "Nocturno" –recurso que devendrá fértil en las narraciones por venir– operan aquí como mero detalles ambientadores: "Sienta la alegría de vivir. Tome Cafecola. ¡Diferente!" (30). O sea, *El jardín de la luna* pone en evidencia a un escritor novel aferrado a una tradición literaria –e imagino que soñando con anclarse en ella– fundada no sólo en la lengua madre sino también en el espacio abandonado. Ni Miami ni el inglés forman parte de estos pinitos, en los cuales se vislumbra Cuba como fondo ambiental, conforme se corrobora en ese "Entre juegos" alusivo a la avanzada rebelde hacia Santa Clara a fines de 1958. El primer esfuerzo creativo de Fernández, entonces, supone una suerte de marcha atrás o anquilosamiento nostálgico

---

[2] Según me ha indicado el escritor, este cuento de 1974 se publicó por vez primera en la revista de la Sociedad Honoraria Sigma Delta Pi. Con él Fernández obtuvo el primer premio en el concurso de cuentos que auspicia dicha organización. No he podido dar con el número de la revista en que aparece la narración.

nada diferente del que caracteriza a ese contingente de "cubanos en América," tan distinto, según Pérez Firmat, de la generación intermedia a la que pertenece el autor.[3] Tal parece que, para el momento en que se urdieron dichas fábulas, Fernández no hubiera aprendido a traducir o no asumiera el deber traductológico por fidelidad al pasado personal.

Empero, ya en 1975, el escritor había publicado *Cuentos sin rumbos,* colección de relatos que suele tenerse como su primer empeño literario significativo, en particular porque ahí se anuncia el método creativo que define la totalidad de su producción. Los catorce relatos que configuran el libro se deben todavía más al español que al inglés y a Cuba que a los Estados Unidos. Se intuye que el autor atravesaba una etapa ínter lingüística e intercultural que, de manera definitiva, afecta las voces y actitudes de sus personajes. Ello se transparenta en "Los quince," relato paradigmático que evolucionará hasta convertirse en suerte de leit motiv polimorfo de la obra de Fernández. Esta primera versión del modelo se ubica en un espacio impreciso, pero acaso más relacionable con la Cuba pre-castrista que con el Miami de la época. Sólo se emplea un préstamo lingüístico de procedencia inglesa, la palabra "bol" (8), y ésta bien puede concebirse como "vestigio del pasado prerrevolucionario cuando el anglicismo florecía en Cuba" ("La Revolución" 136) a que alude el propio Fernández cuando, disfrazado por esa época de lingüista, se interesó por "La Revolución y el léxico cubano." El suyo es un narrador que remeda el tono populachero de "Los quince de Florita," por ejemplo, para producir un cuadro costumbrista caracterizado por la trascripción del habla coloquial isleña y por la proyección carnavalesca que se confiere al pre-texto folklórico. Copio un fragmento de la conversación entre marido y mujer para acentuar el manejo fonético del idioma:

—Bueno, llámala y dispué arregla lo del local. Fíjate bien que sea en la Joya de Occidente que e el má distinguío.
—Pero Miguel, si esa Joya e muy cara.
—Te digo que pa' Sari lo mejol. Anda y ve a arreglar lo que te dije que eso son cosa de mujere.
—Bueno ... pero es que te digo que...
—Mujel, anda pa'lante y ha lo que te digo.

Este remedo casi criollista del habla campesina se suma a la imagen garciamarquiana de la joven que, cuando se escucha el primer

---

[3] Me refiero, por supuesto, a toda una serie de conceptos que expone Pérez Firmat en su *Life on the Hyphen.* Véanse las páginas 3 a 5 de dicho libro.

vals, empieza a girar como trompo imparable y autodestructivo, para formar un modelo del esquema creativo con el que más cómodo se siente el autor, ya bien en inglés, ya bien en español: juegos lingüísticos más anécdotas cómicamente desproporcionadas, los cuales equivalen a carnaval agridulce.

Aunque se detectan elementos anglicistas en "El acné" y aunque "La conferencia" se fundamente en congresos académicos de corte anglosajón, *Cuentos sin rumbos* es un libro aún más afín al pasado que al presente, a Cuba que a la nueva sociedad que surge en Miami. Marca, hasta cierto punto, tanto para el creador como para sus criaturas, un período de fosilización, es decir, un estado de suspensión lingüística en que la comodidad aún se relaciona con la lengua aprendida de nacimiento. De ahí que el humor se tiña de una nostalgia consuetudinaria, la cual rebasa fronteras dentro del mundo hispánico. Es un libro no sólo escrito en la primera lengua o lengua madre, sino dirigido hacia ella casi como rindiéndole pleitesía. De ahí que el único bilingüismo en el que se insiste dentro de la colección sea el que desarrolla a perfección la gallina que protagoniza "Nuestra nieta, María José," antepasado sin duda de esa otra que acompañará en sus soledades a la Delfina de *Holy Radishes!* Al crecer piando y hablando al unísono, María José anticipa a la gama de personajes que aparecen en los textos en *espanglish* del escritor.

La vida es un special (1981) y *La montaña rusa* (1985) representan el tránsito a la etapa interlingüística en que el español y el inglés se codean para configurar historias mixtas caracterizadas mayormente por el pidgin, o lengua auxiliar creada por un hablante en contacto con otra lengua hegemónica en sus empeños por comunicarse. A mi parecer, ambos textos se deben al menos en parte a ciertos estudios emprendidos por el autor a finales de los setenta. Dichas actividades culminan en tres breves artículos de índole lingüística que delatan el afán de Fernández por indagar en el habla cubana. Los ensayos son "Hybrid Verbs –Ar or– Ear" (1979), "English Loanwords in Miami Cuban Spanish" (1983)[4] y "La revolución y el léxico cubano" (1984). Aunque puedan cuestionarse las conclusiones y supongo que hasta los procedimientos utilizados por esta voz pedagógica del escritor en cierne, los artículos interesan en virtud de dos factores. Primero, se advierte en ellos que Fernández acometió un aprendizaje cuya finalidad era descubrir un lenguaje narrativo vinculable a una comunidad definida y a un espacio en particular. Lejos de mirar hacia atrás, como ocurre en sus primeros tanteos literarios, se ubica

---

[4] Conviene recordar asimismo que Fernández escribió su tesis de Máster sobre el asunto en cuestión. Se titula "The Lexical and Syntactical Impact of English on the Cuban Spanish Spoken in Southeastern Florida." Florida Atlantic University, 1973.

en un presente caótico y transicional producto de un pasado igualmente arbitrario. Segundo –respondiendo tal vez al auge de la interconexión codal en la prosa hispanoestadounidense– decide reproducir en las dos novelas de marras esas variantes del español en contacto con el inglés que examina en dos artículos y valerse asimismo de un nuevo lenguaje artificioso, asentado en la política y en la traducción de otra lengua ajena, el ruso, para matizar el discurrir de ciertos entes de ficción. Surgen así dos libros profundamente barrocos tanto en su estructura como en el habla generalizada que los caracteriza y que, las pocas veces en que la relación deviene impersonal, contamina el lenguaje narrativo neutro en sí, aproximándolo de tal suerte a las voces humilladas en dichos artefactos paródicos. Cabe citar al respecto una sucinta reseña de *La vida es un special,* realizada por Alfonso Chase para *El Debate,* de San José, Costa Rica. La nota aparece, curiosamente, en la misma página donde se anuncia la defunción de Michel Foucault, acontecimiento al que le da la espalda acaso simbólicamente ese pavo a la par burlón y enigmático que decora la portada del libro de Fernández. Chase describe la armazón del texto de este modo: "Sin estructura lógica, como bazar de quincallas, la novela va mostrándonos un mundo en descomposición, que siempre se recompone, se contrae, se alarga y se diluye, porque el protagonista no existe, claramente definido, sino que todos protagonizan su propio papel, como si un sector social se moviera, se desplazara, pero siempre siguiera estando en un mismo sitio" (8). Luego arguye: "Los recursos lingüísticos, y fonéticos, dan vida a la novela. Por medio de ellos los cuasi-personajes reconstruyen su vida, sus aspiraciones y hasta su miseria interior. El lenguaje, como protagonista real de la novela, resume en sí grandes posibilidades" (8). Me parecen perspicaces ambas apreciaciones, que son extensivas a *La montaña rusa.* Armazones polifónicas en que las voces suenan cada cual a su manera, incluso la del propio narrador, reflejan una variedad lingüística exenta de verdadera aristocracia, es decir, de matiz representativo de un habla racional, coherente y pluricomunicativa identificable a plenitud con el autor implícito. La parodia estriba en las propias voces liberadas que, como cogidas al vuelo por un narrador impreciso, el cual tampoco se toma muy en serio, producen tonos, corrupciones lingüísticas, aberraciones fonéticas e ideas autodenigrantes. Aunque el español en su variante dialectal cubana domina en ambos textos, éste se encuentra afectado por la lengua hegemónica conforme a la circunstancia particular del personaje que se expresa. Por lo general, el proceder lingüístico de los entes literarios se ajusta precisamente a las categorías estudiadas por Fernández en su artículo "English Loanwords in Miami Cuban Spanish," o sea, "loanshifts, hybrid creations, hybrid compounds" y "loan translations" ("English Loanwords" 13). Para corroborarlo, basta reproducir el fragmento de *La montaña rusa* en que la Dra. Alicia Real Valdés abre los micrófonos de su programa educativo "How Do You Say?" Los que intentan responder a las preguntas de la animadora contituyen una muestra representativa de las voces novelescas. He aquí parte de la charla radiofónica:

—How do you say roller coaster en español? Hello? Su nombre.
—Connie Rodríguez.
—¿Pariente del traidor?
—¡No, qué va! Se dice trineo.
—No. Lo siento.
—Óigame, se dice el rolercóaster. Yo me llamo Visitación Sánchez.
—Esa tampoco es la respuesta.
—Hello. Me llamo Blanca del Carmen Pérez, entre mis amigos Blanchi. Se dice teleférico.
—Lo siento, mas ésa no es la respuesta.
—My name is Sue Tolete and...
—En español por favor.
—Me llamo Sue Tolete. Se dice montaña rusa.
—Usted sí ha acertado... Continuemos. How do you say vacuum cleaner en castellano?
—Hello, mire yo quisiera decirle que me opongo a toda relación con Nicaragua y se dice el vacun.
—No, señor. ¿Su nombre, por favor?
—Apolinar, Jr.
—Aló. Ese es el aparato que limpia las rugs y se llama el aspiradora.
—Su definición es correcta, mas le ha adjudicado el género erróneo. How do you say? Dígame?
—Dra. Valdés, ¿usted sabe que mi mamá la conoce a usted?
—Probablemente.
—Yo me llamo Juani y I don't know how to say vacuum cleaner in Spanish.
—¿Dígame? How do you say?
—Mi nombre es Rodrigo de Bastidas y el nombre de ese artículo de la sociedad decadente y consumerista es la aspiradora.
—Lo siento. No acertó. Usted ha puesto la fuerza de pronunciación en la última sílaba. (91).

Los matices de contaminación evidentes en este fragmento iluminan el procedimiento seguido por Fernández en sus dos novelas. Asimismo, la breve comparecencia de Rodrigo de Bastidas subraya su papel como ente que maneja otra habla contaminada: esa surgida al institucionalizarse el proceso revolucionario y que, para Fernández, refleja "el papel importantísimo que juega el lenguaje en el desarrollo de la sociedad que se está creando en la isla" ("La revolución" 143).

Más elaborado aún en su interconexión codal es el "Cantar de los vaciladores," que aparece lo mismo en *La montaña rusa* que en *La vida es un special*. Cotejo los fragmentos porque substancian el modo en que Fernández trabaja el *espanglish,* procurando refinarlo siempre al reiterar escenas insignificantes como ésta. Reza así la primera parte del episodio que figura en *La vida es un special:*

—¿Qué pasa, mi broder?
—Super. Aquí vacilando a los vaciladores en el vacilón que es la vida. I got news for you. Ayer me compré tremenda tela. You know, mi tía vende ropa y coge everything half price...
—No estás en nosin mi broder. Tómate un breik de la vacilation y vacila lo que te voy a decir que es important.
—Tell me que estoy ready for everything.
—Yesterday, bostearon a Freddy. *(La vida* 40).

Cito ahora por el segundo texto:

—¿Qué pasa, mi broder?
—Super. Aquí vacilando a los vaciladores en el vacilón que es la vida. Let me tell you, I got news for you. Ayer bostearon a Freddy!
—Oyeme, mi socio, ayer me compré tremendas telas. You know que mi tía vende ropa y me da everything half price...
—¡Eres del carajo! Freddy descojonado y tú thinking de las telas.
—¿Dónde lo craquearon? *(La montaña* 52).

Ambos trozos demuestran cómo Fernández se regodea en matizar levemente ciertas voces bilingües, las cuales enlaza frecuentemente con nombres diversos, como si se tratara tan sólo de sonidos comunitarios asociables con cualquier joven que dialoga con algún coetáneo en una esquina miamense.

Urge recalcar que tanto *La vida es un special* como *La montaña rusa* apuntan ya a la transición al inglés que Fernández daría con *Raining Backwards*. En el primer libro se incluye "Listen, Charlie," breve episodio en inglés que no hace concesión alguna al hispanoparlante monolingüe. Esta táctica creadora prolifera en *La montaña rusa*. Largos trozos en el lenguaje hegemónico se interpolan en los "Recuerdos de la Meruba" y "Wrong Number." Están en inglés también las cartas al redactor de un periódico escritas por Patrick Doyle y Apolinar del Rato, Jr., el ensayo "Our Cuban Neighbors" por Marty Cohn Schwartz, IV, el cuento "The Smell of Sanctity" por Billy Cloonan" y el episodio titulado "Connie Dos." Por la violencia incomunicativa con que se entremeten en textos donde rige un método expresivo más asentado en la lengua madre que en la aprendida circundante, cabría argüir que encarnan bocetos anticipadores del tránsito al inglés. Se intuye que Fernández intenta probarse a sí mismo su capacidad para expresarse en el habla hegemónica, igual que lo había hecho anteriormente de manera fallida en el español neutro. El paso dado por fin con *Raining Backwards* supuso un cambio radical de esas estrategias lingüísticas que había generado en los libros discutidos. Repárese en que, si como sostuvo Chase, el lenguaje había sido el protagonista de su primera y –creo yo– también de su segunda novela, y si ese lenguaje con el que se jugaba era en esencia uno fundado en la interconexión codal, en las matizaciones dialectales afines a esas que formula Cabrera Infante y en los equívocos producidos por la lengua en contacto, ¿cómo elaborar un nuevo sistema estilístico en inglés, siguiendo fiel al espacio novelesco ya creado y al esquema paródico con el que este autor sólo parece sentirse cómodo? El salto se lo plantea Fernández mediante a un autoplagio traductológico *(Raining Backwards)* y una novela *(Holy Radishes!)* que rompe en buena medida los parámetros lingüísticos consabidos, revelando la mayor comodidad del escritor y de sus personajes con la lengua aprendida. El pidgin inicial, estrategia necesaria de comunicación, no deviene criollo, sino que, de algún modo, se rinde a la vitalidad del habla hegemónica, aunque conservando su potencialidad bicultural.

En *Raining Backwards,* no obstante, la ambivalencia lingüística aun constituye una característica esencial tanto de la voz narrativa como de un gran núcleo de personajes. Por consiguiente, la novela se inscribe de algún modo en ese paradigma que plantea "the acquisition of a second language ... as a movement along a continuum, the ideal end point of the movement being ... the knowledge of the target language" (Pit Corder 22). Pit Corder amplía el concepto, explicando: "Continua are dynamic systems in which change is the norm. Such systems can be characerized linguistically as a process of replacement of rules, addition or loss of rules. Such processes are called restructuring processes" (22). Propongo que, hasta *Raining Backwards,* se ha venido desarrollando una transformación esquematizable en base a tres variedades idiomáticas: español, *espanglish* y (para acuñar un término) *englishspan,* teniendo como clave de la misma la mayor o menor dependencia de la lengua madre. Lo que resulta translúcido en las dos primeras novelas de Fernández, se vela en *Raining Backwards* debido al alejamiento del idioma nativo. De hecho, el propio título constituye un préstamo que suscita el equívoco a menos que el lector esté familiarizado con la expresión en español de que procede. Es cierto que muchos episodios, viñetas o fragmentos de la novela se encuentran arraigados en un inglés convencional de corte estadounidense, igual que antes *La vida es un special* y *La montaña rusa* se habían cimentado en un español comunitario. Empero, es también irrefutable que buena parte de ese lenguaje caracterizado por Dawn Kolokithas como "intentionally bad writing" y en cuya índole bizantina algunos, como Conny Lotze, han querido encontrar aspectos surrealistas tendientes a promover la incomunicación (47), se afirma tan sólo en el prurito traductológico que rige este libro de Fernández. Mary Vásquez ha puntualizado que "much of the defamilarization experienced by Fernández's characters is suggested through linguistic play" (98). En efecto, se trata de una narración en la que el chiste arranca reiteradas veces de la traducción literal, y por ende burda, de expresiones y estructuras que, como arguye Vásquez, se presumen a veces articuladas en español, contrastando así con la lengua dominante en que no sólo se redacta sino que se piensa la historia. Proliferan los préstamos grotescos, los cuales, en ocasiones, se deben al inglés deficiente de ciertos grupos y en otras representan simples empeños por urdir una suerte de dialecto juvenil definitorio de una colectividad criada en contacto con la sociedad hegemónica. Hasta el consabido cantar de los vaciladores de *La vida es un special* y *La montaña rusa* reaparece en inglés cubanizado, añadiéndole una vuelta de tuerca a la autoparodia constante de Fernández. "What's up, Bill?," dice un personaje. El amigo le responde: "Just awesome, Edgar. Here I'm having a bad time, vacillating the vacillators in this vacillation that's life" *(Raining* 53). Asimismo, el narrador es incapaz de evitar los juegos traductológicos gratuitos que hacen participar a la voz textual de los *defectos* del habla comunitaria. Recuérdese, por ejemplo, el menú ridículo del restaurante "Friends of the Sea": "Shrimp at the little garlic. Saw at the oven. Chern at the iron. Flour with moorish crabs. Seafood sprinkle. Pulp in its own ink" *(Raining* 35). La broma dimana de una realidad hiperbolizada por un narrador comprometido con el lenguaje que produce violencias de ese jaez.

    Al forjarse el texto en otra lengua, además, cambia necesariamente el énfasis distorsionador. En los primeros escritos de Fernández se percibía el préstamo grotesco como emblema comunitario mientras que, hasta cierto punto y conforme a sus matices, el habla juvenil—viciada por la interconexión codal—se advertía como exótica dentro de la armazón textual. Hasta cierto punto, la interferencia formaba parte de una crisis compartida dentro de un espacio y de unas circunstancias en común. El narrador reía y censuraba riéndose y censurándose a sí mismo.

Una vez que se procura universalizar el enfoque por medio del inglés, que se pretende, como sugiere Gabriella Ibieta, traducir la propia cultura para exhibirla ante un público más amplio, se impone por naturaleza la adulteración de este método. El habla de los mayores, necesariamente, deviene aún más chocarrera puesto que, al vertirse en inglés, denota un mayor grado de contaminación de la lengua madre y adquiere un cariz con frecuencia esotérico que no poseía en los textos en español. Asimismo, el propio historiar se oscurece al irse elaborando de acuerdo con un esquema lingüístico e ideológico intransigente, el cual impide— según apunta Vásquez— que "the gringos ... know everything" (101). Ello se debe a que el biculturalismo que preside su trasfondo se aferra a las tradiciones y la psicología de la comunidad novelada, de cuyas idiosincracias participa el autor implícito, pese al distanciamiento que se impone por medio de la lengua aprendida en la cual se narra.

Holy Radishes!, la novela en inglés más reciente del autor,[5] se manifiesta a primera vista como hermana gemela (o por lo menos muy parecida) de *Raining Backwards.* Buena parte de ella transcurre en la Isla, los personajes son casi todos cubanos que luchan por asimilarse o por sobrevir dentro de la nueva cultura, la crisis carnavalesca permea el texto en su totalidad, el motivo político late en su fondo para resaltar consabidas neurosis y tensiones. No obstante, cabe argüir que, en el caso de Fernández, "por la lengua muere el pez," y así ocurre en un texto que marca cierto ascenso en la escala que ha venido fabricando laboriosamente el escritor para inscribirse en el panorama literario norteamericano. Por primera vez, una novela de Fernández se ambienta en otro espacio que el miamense. Ese mero detalle de ubicar la historia en Belle Glade supone que la lengua comunitaria no será el español ni siquiera el *espanglish,* sino el inglés. Del mismo modo, al transcurrir el resto de la novela en la Isla, se obvian la mayor parte de los recursos humorísticos provocados por la contaminación lingüística. Aunque el autor sostenga

---

[5] Fernández acaba de publicar *Entre la ocho y la doce,* breve novela en español que aún no he tenido la oportunidad de leer. Los fragmentos que conozco, empero, revelan la continuidad tonal que he venido recalcando. Al mismo tiempo, parecen advertirse otra vez los juegos plurilingües evidentes, sobre todo, en *La montaña rusa* y *La vida es un special,* así como el prurito reescritural e intertextualizador que caracteriza toda la producción narrativa de este narrador.
No obstante, urge hacer énfasis en el hecho de que esta obrita se escribió por encargo de la compañía Houghton-Mifflin para integrarla en una serie de libros relativamente sencillos dirigida a estudiantes universitarios norteamericanos. Como consecuencia, se le impusieron a Fernández una serie de limitaciones editoriales que, irremediablemente, han de haber tenido marcado impacto en las voces de sus personajes. Esa realidad acaso limite el que pueda considerarse a *Entre la ocho y la doce* texto que marca un paso significativo en la novelística del escritor.

que los anglicismos florecían en Cuba antes del triunfo revolucionario, se intercalaban en el idioma de manera rudimentaria, lo cual no da cabida a las travesuras léxicas, fonéticas y estructurales realizadas por Fernández en *Raining Backwards*. Indiscutiblemente, el habla de Nellie o de Nelson o de Delfina ha de sonar exótica al oído anglosajón, pero ello se debe más a la realidad descrita y a la mera traducción literal de textos musicales o poéticos que a un posible lenguaje contaminado que manejen. Además, el hecho de que el narrador impersonal adquiera en esta novela un control y una personalidad mucho más definida que en textos anteriores, reduce la apreciación de estas anormalidades como productos espontáneos de voces liberadas. El ventrilocuo se encuentra casi junto a sus muñecos como si se sintiera más cómodo con su propia voz, la cual deja fluir para orientar al lector en forma inusitada, si se examinan los otros escritos discutidos.

La relación que surge en Belle Glade entre Nellie Pardo y Mrs. James B. da pie a una dicotomía lingüística que desmiente también el proceder anterior de Fernández. Lejos de manejar un pidgin afectado por los préstamos grotescos, la protagonista se expresa por lo general en un inglés neutro, más acorde con el de su admirada Donna Reed que con el de una cubana exiliada. Su elegante discurrir se yuxtapone al habla popalachera de Mrs. James B., la cual se funda en su acerbo sureñismo o "redneckismo." Se producen así diálogos como el siguiente, llevado a cabo una vez que la lluvia comienza a desbaratarles el zoológico extravagante con que esperaban realizar sus sueños de grandeza:

—"Piss! Shit! Nellie, Nellieeee. Where are you, woman? Stop daydreaming! Get your ass in gear and take those old paper bags and make hats for the public... I hate you, damm soot! Shit, shit, shit!
Nellie, back from her trance, aswered: —Mrs. James B., don't say bad words.
—Excuse me! I know it isn't ladylike, but shit again!
—Papa only said one bad word his entire life. I remember he was by the balcony when he called Rulfo's gang what he called them. I remember what it was, but I just can't repeat it. (62).

Pese a la índole grotesca de ambos personajes, este contraste entre la voz neutra y la dialectal confiere cierta superioridad lingüística al habla de Nellie. Es decir, la fosilización—si acaso—se encuentra en sus ideas, no en sus palabras. Son aquéllas las que promueven la risa, mientras que en el caso de Mrs. James B. tanto lo que dice como la manera en que se expresa provocan la carcajada por parte del lector.

Toca detenerse muy de pasada en un aspecto problemático del libro de Fernández. Me refiero al capítulo titulado "Holy Radishes," el cual exige casi una lectura diferente, como si constituyera una suerte de retroceso hacia *Raining Backwards* e incluso hasta más lejos, ya que apunta a recursos empleados en *La vida es un special* y *La montaña rusa*. A pesar de la autenticidad lingüística patente casi en la totalidad del texto, el escritor opta aquí por crear una escena en que varias mujeres dialogan, mientras pelan rábanos en una fábrica. Entre ellas figuran varias damas de la alta burguesía cubana, una mujer negra, Mrs. James B. y Nellie, que siempre se mantiene taciturna. Luego se inmiscuyen en la conversación el reverendo Fender y el capataz Jack. En este episodio, se opta por hacer que la voz textual reproduzca en forma cuasi fonética ciertos matices dialectales. Por ejemplo, al hablar las cubanas "she" se transcribe como "che," "nothing" como "nosing," "everything" como "everysing," entre otras adulteraciones por el estilo. En el caso de Naomi, la sureña afroamericana, se le adscriben corrupciones fonéticas arquetípicas, afines a la representación del habla negra en múltiples novelas estadounidenses y, por supuesto, en viejas películas de Hollywood. No me propongo insistir en este capítulo que, a mi modo de ver, constituye una suerte de aberración textual. Me limito a señalar su presencia casi como único instante en que se abandona en *Holy Radishes!* la neutralidad expresiva que se ha descrito.

He intentado esquematizar superficialmente lo que designé en el título la trayectoria lingüística de Roberto G. Fernández. Concibo el proceso como una evolución del español balbuceante al *espanglish* y luego, mediante la inversión del predominio de un idioma sobre el otro, al *englishspan* y al inglés. He intentado sugerir, además, que este proceso se adecúa de cierta manera a la creciente comodidad del escritor con la lengua asimilada y asimilante.[6] En ese sentido, los personajes elaborados por Fernández metaforizan el desarrollo lingüístico del creador. Este, sin embargo, persiste en su compromiso con la cultura de que dimanan sus fábulas y con los espacios poblados por esos seres ambivalentes y en estado perpetuo de crisis con quienes hasta el momento sólo ha logrado sentirse cómodo. Concluyo divulgando un detalle y planteándome una interrogación. Ultimamente, se le ha venido pidiendo a Fernández que

---

[6] Cabe mencionar de pasada que, en una entrevista de 1988, Fernández le reveló a Andy Lindstrom que aún dependía de otros para conseguir la necesaria precisión lingüística. Según Lindstrom: "Colleagues such as David Kirby of the English Department [at Florida State University] and David Darst in Spanish [the Department of Modern Languages at Florida State University] help him with grammar and usage." Pero Fernández le aclaró: "But the ideas, I usually don't believe what they say... I feel pretty good about my ideas."

escriba, rescriba o traduzca alguno de sus libros en inglés para que se considere su publicación en España. ¿Qué surgirá de este proyecto? ¿Cómo hablarán en español estas próximas criaturas del escritor? Y sobre todo, ¿cómo se manifestará en ese texto peregrino el narrador que las pierda o encamine?

Obras citadas

Chase, Alfonso. "La vida no es tan especial." *Cultura. El Debate,* 28 de junio de 1984, 8.

Fernández, Roberto G. *Cuentos sin rumbos.* Miami: Universal, 1975.

—— "English Loanwords in Miami Cuban Spanish." *American Speech,* 38.1 (1983): 13-20.

—— *En la ocho y la doce.* New York: Houghton Miffling, 2001.

—— *Holy Radishes!* Houston: Arte Público, 1995.

—— "Hybrid Verbs -AR or EAR?" *Hispania,* 62 (1979): 336-38.

—— *El jardín de la luna.* Tallahassee: Jiffy Print, 1976.

—— *La montaña rusa.* Houston: Arte Público, 1985.

—— *Raining Backwards.* Houston: Arte Público, 1988.

—— "La Revolución y el léxico cubano." *Crítica Hispánica.* 6.2 (1984): 131-44.

—— *La vida es un special.* Miami: Universal, 1981.

Ibieta, Gabriella. "Transcending the Culture of Exile: *Raining Backwards."* En: Bevan, David. *Literature and Exile.* Amsterdam: Rodopi, 1990, 67-76.

Kolokithas, Dawn. "Cuban American's Kooky Word Play." *Books, San Francisco Chronicle,* 14 de abril de 1988.

Lindstrom, Andy. "Stepping Forward: Writer Heads in Right Direction with *Raining Backwards." The Tallahassee Democrat,* 12 de septiembre de 1988.

Lotze, Conny. "Cuban Chili." *Books, Hispanic,* marzo de 1989, 47.

Pérez Firmat, Gustavo. *Life on the Hyphen: The Cuban-American Way.* Austin: University of Texas, 1994.

—— *Next Year in Cuba.* New York: Doubleday, 1995.

Pit Corder, S. "A Role for the Mother Tongue." En: Gass, Susan M. Y Larry Selinker, *Language Transfer in Language Learning.* Amsterdam: John Benjamins, 1992, 18-32.

"A Surging New Spirit." *Time,* July 11, 1988, 47-50.

Vásquez, Mary S. "Parody in Roberto G. Fernández' *Raining Backwards," The Americas Review,* 18.2 (1990), 92-102.

PANEL: Ciencias Sociales y Economía
Moderador: *Gastón A. Fernández*

**Antonio Jorge y
Jorge Salazar-Carrillo**
Florida International University

Economistas cubanos en Cuba y en el exilio

La enseñanza académica de la materia Económica en la Cuba Republicana con anterioridad al establecimiento de la Universidad de Villanueva (Villanova) en 1947, tomaba lugar solamente en algunas facultades de la Universidad de La Habana, como lo eran las de Derecho y Ciencias Sociales. La misma exclusivamente solamente en cursos generales de historia del pensamiento económico y materias relacionadas. Aun la propia facultad de Ciencias Comerciales no enseñaba teoria moderna con anterioridad a la fundación en la década de los cincuenta del Instituto Superior de Economía.

Existía sin embargo en Cuba una tradición bien marcada de devoción y activo interes en las ideas económicas y en las cuestiones de orden práctico en el campo de la política y los programas económicos de la nación. Esos empeños tanto en el ámbito de la economía política y social, como en el terreno mas amplio de la filosofía social y política, se concentraron mayormente en la Sociedad Económica de Amigos del Pais a partir del siglo XVIII. Los economistas cubanos de la época eran bien versados en la economía clásica inglesa y en su correspondiente rama española representada por los Condes de Jovellanos y Campomanes y por las políticas reformistas de Carlos III y el liberalismo español.

El pensamiento de los grandes fundadores de la economía cubana, de los Saco, Arango y Parreño, el intendente Ramírez y otros, encontró su secuela en un gran número de profesores, funcionarios públicos, letrados, comentaristas y críticos que emergieron en las cinco décadas de vida de la República. No exageramos al decir que Cuba mantuvo un alto nivel en el manejo de la cuestión pública económica como resultado del aporte de esos hombres. Pudiera decirse que en esa etapa de construcción de la nación esos cubanos de labor fecunda y amor acendrado a la patria, remedaron las grandes figuras del mercantilismo y cameralismo europeo en los siglos XVI, XVII y XVIII. Muchos de ellos fueron personas de gran cultura y vastos conocimientos cuyo interés en la economía estaba asociada a sus filosofías sociales y políticas. Otros, más inclinados a la práctica económica marcaron sus huellas en el campo de la política económica y proyectos de desarrollo y modernización.

Constituyen una legión esos cubanos laboriosos y modestos que tanto contribuyeron a hacer de Cuba uno de los paises más desarrollados económica y socialmente de América Latina y cuyos avances superaron aun el de algunos paises europeos tras la Segunda Guerra Mundial.

No olvidemos la exitosa negociación de los varios tratados de Reciprocidad Comercial de Cuba con los Estados Unidos desde inicios de la República, el gran arancel de 1927 y los subsecuentes tratados comerciales de Cuba con numerosos paises en su fructífero esfuerzo por diversificar su comercio y mercados externos. Recordemos también el papel de liderazgo desempeñado por Cuba en el seno del Tratado General de Aranceles y Comercio en sus rondas iniciales. A esto añadamos los numerosos decretos, decretos leyes y leyes que desde la década de los años cuarenta sirvieron de base y andamiaje para la política desarrollista que tan brillantemente ejecutó Cuba en la cuarta y quinta década del siglo pasado. Esa magnífica ejecutoria se vió coronada y se asentó sobre el basamento de las instituciones económicas que se crearon en ese período y que sirvieron de faro y guia a otras que aparecieron posteriormente en diversas naciones en via de desarrollo.

Sería imposible siquiera intentar mencionar los nombres de tantos cubanos que con su talento económico contribuyeron a forjar la Patria. Muchos académicos, funcionarios probos y laboriosos, juristas-economistas, estudiosos y eruditos; legisladores de amplia visión y espíritu solidario, juntaron sus manos en la magna tarea de iniciar la consumación de una Cuba moderna y fraterna, en el venerado espíritu de la prédica martiana.

Es en esa concepción patria en que la economía se concibió no solo como proyecto propio e individual, sino como ciencia y arte para la edificación de una nación propia, que ve la luz el Colegio de Economistas de Cuba a mediado de los cincuenta. Allí se agruparon, en lo que constituyó una experiencia histórica única que mucho dice de la esencia social del pueblo cubano, ilustres y reconocidas figuras de la economía acompañados de sus propios estudiantes; practicantes y teóricos; avezados funcionarios públicos y para-estatales, y eficientes e innovadores empresarios. Los presidentes de nuestros colegios en Cuba fueron a su vez magnas figuras de la vida pública de Cuba: José Alvarez-Diaz, Justo Carrillo, Rufo López-Fresquet y Felipe Pazos. Les sucedió en esa posición Antonio Jorge, un economista de la siguiente generación.

A paso agigantado marchaba el progreso económico y social de Cuba, ajeno a las vicisitudes de orden político. Así llegamos los economistas cubanos, cargados de planes y esperanzas en el futuro de la Patria al primero de Enero de 1959.

Estos anhelos se vieron frustrados por el desgobierno comunista, que dio al traste especialmente con las instituciones económicas que se habían desarrollado a lo largo de la historia de la República. Casi todos los miembros del colegio marcharon al exilio, la mayoría a desempeñar importantes funciones en instituciones gubernamentales y empresas privadas, y los menos a perfeccionar sus estudios. Ellos se esparcieron por lo ancho y amplio de los Estados Unidos de America, y esta disgregación conspiró en contra del restablecimiento de la agrupación profesional que se había concretizado en Cuba en los años cincuenta.

El Grupo Washingtoniano

Sin embargo, cerca de 1970, se habián congregado en Washington un número considerable de economistas jóvenes que trabajaban mayormente en los organismos internacionales y el gobierno federal, aunque un grupo pequeño laboraba en las universidades y los centros de investigación de la región. Eventualmente, Jorge Salazar-Carrillo, Senior Fellow de la Brookings Institutión, tras consultar a algunos de los posibles participantes, tomó la iniciativa de proponer una reunión en casa de Roger Betancourt, a la sazón profesor asistente de la Universidad de Maryland.

Los participantes en este grupo tenían todos el PH.D. de universidades americanas, o eran candidatos al título. Aparte de los dos mencionados, los otros participantes del grupo fueron: Armando Lago, Juan Buttari, Jorge Pérez López, John Mondejar, Jorge Sanguinetty, Alfredo Gutiérrez, Ernesto Hernández Catá, Rolando Castañeda, Antonio Gayoso, Eloy Mestre, Lorenzo Pérez, Joaquín Pujol, Luis de Luis, Juan Giralt y Jorge Salazar-Carrillo. La asistencia del grupo quedó constatada públicamente en un artículo publicado en la revista *Réplica* en Junio de 1973.

Las reuniones que se llevaban a cabo incluían actividades de tipo intelectual, que consistían en la presentación de investigaciones sobre Cuba y sus comentarios y debates en el grupo, pero también intercambios sociales que fortalecían la unidad del mismo. Además, sus miembros trataban de ayudar al desarrollo profesional de sus colegas, recomendándolos para posiciones, sugeriéndolos como participantes en conferencias ó apoyándolos para dar cursos en las universidades del area.

La formalización institucional de ese grupo informal tiene lugar a raiz del desplome de la "cortina de hierro" en Europa del Este. Se crea una crisis a continuación en la Unión Soviética que lleva a su desaparición. Esto parece indicar que, desprovista de la ayuda comunista, la economía cubana caería en una crisis que inevitablemente desembocaría en un cambio radical en el sistema de gobierno imperante en Cuba. La creación de la Asociación para el Estudio de la Economía Cubana, conocida como A.S.C.E. por sus siglas en inglés (Association for the Study of the Cuban

Economy) se constituye a raiz de esas circunstancias, con la idea de asistir en la reconstrucción económica de Cuba.

La primera reunión tiene lugar en Washington, en uno de los salones-comedores del Banco Interamericano de Desarrollo, en donde se honra al Dr. Felipe Pazos, el cual queda nombrado su primer Presidente por aclamación. La segunda reunión tiene lugar en Miami, en el verano de 1991, y se celebra en conjunción con la primera reunión de NACAE, en el recinto principal de Florida International University. A raíz de la misma se publica el primer volumen de los *Proceedings de la ASCE* alrededor de un año más tarde, publicándose los trabajos y comentarios presentados en dicha reunión.

Aunque el Comité Ejecutivo de la Asociación estuvo compuesto estrictamente por economistas (Roger Betancourt, Ernesto Hernández Catá, Armando Lago, Luis Locay, George Plinio Montalván, Lorenzo Pérez, Joaquín Pujol, Jorge Salazar-Carrillo), eventualmente la organización admitió como miembros a otros profesionales. A pesar de mantener una sesión y un almuerzo (la conferencia en honor de Carlos Díaz Alejandro) bienal en la reuniones de la ASSA (American Social Science Associations), de la cual es una institución miembro, sus conferencias anuales en Miami fueron cada vez más diversas, incluyendo temas y participantes fuera del area económica. Este hecho, que la desvirtuaba crecientemente como organización profesional en sentido estricto, al igual que la invitación a sus foros de participantes provenientes de Cuba, y ligados al control del gobierno omnímodo de la Isla, produjo una escisión en su directiva y membresía. La crisis se profundizó por una controvertida elección a la presidencia de la ASCE. Sin embargo, esta Asociación se mantiene hasta el presente organizando sus reuniones anuales de amplio contenido económico y extra-económico, y publicando el meollo de sus debates en voluminosos tomos.

La Reconstitución del Colegio de Economistas de Cuba

La perdurabilidad y vigor de nuestras tradiciones y valores se manifestó una vez más cuando tras 37 años de exilio un grupo de los antiguos miembros del Colegio de Economistas de Cuba, pertenecientes a distintas generaciones, congregados en la ciudad de Miami, Estado de la Florida, decidieron reconstituir su antigua asociación en 1996 para así dar testimonio de su inquebrantable fe en el futuro de la Patria. El Colegio ha organizado dos reuniones desde su fundación, habiendo publicado un libro intitulado *La Economía de Cuba: Pasado, Presente y Futuro*. La continuidad del esfuerzo iniciado en Cuba queda subrayada por el hecho de que su Presidente fue el último en ocupar igual cargo en Cuba (Antonio Jorge) y los otros miembros de su directiva también participaron en la dirección del Colegio en Cuba. Entre otros podemos mencionar a Jorge Salazar-Carrillo, Jorge Freire, Alberto Martínez Piedra, Raúl Shelton y Gerardo Canet.

PANEL: Teatro
Moderador: *Matías Montes Huidobro*

Teresa María Rojas
Miami Dade Community College

Prometeo: El programa de drama del Miami Dade Community College

Del teatro me gustan los buenos textos, la inventiva del director y la amistad del público. Sin embargo, el trabajo del actor, me conmueve. Es la profesión más noble, compleja y reveladora que conozco. Nadie como él sabe lo que pesa la carga de otro. Nadie. Ni el siquiatra, ni el confesor, ni el amante, ni el amigo, nadie. El actor es el hijo de la vida. Para él, nada es extraño: debe penetrar en el alma ajena y encarnar lo que oculta. Nadie conoce, como él, la naturaleza y el comportamiento espiritual del hombre, sus reacciones, sus virtudes y sus debilidades. Es el mejor de los terapeutas: mientras los psicólogos estudian la conducta humana, él, la interpreta. Esta ceremonia de hacer suya la catarsis de otro, es un hecho único de vastas profundidades anímicas, que, a mi modo de ver, no han sido suficientemente exploradas todavía.

Cuando Matías Montes Huidobro me invitó a ofrecer un testimonio sobre el teatro cubano en Miami, le dije que hablaría de Prometeo, el programa de drama del Miami-Dade Community College, donde trabajo como maestra y directora, y que ha sido, durante casi tres décadas, taller de entrenamiento y bautismo de tantos jóvenes hispanoamericanos, residentes en esta ciudad. Es en Prometeo donde radica nuestra más celosa contribución y el honor de narrar las vicisitudes y proezas del teatro hispano en Miami, ya lo tendrá, a su tiempo, algún investigador minucioso. Yo, a los ensayos y a las crisis (siempre he vivido en medio de ellas, nací de una, –que por cierto, me amamantó con paciencia– y en su fiel compañía pasé de la infancia al exilio).

Mucha gente se acerca al teatro, atraída por su brillo, igual que las mariposas en torno a las lámparas. Y, ¿cómo no pasar por el tamiz de estrellas –por algo las llaman así– que pululan los horóscopos del teatro? Del escenario, por oscuro que esté, emana una luz tan fuerte, que puede, como ocurre en los eclipses solares, cegar a cualquier descuidado. Pero, que no llame a engaño: La maestría del actor es profunda y delicada, es el arte de la reencarnación. Un oficio que exige habilidades especiales, rigor y entrega; un trabajo tan prestigioso como ser embajador, o médico, o maestro; tan respetable como ser juez, o religioso. Al actor lo rigen, además, disciplinas estrictas, igual que a los gimnastas y a los filósofos. Nuestro héroe, a diferencia de otros intérpretes, carece de útiles específicos para consumar su obra. El actor se vale, únicamente, de su cuerpo y de su mente, a los cuales debe adiestrar y mantener en práctica continua. ¿Podríamos imaginar a un escultor, esculpiendo la piedra sin cincel, o a un músico, interpretando a Beethoven sin haber practicado las escalas? ¿Existe algún pintor que no sepa mezclar los colores, o un cirujano que intervenga con un hacha a su paciente? Igualmente, el actor está destinado al conocimiento y al ensayo; sólo que requiere, como ningún otro, de su humanidad para realizar el trabajo creador. Actuar es un compromiso con la vida, un ejercicio que requiere voluntad, inteligencia, y compasión. Ni un tris menos.

He resucitado (siempre en escena) muchas veces, pero, aún contemplo los telones abiertos, con la sorpresa y el entusiasmo de una debutante. Es la llama viva que arde dentro de mí y que muestro con orgullo.

Mi primer grupo de actores-estudiantes estaba integrado por ocho alumnos. Siete cubanos y un muchacho (no recuerdo su nacionalidad) a quién el resto de la clase apodó "agua salvaje" por la colonia tan sofocante que usaba y que provocaba masivos estornudos en los ensayos. A pesar de las crisis y de los caprichos del tiempo, el grupo rejuveneció con cada semestre, la semilla dio fruto y el estudiante-actor se convirtió en colega.

El talento es un regalo de Dios, no de los educadores. Los maestros de teatro, servimos para encontrar cosas perdidas, soltamos velas, las amarramos, prendemos luces. A menudo, comparo mi trabajo con el de un labriego: creo en la fuerza de la tierra, gusto del sol, cuido mi huerta con celo (por si las hierbas malas) y antes de plantar, le digo dulzuras al semillero, le advierto que crecerá solo, y lo lanzo sobre el escenario, o sobre la tierra fecunda del espectador, que viene siendo lo mismo.

A golpe de huracán, o de danzón, hemos producido, con estudiantes cubanos e hispanos, más de 90 obras de teatro clásico y contemporáneo. Nos han acompañado nuestros amigos, Lope, Calderón, Anouilh, Carballido, Strindberg, Don Miguel, Sartre, Jalil Gibrán, Betti, el Papa, Wolf, Casona, Moliere, Chalbaud, Arlt, Pielmeir, Lorca, Cajoli, Borges, Saint Exupery, Arrabal, Solórzano, Paz, Greene, Inge y Williams. También nos gusta incursionar en otros géneros y hemos hecho teatro pánico, de participación, del absurdo, de la crueldad, bilingüe, trilingüe, callejero y hasta en ómnibus.

La lealtad al idioma y el amor a nuestra cultura han sido fundamentos esenciales de nuestro trabajo. De mis compatriotas hemos producido, actuado o dirigido:

La noche de los asesinos, de Pepe Triana.

Estudio en Blanco y Negro, Electra Garrigó y *Aire Frío*, de Virgilio Piñera.

Suandende, de Lydia Cabrera.

Prometeo, de Tomás Fernández-Travieso.

Estampas de la novelistica Cubana, (Hilda Perera, Carlos Alberto Montaner, Pedro Entenza, Pedro Ramón López, Guillermo Cabrera Infante, Celedonio González, quizá alguien más que ahora no recuerdo)

La hija de Las Flores, de la Avellaneda.

La Abuela y El Viaje, de Orlando Gonzalez-Esteva.

Persecución, de Reynaldo Arenas.

Ojos para no Ver, de Matías Montes Huidobro.

La verdadera culpa de Juan Clemente Zenea, de Abilio Estévez.

El Chino, de Carlos Felipe.

2075, de Tete Casuso.

Ejercicio a Constantino, de Glenda Díaz Rigau.

Guaracha-Rock, mía y de mis estudiantes.

The Electric Humingbird, de Ignacio Medrano.

Dentro del marco de la Feria Internacional del Libro de Miami, hemos homenajeado, con música y poesía, a José Martí, a Dulce María Loinaz, a Pura del Prado, a Gastón Baquero y a dos que no nacieron en Cuba, pero eran cubanos: Alberto Baeza Flores y Eugenio Florit.

Para noviembre tenemos programado *Juegos de Azar* una fiesta poética con la obra de Orlando González-Esteva, nuestro entrañable amigo.

En Junio del 2000, celebrando los quince años del Festival Internacional Hispano de Teatro, vamos a presentar A PARK IN OUR HOUSE de Nilo Cruz, ex-alumno, de quien dicen los expertos: "cubano-americano cuya fuerza dramática es comparable a la de Tennessee Williams". Nilo creció en los Estados Unidos y escribe en inglés, sin embargo, su temática es cubana y cubanos los seres que pueblan su obra. Los invito a que asistan, y les confieso que resumir toda esta información, para compartirla con ustedes, ha sido un ejercicio que me llenó de gozo y sorpresa.

Y, termino, que ahí está Matías, apurándome.

Muchas gracias.

José A. Escarpanter
Auburn University

Reflexiones sobre la dramaturgia cubana del exilio

La circunstancia del exilio no es una condición desconocida en el devenir de nuestro teatro, como no lo es en la literatura cubana desde el siglo pasado. Pero la experiencia que sufren los dramaturgos cubanos que abandonan Cuba a partir de los años sesenta de este siglo ostenta rasgos diferentes de la que enfrentaron los autores del teatro decimonono.

En primer lugar, la etapas de destierro del siglo XIX fueron mucho más breves que la presente, la cual abarca ya cuarenta años. La que se está viviendo hoy es sólo comparable en la historia reciente con la de del grupo de dramaturgos españoles exiliados a raíz de la Guerra Civil. Pero ésta fue mucho más corta y sus integrantes, en su mayoría, se establecieron en países de lengua española, donde pudieron continuar su labor con el pleno reconocimiento de colegas, conjuntos escénicos y públicos que hablaban el mismo idioma y compartían muchas tradiciones culturales. Pero, por el contrario, la casi totalidad de los dramaturgos cubanos exiliados hoy se han establecido en Estados Unidos, una sociedad bien ajena en lo lingüístico y en lo cultural a la nuestra, y unos pocos, en Francia. Esta circunstancia de vivir en países que hablan otros idiomas ha determinado que Eduardo Manet se exprese en lengua francesa y que un buen número de los autores más jóvenes residentes en Estados Unidos prefieran escribir en inglés.

En segundo lugar, la dramaturgia de nuestro actual exilio, así como el resto de su producción artística, se relacionan con la de otros creadores hispanoamericanos que coetáneamente tuvieron que abandonar sus respectivos países a causa de la oleada de dictaduras militares que detentaron el poder hace unas décadas. Pero hay una radical diferencia entre la situación de estos y la que tuvieron que afrontar los artistas cubanos. Los restantes hispanoamericanos compartían intelectualmente principios de filiación izquierdista que en aquellos años estaban en alza en los círculos culturales internacionales, los cuales les prestaron apoyo moral y económico. Por el contrario, los artistas cubanos que desde temprano rechazaron la Revolución, fueron irremisiblemente tildados de reaccionarios y de secuaces del imperialismo norteamericano. Se les negaron méritos y se les sumió por largos años en el desprecio y en el ostracismo. Por fortuna, actualmente, las esferas culturales, tanto en Estados Unidos como en el extranjero, con el paso del tiempo y la trayectoria de la Revolución han atemperado el entusiasmo por el régimen cubano, y la indiscutible calidad de los artistas exiliados ha terminado por ganarse un lugar digno en el concierto de las artes contemporáneas.

En tercer lugar, al radicarse la mayoría de los dramaturgos cubanos en los Estados Unidos, su producción se incluye, por razones lingüísticas, étnicas y culturales, dentro del ámbito del teatro hispano en este país. Pero la creación cubana, que a veces alterna en los carteles con las manifestaciones de otros grupos hispanos, difiere de ellas en cuanto a su semántica, ya que el teatro de éstos tiende a ser, sobre todo, un teatro de protesta contra la situación interna de esas minorías en este país, al que han emigrado impulsadas por motivos económicos. El teatro de estos escritores es *literatura de inmigrantes*, mientras que el de los cubanos es *literatura de exiliados*.

Sin embargo, la dramaturgia del exilio cubano, a pesar de esta diferencia radical, confronta una serie de problemas comunes con las otras hispanas mencionadas. Entre ellos se encuentra la dificultad de hacer llegar sus obras al público, pues los pocos teatros hispanos existentes, dependientes en su mayoría de la taquilla, no se arriesgan con piezas de propósitos poco comerciales. Por este hecho, a diferencia de los dramaturgos que viven en la isla, que son promocionados si bailan al son de los vaivenes de la política cultural oficial, los del exilio cubano han perpetuado en tierras de Norteamérica ese talante heroico que los caracterizaba en la Cuba anterior a la Revolución. Ninguno puede dedicarse por entero a esta actividad. Escriben en sus ratos libres, robados las más de las veces al sueño o al descanso, dispersos por la inmensa geografía de este país, a veces en lugares bien distantes de los centros teatrales hispanos y entregados a actividades bien alejadas de cualquier manifestación artística. En verdad sólo unos pocos se ganan la vida en labores de índole comercial en la radio o en la televisión.

Otro aspecto común es el público. Aparte de un reducido número de espectadores que participan del concepto del teatro como manifestación estética, el mayor número de asistentes a los espectáculos en español son hispanos de más de cuarenta años de edad que han formado sus gustos en los conceptos de diversión y escapismo que controlan la producción fílmica y televisiva en este país. Este público no es propenso ni a aceptar innovaciones formales ni temas polémicos que vayan contra sus esquemas mentales.

Otro inconveniente que aqueja a la dramaturgia hispana aquí es la ausencia de una crítica especializada. Salvo aisladas excepciones, como el boletín *Dramaturgos* y la revista *Ollantay*, los comentarios que aparecen en diarios y revistas tienden más a la reseña simplista que al análisis profundo.

Para perpetuar sus textos los dramaturgos hispanos también afrontan serias dificultades, pues apenas existen editoriales interesadas en publicar piezas teatrales y ensayos sobre ellas. Entre las pocas que han acometido esta empresa se encuentran, entre las norteamericanas, Arte Público Press, de Houston, Texas, y Bilingual Press, de Tempe, Arizona y entre las de origen cubano, Ediciones Universal, Persona, Ollantay Press y The Presbyter's Peartree. En este aspecto hay que señalar en Madrid la labor de las editoriales Betania y Verbum.

Los que hasta ahora han tenido la paciencia de escuchar esta enumeración de limitaciones que padece la dramaturgia del exilio se estarán preguntando si valía la pena en este congreso incluir un trabajo sobre el tema. Inmediatamente les respondo que sí, pues como vamos a ver, todas estas dificultades no han impedido la existencia de una dramaturgia llena de interés y aciertos.

El primer punto a destacar es que este teatro cubano del exilio ostenta un elemento común: el propósito de poseer una identidad específica, es decir, de aparecer como una manifestación que en la mayoría de los casos es cubana. Es más, como afirma Montes Huidobro en un artículo publicado en *Dramaturgos* en 1987, este teatro presenta en su discurso una línea de continuidad estilística y temática con la tradición teatral cubana. La alienación, la presencia de lo absurdo, el juego del teatro dentro del teatro, la erotización histórica y el choteo, que Montes Huidobro destaca como rasgos definitorios en el teatro de la isla en su ensayo *Persona, vida y máscara en el teatro cubano* de 1973, se mantienen entre los autores que escriben en el exilio.

Pero esta continuidad no implica estatismo. Si esta dramaturgia mantiene nexos con la que se ha producido en Cuba, también ha ido evolucionando de acuerdo con el decursar del teatro contemporáneo y con los avatares a que se han visto sometidos sus autores. A pesar de las dificultades mencionadas, asombra el número de cultivadores –cuarenta y seis radicados sólo en Estados Unidos aparecen en una lista parcial en la antología *Cuban Theater in United States* de González-Cruz y Colecchia de 1992. Estos dramaturgos incluyen miembros de cuatro generaciones literarias, según el deslinde establecido por Raimundo Lazo, que van desde José Cid Pérez, quien vio la luz a comienzos de este siglo que termina, hasta escritores nacidos en la década de los sesenta, como Nilo Cruz, Jorge Trigoura y Larry Villanueva. Las dos generaciones más importantes en esta dramaturgia resultan la cuarta y la quinta, aunque la tercera cuenta con Leopoldo Hernández, un escritor prolífico con muchos aciertos. En otro trabajo he propuesto que a la cuarta hornada, compuesta por los nacidos en los años treinta, debe de denominársele *la generación escindida*, pues en sus inicios literarios sus miembros presenciaron el triunfo de la Revolución y tuvieron que tomar partido ante el nuevo régimen. Unos permanecieron en Cuba y otros se exiliaron en diferentes momentos. Entre estos últimos se encuentran Julio Matas, Montes Huidobro, José Triana, Mario Martín, José Corrales y Raúl de Cárdenas. Mientras estos autores han mantenido el español como vehículo idiomático, otros dramaturgos coetáneos, María Irene Fornés, Renaldo Ferradas y Manuel Martín Jr. quienes se establecieron en este país con anterioridad al hecho revolucionario y, por tanto no pueden considerarse exiliados, han elegido, a veces, escribir en inglés. Casi todos los integrantes de la quinta generación, nacidos en los cuarenta, salieron de Cuba durante la niñez o la adolescencia. Esta es la que presenta mayor diversidad estilística e ideológica. Entre sus componentes se encuentran Miguel González-Pando, Iván Acosta, Pedro Monge-Rafuls, Dolores Prida, Luis Santeiro, René Alomá, Manuel Pereiras y Eduardo Machado y los casos de Héctor Santiago y José Abreu Felippe, quienes abandonaron Cuba ya de adultos. En este grupo algunos prefieren escribir en inglés, porque se sienten más cómodos con la lengua mayoritaria y, si escribieran en español, su labor sólo tendría repercusión en un limitado sector del público. "En español nunca llegaremos a Broadway" afirmó José Corrales en una entrevista con *Dramaturgos* en 1987.

La dramaturgia de este mosaico de escritores presenta una notable variedad estilística, aunque su temática se concentra casi siempre, como veremos, en la realidad vivida por los cubanos, bien en la isla o bien fuera de ella.

En cuanto a los estilos, en el exilio de desarrolla una copiosa dramaturgia deudora del Realismo. Sobrevive, en primer lugar, el género bufo o vernáculo con obras que o son adaptaciones de piezas de otros idiomas o sainetes apresurados o revistas musicales sobre asuntos de actualidad, cuyos títulos acuden, con insistencia, en la rima fácil, como *Enriqueta se ha puesto a dieta* y *En los noventa Fidel revienta*. Este teatro, que tiene su centro en Miami, descansa, ante todo, en la creatividad y el histrionismo de sus actores y no en sus textos. Aunque en estas piezas faltan el negrito, el gallego y la mulata, tipos imprescindibles en la manifestación vernácula insular, el propósito que las anima y los procedimientos escénicos que implementan son los mismos, como ha defendido José Antonio Evora en un reciente ensayo. Esta dramaturgia, que nutre los carteles de los teatros Las Máscaras de Cremata y Ugarte y el Trail de Armando Roblán, presenta un interés más sociológico que artístico y, como ha señalado Evora: "en un esfuerzo por compensar el desairraigo físico con una sobredosis de arraigo emocional," es muy conservador y constituye "la prueba de la vitalidad de un género sacado a la fuerza de su espacio natural."

En segundo lugar, existe otra dramaturgia que mantiene vínculos con el género bufo. Como éste responde a la intención esencial de divertir, a menudo con enorme ingenio, como sucede con muchas comedias de Raúl de Cárdenas, recordemos *Las Carbonell de la calle Obispo* y a menudo utiliza la realidad de la isla o del exilio como punto de partida para la trama. Para disfrute pleno del público al que se dirige, su repertorio adopta dos motivos contradictorios que manejan a discreción: el de las connotaciones sexuales, pero mucho más atemperadas que en el teatro bufo, y el ingrediente sentimental, al que es tan proclive el cubano. Cuando acuden a la nota emocional, los resultados de los textos son muy discutibles, pues caen con facilidad en lo melodramático. Como en la modalidad del bufo, la cosmovisión de esta dramaturgia es preferentemente conservadora, aunque en las últimas décadas existen algunas piezas disonantes en este conjunto.

En esta segunda corriente realista, Pedro Román tiene la importancia de ser el autor de la primera obra larga que se estrenó con el tema del exilio: *Hamburguesas y sirenazos* de 1961. Aparte de este interés histórico, la pieza tiene la significación de establecer las directrices semánticas y estilísticas de la comedia de asunto hogareño que ha proliferado en buen número de dramaturgos exiliados, como puede advertirse en *940 South West Street* de Leopoldo Hernández, *El súper* de Iván Acosta, *Sanguiving en Unión City* de Manuel Martín Jr., *Lo que Aurora dejó en Cuba* de Mario Martín y *La caída* de Rafael V. Blanco.

Dentro también del realismo, pero con diferencias sustanciales en la técnica y en la temática se encuentra un grupo considerable de piezas como algunas de Julie de Grandy que abordan asuntos de índole más internacional y atrevidos, dentro de una estética regida por el "suspense" de raigambre inglesa, en títulos como *Doble fondo* y *Trampa mortal*, y, sobre todo, un grupo de obras que tratan con absoluta franqueza la temática homosexual, aportación única en el teatro de las dos orillas. En este apartado se dan dos vertientes, una que trata de secular repudio familiar a esta condición, sostenido por la tradición judeo-cristiana, como se advierte en *Así en Miami como en el cielo* de Raúl de Cárdenas y *Sanguiving en Union City* de Manuel Martín Jr. y la segunda se refiere a la vida de las comunidades *gays*, especialmente en Nueva York (*Bebo and the Band* de Manuel Pereiras), aunque de vez en cuando aparece en ellas las huellas de la represión (*Las noches de la chambelona* de Héctor Santiago). En ambas vertientes la presencia del SIDA, por supuesto, ocupa una posición prominente, como en *Noche de ronda* de Pedro Monge-Rafuls. Dentro de este universo homoerótico se produce una sustitución de símbolos: el negro o el mulato se convierte en epítome de la sexualidad (*Nocturno de cañas bravas* de Corrales y *Trash* de Monge-Rafuls), reemplazando a la mulata del teatro vernáculo y de la zarzuela cubana.

Un apartado de especial atención en la tradición realista es el de las piezas de contenido histórico, que conllevan casi siempre parten de una actitud muy crítica hacia el pasado cubano, quizás rastreando en éste las razones de los acontecimientos de los últimos cuarenta años. Unas veces la historia se concreta en un tiempo determinado (*Un hombre al amanecer*, de Raúl de Cárdenas, *Esos mares de locura* de Fernando Villaverde), pero, a menudo, se prefiere la estructura diacrónica que abarca un gran espacio de tiempo, como se manifiesta en *La época del mamey* de Andrés Nóbregas, en *Palabras comunes* de José Triana y en *Recuerdos de familia* de Raúl de Cárdenas.

Frente a esta postura se encuentra un puñado de obras que más que acercarse al pasado, lo evocan desde la nostalgia, olvidando las aristas desagradables, como sucede con varias piezas de Raúl de Cárdenas, entre ellas *Dile a Fragancia que yo la quiero* y *Las pepillas de La Habana*, donde reina la vieja idea de que "todo pasado fue mejor."

Paralelo al desarrollo de las formas realistas se produce desde los comienzos de la dramaturgia exiliada un movimiento que experimenta con las formas y los temas con gran audacia e imaginación. Partiendo de las aportaciones del teatro expresionista y las del teatro del absurdo, sus autores indagan en todos los resquicios de la técnica dramática. A diferencia de la dramaturgia realista, que se da a conocer desde los escenarios, muchas veces las innovadoras propuestas de esta corriente en el mejor de los casos sólo alcanzan la letra impresa. Pero estas dificultades no merman el entusiasmo ni la fidelidad de esta corriente de vanguardia. Ejemplos claros de este teatro resultan *Juego de damas* de Julio Matas y *Si de verdad uno muriera* de José Abreu Felippe, entre muchos. Y es muy notable que es en este teatro, que se consideraría formalista por la crítica marxista tradicional, donde podemos afirmar que se producen las piezas más agresivas contra el régimen de la isla, usando la técnica metafórica, como en *Diálogo de Poeta y Máximo* de Julio Matas, *Ojos para no ver* de Montes Huidobro y *Las hetairas habaneras* de Corrales y Pereiras, o la alusión directa, como en *Exilio* de Montes Huidobro, *Las sombras no se olvidan* de Raúl de Cárdenas y *Si las balsas hablaran o Juicio final a teatro lleno* de Jorge Trigoura. Es más, algunas obras utilizan las formas del teatro épico y su continuador, el teatro documento, pilares del pensamiento marxista en la escena, para atacar el sistema castrista, como se constata en *Resurrección en abril* de Mario Martín.

Esta dramaturgia innovadora retoma antiguas formas dramáticas y las revitaliza como sucede con la parodia en la mencionada *Las hetairas habaneras* y con el género del monólogo en *Martínez* de Leopoldo Hernández, *Cruzando el puente* de José Triana y *Réquiem para una jinetera* de Mario Martín y la farsa en *The Great American Justice Game* de Miguel González-Pando. Además, juega libremente con el espacio y el tiempo, como en *Patio interior* de José Ignacio Cabrera y en *Nadie se va del todo* de Monge-Rafuls. Otras veces, se indagan nuevos caminos técnicos, como los emprendidos por José Corrales a partir de *Un vals de*

Chopin, centrados en la ambigüedad en temas y diálogos, y *Coser y cantar* de Dolores Prida, eficaz uso dramático del bilingüismo.

Es interesante consignar que tanto en el universo realista como en el experimental, en esta dramaturgia resulta muy esporádica la presencia del negro y, con ella, la poca participación del acervo de la cultura afrocubana en las tramas, a pesar de que las estadísticas prueban que existe un crecido número de negros y mestizos exiliados. Entre las pocas obras que existen relativas a este tema debe mencionarse *Las hetairas habaneras*, *La navaja de Olofé* de Montes Huidobro y *Otra historia* de Monge-Rafuls, que incluyen elementos de las religiones afrocubanas, y *La eterna noche de Juan Francisco Manzano* de Santiago, que acentúa el aspecto social de la marginalización del negro.

Como puede constatarse por estas reflexiones sobre la dramaturgia del exilio, a pesar de las nada favorables circunstancias en que se desarrolla, este género evidencia una calidad y una variedad que espero motiven el interés de jóvenes investigadores, pues es, aún, en muchos sentidos, un camino por desbrozar. Muchas gracias.

Raúl de Cárdenas
Dramaturgo

Notas sobre el teatro cubano en el exilio
(Testimonio)

Las páginas de los periódicos cubanos "Granma", "Juventud Rebelde" y "Trabajadores" están repletas de noticias y artículos sobre las actividades culturales en la Isla. El régimen, siempre preocupado en propagar su doctrina, no escatima esfuerzos en impulsar una cultura que está sujeta a su ideología.

Aunque con muy pobres recursos, dada la situación económica imperante en Cuba, el país es un hervidero cultural con constantes congresos, seminarios, festivales y publicaciones de todas las artes. Con sólo repasar el libro "Mural del Teatro en Cuba", que recoge las críticas de Mario Rodríguez Alemán publicadas en varios periódicos y revistas de La Habana, uno se asombra del número de dramaturgos, 26 para ser exacto, que han visto sus obras en los escenarios cubanos. Por supuesto, aunque todos somos cubanos, para el comunismo de Fidel Castro la cultura fuera de Cuba no existe. Para ellos, la novela, el cine, la poesía, la música, las artes plásticas y el teatro solamente existen allá. La mayoría del pueblo cubano desconoce todo lo que se ha hecho fuera de Cuba en los últimos 40 años.

Pero nosotros sabemos que no es así. Contra viento y marea, el exilio ha producido un inagotable manantial de cultura que, cuando se acabe la pesadilla castrista, se unirá para siempre a la Isla de la que nunca debió haber sido separado. Lamentablemente, y tiene que haber muchas razones y explicaciones, el teatro cubano ha permanecido casi huérfano en el exilio. Se le ha prestado muy poca atención. Sin embargo, nuestro teatro, libre e independiente, es el testigo de un período muy doloroso de nuestra historia que aún está por valorarse en toda su dimensión.

Aunque yo he tenido la suerte de ver algunas de mis obras representadas en Miami, Nueva York y Los Angeles, la mayoría de nuestro teatro es "teatro de gaveta", que es donde van a parar las obras después que el dramaturgo no encuentra quién esté interesado en producirlas. Esto no le resta validez ni calidad al arsenal de obras escritas fuera de Cuba, pero es señal de la poca importancia que se le da a nuestro teatro en el exilio.

Nuestro teatro es un fenómeno histórico-social convertido casi en un museo gracias a la indiferencia de muchos. Sin embargo, por otra parte, el trabajo incansable de un grupo muy querido, Yara González, Matías Montes Huidobro, José Escarpanter, Armando Pérez-González y Pedro Monge Rafuls, ha logrado rescatar del olvido la dramaturgia del exilio. Y todos los que escribimos teatro tenemos que agradecerles todo lo que han hecho para que nuestro teatro sea respetado.

Pedro R. Monge Rafuls
Ollantay, NY

Meditaciones teatrales –y exiliadas– desde adentro

Es un placer, y un honor, encontrarme en este panel llamado simplemente "Teatro". Es, además, un hecho histórico: es la primera vez en cuarenta años que nos reunimos cuatro dramaturgos exiliados en una conferencia para discutir nuestro desconocido teatro. Es verdad que uno de nosotros, Matías Montes Huidobro, el que coordinó este panel, no leerá ninguna ponencia y esta vez servirá de moderador y es verdad, también, que estamos acompañados por dos distinguidos teatristas, no dramaturgos: José Escarpanter y María Teresa Rojas, que nos ofrecerán otra perspectiva del quehacer teatral cubano. Pero, el hecho continúa siendo de importancia por ser el primer encuentro de dramaturgos exiliados, y que conste que lo digo con pena: ¡Nos tomó cuarenta años para reunir a varios autores teatrales en Miami, la llamada capital del exilio.[1]

Este panel es importante también porque los cuatro dramaturgos reunidos somos representantes de distintos aspectos y momentos de nuestro teatro. Julio Matas es una figura importante del quehacer teatral de nuestra Isla, a él se le debe puestas en escena que renovaron al teatro habanero. Matías Montes Huidobro y Raúl de Cárdenas, pertenecen a la generación de los dramaturgos que comienzan a ser representados al principio de la revolución cubana, la que luego, traicionada, se convirtió en la revolución castrista. Yo, soy un producto del exilio. Comencé a escribir fuera de Cuba, fuera del ambiente teatral cubano sin la influencia directa de la trayectoria que tienen mis compañeros de panel. Los cuatro somos dramaturgos del y en el exilio. Sin embargo, ser un dramaturgo cubano exiliado no es nada para sentirse satisfecho; orgulloso sí, pero satisfecho de cómo están las cosas, no.

Se me pidió que dividiera esta ponencia en dos partes: la creación en el exilio y mi creación personal. Trataré de hacerlo mezclando ambas cosas porque el tiempo que se nos ha asignado es muy escaso.

En Placetas, donde nací y viví hasta que me escapé en 1961, en un bote, cuando tenía dieciocho años no llegaban las obras que se producían

---

[1] En noviembre de 1999, durante la XVI Feria Internacional de Libro se presentó la antología *El tiempo en un acto*, editada por José Triana. Durante la presentación de este libro publicado por OLLANTAY Press, se realizo el primer encuentro de solo dramaturgos cubanos exiliados. Ellos fueron: Matías Montes Huidobro, Julio Matas, Pedro R. Monge Rafuls y el mismo José Triana, que vino desde París, para esa ocasión.

en las salas de teatro de La Habana; los pocos espectáculos que recuerdo haber visto eran populares, de corte cirquero. Recuerdo una mujer pelirroja, que anunciaron como brasileña, media desnuda que bailaba sexualmente con una serpiente que se le enredaba por todo el cuerpo. Recuerdo la visita del cantante español Pedrito Rico, pero la recuerdo porque al final del espectáculo, frente a la sala cinematográfica donde se realizaba, encontraron que los machistas placeteños le habían cortado las gomas del carro. Ese fue todo mi contacto con el mundo del escenario. Me fui de Cuba sin haber visto teatro nunca.

Mi primer contacto con las tablas no fue tampoco nada como para recordar. Vivía en Tegucigalpa, donde había llegado con una beca, y por solidaridad nacional, me vi obligado a ir a ver las presentaciones que dirigía un cubano que era director de teatro en aquella ciudad. Fueron unas puestas muy malas que no me animaron a interesarme por las tablas. Luego, también becado en Medellín, Colombia, asistí a presentaciones de una compañía de zarzuelas españolas que viajaba por las Américas. Mi primer contacto, pues, con las tablas de calidad fue a través de la zarzuela.

Ya viviendo en Chicago, conocí a un grupo de artistas exiliados que, desorientados, hablaban nostálgicamente del teatro habanero. De pronto me vi produciendo obras de teatro con aquellos teatristas frustrados. Eran obras españolas de Casona y de Alfonso Paso, dos autores que no lograron repercutir en el teatro moderno, pero que sirvieron para guiarme hacia algo que llegaría después, sobre todo el humor de Paso. Debe quedar claro que en aquella época, en la segunda parte de la década de los sesenta, con el movimiento hippie en todo su apogeo, no existía el teatro exiliado, y menos en Chicago.

Aunque se había hecho alguna que otra cosa, el teatro en el exilio comenzó tímidamente en los setenta, siguiendo muy de cerca el estilo popular de las obras de Héctor Quintero, Abelardo Estorino y otros dramaturgos que vivían en la Isla, que, quizás, hasta estaban integrados al castrismo, pero que, sin embargo, atraían a los exiliados que hacían teatro en los Estados Unidos, y que –curiosamente– rechazaban toda manifestación cultural y/o artística que venía de La Habana.

El Centro Cultural Cubano de Nueva York, organizado en aquella época por un grupo de artistas e intelectuales cubanos que deseaban conservar el legado cultural nacional, fue muy importante para comenzar este movimiento, aunque no debemos olvidar que en Miami se estaba haciendo mucho teatro vernáculo, el cual no debemos confundir con el bufo. *El Súper* de Iván Acosta fue una obra clave para llamar la atención sobre la incipiente dramaturgia cubana del exilio. Esta obra, junto con *Union City Thanksgiving* de Manuel Martín, dejó establecida la presencia del teatro con temática del exilio y que sosteniéndose en la tradición teatral de la Isla, tenían características distintas como, por ejemplo, el idioma.

Mucho se ha escrito desde entonces, sin embargo al dramaturgo exiliado no se le conoce y menos se le considera, como le corresponde. El escritor de teatro disidente –y todo exiliado digno es un disidente– no tiene su espacio en la literatura dramática oficial de la Isla porque, como sabemos, se lo roban, han tratado de borrarlo de la literatura nacional o latinoamericana; el autor exiliado no es respetado por los intelectuales de las unversidades angloamericanas, europeas o latinoamericanas que continúan apegados a la pesadilla (no puedo decir sueño) del héroe barbudo que se le opone a los gringos. Los ejemplos son muchos. Yo que he determinado que estaré presente, hablando de teatro y de arte cubano exiliado, donde quiera que pueda colarme, esté quien esté, he tenido muy tristes y algunas veces hasta peligrosas experiencias. En Cádiz, por ejemplo, en el festival iberoamericano que se hace allí y que los castristas del mundo consideran el más importante del teatro latinoamericano, casi me entran a golpes cuando en 1994 se presentó mi obra *Nadie se va del todo*, que inauguró el programa *El autor y su obra*, gracias al español Luis Molina que, después de haber estado aparejado con el movimiento cultural pro-castrista, deseaba alejarse de esa corriente excluyente que existe en el festival y en otros espacios culturales de España y de las Américas.

Pero, lo más triste del caso es que el dramaturgo –y en general, el artista– exiliado, no sólo tiene que enfrentarse a los castristas no-cubanos sino que tiene que luchar contra la indiferencia de lo suyos. El teatrista cubano que se escapó de su tierra buscando una expresión artística distinta a la que señala el castrismo no cuenta con el apoyo de su comunidad exiliada. Los cubanos de Miami, de Nueva York o de cualquier lugar del mundo, no consideran a este escritor dramático a la misma altura que el que escribe en la Isla. Es irónico, pero es cierto aunque no hay discusión al comparar la creación de la Isla versus la del exilio y darse cuenta de la superioridad temática, estilística y expresiva de la literatura escrita fuera de la Isla. Un teatrista o cualquier otro escritor o artista residente en La Habana viene y presenta su trabajo y todos se quedan maravillados, mientras que un exiliado de Nueva York viene a Miami y no le prestan ninguna atención. Hasta puede ser que lo ataquen como artista.

A los dramaturgos exiliados no nos presentan en los teatros cubanos de Miami o de Nueva York. Unas veces por falta de visión artística y por desconocimiento de la necesidad de auspiciar la creación de un movimiento propio, pero también por intereses políticos. En una entrevista que le hicieron en La Habana, Alberto Sarraín, uno de los directores más conocidos de Miami, al contestar la pregunta: "¿Eres un representante de la existencia de un teatro cubano fuera de la Isla? Pero, ¿en qué medida éste existe? ¿Qué caminos se abren para él?", dijo: "Vamos a ser marxistas y decir que la base económica determina la superestructura. En definitiva, el exilio ha sido un pueblo que ha llegado allí y ha pensado en comer primero, mucha gente ha priorizado vivir. Si La Habana tiene cientos de años de fundada, Miami tiene 30 o 40, o sea que no existe tradición." Y más adelante continua afirmando: "También hay una dramaturgia... Eso es, por cierto, mi gran problema. La gente me pregunta porque hago obras de la dramaturgia cubana y no las del exilio. Yo no selecciono las obras por donde vive la gente, sino por el nivel de "empatía" que yo tengo con una obra y ha dado la casualidad esa." Y después de mencionar a María Irene Fornés como la única cubana que pone obras en Broadway, lo cual dicho de paso, nunca ha sucedido, pues Fornés es una fundadora del movimiento Off-Broadway donde se ponen todas sus obras, Sarraín continúa: "Luego, están otros escritores que tienen mucho resentimiento o que politizan mucho las obras, como se politizaron aquí muchos en *otras épocas*.[2] Hay otros más que son profesores universitarios, muy culteranos, y mi nivel de "empatía" no es suficiente con este tipo de obras. A la postre el movimiento está destinado a desaparecer".[3]

Esta declaración a todas luces falsa y llena de maledicencia no tendría ninguna importancia sino es que el entrevistador lo nomina como "un representante de la existencia de un teatro cubano fuera de la isla" y sino fuera porque llamados estudiosos de la literatura de la "diáspora" como Ambrosio Fornet no lo coronaran también como peritos al escribir: "Sobre la situación actual del teatro en ambas orillas véase en el ultimo numero de *La Gaceta (may-jun 1998)*. *"Viajo siempre con la isla en peso", entrevista de Omar Valiño a Alberto Sarraín*, uno de los principales representantes del movimiento".[4] Todos los integrados coinciden en llamarlo representante de un movimiento que el mismo Sarraín dice que no sirve, ¡¿Qué absurdo, verdad?!

Por gente malsana como Sarraín y por gente sin falta de perspectiva estética es que los productores y directores de Miami no producen el teatro de los que escribimos basándonos en la experiencia de nuestro pueblo con formas teatrales mas modernas que lo hacen en Cuba, donde se escribe con una estética pasada y donde continúan apegados a la popularidad. Por eso es que en Miami no producen las obras de Fernando Villaverde o de un

---

[2] El subrayado es mío.

[3] *"Viajo siempre con la isla en peso. Un diálogo con Alberto Sarrain"* entrevista por **Omar** Valño. La Habana: La Gaceta de Cuba. Número 3. Mayo/Junio de 1998. No. 36. p.11. La Gaceta de Cuba es el órgano oficial de la Unión de Escritores y Artistas cubanos.

[4] *"Erotismo y humor en la novela cubana de la diáspora"* por Ambrosio Fornet. La Habana: *La Gaceta de Cuba*, número 4. Julio/Agosto de 1998. Año 36, p.32, nota 2.

autor joven, educado en Miami como Nilo Cruz, que sin embargo se produce en los teatros mas importantes Off-Broadway. Por lo dicho es que, en Nueva York, Gilberto Zaldívar y René Buch traen y presentan las obras de Abelardo Estorino, repetitivas y con un estilo de los cincuenta, y otras como *Baños Públicos, S.A.* de Esther Suárez Duran y Max Ferrá, en INTAR, organiza temporadas con las obras de autores mediocres de la Isla, desconociendo las de José Triana y Eduardo Manet, sin dudas, los dramaturgos más importantes de Cuba y que son reconocidas e interpretadas mundialmente con éxito. Por la incapacidad de nuestros directores es que no se le ha dedicado una temporada a María Irene Fornés como lo hizo el importante Signature Theatre, en Manhattan, que le ha venido dedicando una temporada a los grandes del teatro angloamericano. En ese mundo de directores de escasa visión artística y de menos visión de futuro es que se desarrolla el teatro cubano exiliado, y por lo tanto, mi teatro.

Yo, como dije, no tengo una influencia directa del teatro cubano, ni del que se escribió antes del castrismo ni del que se escribió después; sin embargo, sí tengo influencia de la idiosincrasia cubana, que en mi caso se mezcla con la influencia que tengo de la puesta en escena (no de la dramaturgia) neoyorquina. El mío es un teatro que se preocupa por experimentar con la imagen, teniendo en cuenta todas las técnicas modernas del vídeo, la cinematografía, etc. Es, junto con el de otros autores exiliados, una muestra de la variedad de estilo, de técnicas y de formas teatrales que tenemos fuera de Cuba y que en Cuba no se puede desarrollar por la falta de contactos con el exterior y porque continúan buscando dentro de las mismas formas en que buscaban los autores de principios del siglo pasado o en el mejor de los casos, en los años inmediatamente anteriores a la revolución castrista.

Sin embargo, no deseo terminar con una visión negativa. Es verdad que es un teatro poco producido debido a la ineficacia de nuestros productores/directores que, hasta el momento, han fallado en crear un movimiento genuino. Es un teatro que no se estudia en las universidades angloamericanas en la misma forma que se estudia el teatro chicano o puertorriqueño a través de los programas de estudios respectivos.[5] Es un teatro –¡qué triste decirlo!– tenido a menos por nuestros intelectuales, pero es un teatro que puede presentar una cantidad considerable de obras no

---

[5] Lamentablemente los profesores universitarios cubanos no han creado cátedras de estudio de la literatura y el arte cubano exiliado como lo han hecho los profesores chicanos y puertorriqueños, e incluso como lo han hecho los profesores anglos o de otras nacionalidades para estudiar la literatura castrista. Gracias a estos programas se conoce a Luis Valdés y los demas dramaturgos y novelistas chicanos, a Miguel Piñero, Miguel Algarín y a otros escritores nuyoricans; y por otro lado, a Miguel Barnet, Nancy Morejón, etc.

solo variadas en su estilo y técnica sino con una calidad como no hay en la Isla. Es un teatro que ha crecido por sí mismo y que ya no hay quien lo pueda detener, tanto es asi que los medios y funcionarios oficialistas de Castro lo han tenido que reconocer y, que como no ha sucedido con los otros géneros literarios del exilio, ha llegado a traducirse al alemán y aparecer en una antología en ese idioma, publicada por Vervuert[6] y que ha llegado a los teatros anglos más importantes del país.

Por eso, termino repitiendo lo que dije al principio: Pertenecer a este teatro es para sentirse orgulloso y un día, también, satisfecho. Un día, no sabemos cuando, formaremos parte de un solo teatro, de una sola literatura, de una sola cultura, y habremos dejado constancia de que no nos sometimos y que contribuimos a enriquecer nuestra literatura. En ese momento, los que murieron y los que aún viven, se sentirán satisfechos. Yo también.

Pedro R. Monge Rafuls nació en el Central Zaza, provincia de Las Villas, en 1943. En 1961 se escapó en un bote. Es el fundador del OLLANTAY Center for the Arts y de la revista del mismo nombre. En 1990 se convirtió en el único autor "latino" en obtener el Very Special Arts Award que otorga el Kenneddy Center, de Washington. Vive en Nueva York.

---

[6] *Kubanische Theatestucke*. Editores: Heidrun Adler, Adrian Herr, Frankfurt am Main: Vervuert, 1999.

PANEL: Música
Moderador: *Aurelio de la Vega*

Teresa Escandón
University of Miami

Jorge Bolet: pianista genial

Antes de nada, mi agradecimiento a Aurelio de la Vega, mi distinguido viejo amigo, por invitarme a participar en este panel de hoy. El tema es una pequeña reseña de la azarosa vida del pianista Jorge Bolet.

Jorge Bolet fue un gigante, un pianista genial. No fue "uno de los más grandes pianistas que ha dado Cuba," como ha dicho Aurelio, sino específicamente, definitivamente, el más grande de los pianistas cubanos de todos los tiempos y, en el plano internacional, uno de los más grandes de este siglo XX que ya termina. Jorge Bolet comparte este honor con figuras tan legendarias como Arturo Rubinstein, Vladimir Horowitz, Sergei Rachmaninov, Josef Lherinne, Leopold Godowsky, Josef Hofman, Moritz Rosenthal y otros. De los nombrados, Godowsky, Rosenthal, y Hofman fueron sus maestros, así como también el yerno de Godowsky, David Saperton.

No hago esta aseveración a la ligera, sino basada en mi larga asociación con Jorge Bolet, aún más larga que la que me une a Aurelio de la Vega y ciertamente mucho más estrecha, porque Jorge fue para mí padre, maestro y amigo. Con una mezcla de cariño, admiración, y respeto, veía en él la personificación de las más redimibles cualidades del ser humano, y puedo decir con orgullo que fui para él una hija más que discípula.

Para que no se me tilde de "parcial" por los lazos afectivos que me unieran a Jorge, quiero aclarar que mi opinión sobre su genialidad la han compartido los más destacados críticos del mundo musical. Cito, por ejemplo, a Harold Schonberg, crítico principal –ahora jubilado– del New York Times: "Bolet es uno de los grandes pianistas de este siglo, con los dedos de un Horowitz y el sonido de un Lhevinne". En otra oportunidad le llamó un "super-pianista". Otra cita, esta vez de un crítico londinense: "Las incursiones de Bolet en la obra de Liszt –tanto la conocida como la no conocida– causan más que admiración: producen incredulidad y hasta vértigo".

Podría seguir citando y no terminaría nunca esta charla, pero baste este par de citas para poner a salvo mi objetividad e integridad profesional.

Me parece, por otra parte, muy adecuado hacer un pequeño recuento de la vida de Jorge Bolet en este día 9 de octubre, ya que en exactamente una semana se cumplen nueve años de su muerte y este próximo 15 de noviembre marcaría su cumpleaños número 84. Jorge Bolet nació en La Habana, el quinto de los seis hijos del matrimonio Adelina Tremoleda de la Paz y Antonio Bolet Valdez, ambos descendientes de catalanes.

Antonio, el padre, peleó en la guerra de Independencia junto al hijo de José Martí y contrajo paludismo en la manigua cubana, quedando su salud permanentemente quebrantada. Al morir, no había cumplido Jorge aún 20 años y frecuentemente se lamentaba de no haber tenido la oportunidad de conocerle mejor.

Adelina, la madre, era una mujer dulce y apacible, casi siempre vestida de oscuro, con su hermosa cabellera de ondas plateadas recogida hacia atrás. De temperamento callado, se guardaba para sí todas sus frustraciones y sufrimientos sin protestar jamás. Jorge se le parecía mucho en el carácter, si bien su apariencia daba una impresión de severidad, con sus 6' 2" de estatura y su hermosa voz, profunda y resonante, que emanaba autoridad. Sin embargo, los que les conocíamos más allá de la apariencia sabíamos que su exterior casi fiero era una pantalla que encubría y protegía una profunda sensibilidad, una cierta "fragilidad" de ternura. Había en él una mezcla de dulzura, de ternura, de lealtad, y de bondad, unida con la típica humildad de los verdaderamente grandes. Poseía un agudo sentido del humor que se manifestaba sólo en la compañía de su muy limitado círculo de íntimos. Entonces nos regalaba, con el regocijo de un chico travieso de insospechada picardía, con un inagotable repertorio de chistes y anécdotas, algunas un tanto subidas de tono. En ocasiones como aquéllas no se parecía en absoluto al caballero correcto y cortés, pero reservado y hasta un poco seco, que era su "imagen pública" y que algunos confundieron con arrogancia.

Aunque en los últimos años de su vida tuvo la satisfacción de verse reconocido internacionalmente, no debe pensarse que el éxito le vino fácilmente. De hecho, ese reconocimiento debería habérsele otorgado cuarenta años antes. La recompensa le vino tardía y lentamente a base de esfuerzos titánicos, sacrificios y una determinación indoblegable. Año tras año, desde los 40 hasta bien entrados los 60, luchó a brazo partido sin obtener apenas resultados. En una época hasta pensó cambiar de profesión. Era un magnífico fotógrafo y frecuentemente me decía: "¿Por qué no dedicarme a la fotografía y ganarme al menos la vida?". Fueron años terribles, casi hasta de hambre, que Jorge nunca olvidó del todo y de los que me hablaba ocasionalmente con una amargura que no disimulaba.

La biografía oficial de Jorge Bolet cuenta, más o menos, que estudió de niño con su hermana Pepa (María Josefa), que entró en el Instituto Curtis de Philadelphia a los 12 años y que estudió allí con Saperton, Hofman, Godowsky y Rosenthal; que hizo su debut oficial a los 16 años en el Carnegie tocando el concierto de Tchaikovsky con Fritz Reiner –uno de los grandes directores de orquesta de aquella época– y que entre el público se encontraban Horowitz, Jascha Heifetz y Rachmaninov, que su debut europeo tuvo lugar en Amsterdam en el año 1935 y marcó el principio de una gira que incluyó La Haya, Berlín, París y Londres. Al comenzar la segunda guerra mundial actuaba como asistente de Rudolf Serkin en el Instituto Curtis.

El entonces presidente constitucional de Cuba, Fulgencio Batista, lo reclutó al ejército cubano para evitar que EE.UU. lo mandase al frente de batalla, nombrándole agregado cultural en la embajada de Cuba en Washington, D.C. De ahí las famosas fotografías de Jorge luciendo el uniforme militar cubano. Fue un gran servicio prestado a Jorge por Batista y fue también el único apoyo que le brindó su país natal. Una beca que le otorgara la sociedad Pro-Arte Musical, cuando Jorge era aún estudiante en el Curtis, le fue retirada al año: grave y miope error de los responsables de Pro-Arte, que no tuvieron la capacidad de valorar el enorme potencial del joven Bolet.

Cuenta también la biografía oficial que sirvió en Tokio en el ejército estadounidense después de la guerra; que tocó numerosos conciertos recibidos entusiásticamente por públicos y críticos. Fue el primer pianista que grabara el Concierto nº 2 de Prokofiev en 1952, una grabación admirada y considerada en Rusia aún hoy como la interpretación "definitiva" de ese Concierto. También grabó la banda sonora de la película sobre la vida de Liszt, "Song without end" en 1960.

¿Por qué, entonces, nos preguntamos, no avanzaba la carrera de Jorge? Su reputación crecía paulatinamente y era considerado y respetado por los colegas en general y por un pequeño número de seguidores que crecía lentamente. En dos palabras, tocaba mucho, pero no ganaba nada, tanto así que durante los años 60 decidió mudarse a Fuenterrabía, un pueblecito apartado del País Vasco español. No lo hizo porque se había enamorado del paisaje vasco sino porque allí se vivía con casi nada. Siguió estudiando y logró tocar bastante por Europa. A fines de los años 60 le fue ofrecida una cátedra de profesor de piano en la Universidad de Bloomington, Indiana; así, con más de cincuenta años de edad, contaba Jorge por primera vez en su vida al menos con un sueldo fijo que no sólo le ofrecía estabilidad sino también la posibilidad de fomentar su carrera financiándola él mismo.

Y volvemos a la pregunta anterior: ¿Por qué no avanzaba a pasos agigantados la carrera de Jorge Bolet? Con total candidez y tal vez hasta en perjuicio propio voy a revelar lo que no se menciona nunca, lo que se esconde como un secreto vergonzoso que casi todo profesional sabe pero ninguno admite, y, sobre todo, y lo más grave, nadie –o casi nadie– le advierte a los jóvenes aspirantes a concertistas, y es que una carrera artística ni se forja con talento solamente, aun cuando ese talento sea tan descomunal como el de Jorge Bolet. Una carrera artística se forja a través de una campaña de imagen Publicitaria creada por un astuto empresario. Esta "imagen" debe llamar la atención y excitar la imaginación del público en general. Dicho más claramente: debe excitar la imaginación de las "masas". No olvidemos que los amantes de la música de arte –de todo arte– son minorías y está claro que una minoría no genera suficientes fondos para cubrir los astronómicos costos de alquiler de teatro, seguros, programas, acomodadores, afiches, publicidad y demás. Por eso, además de un talento extraordinario, grandes conocimientos y dedicación, también es necesario tener el respaldo de un gran capital.

Aun el recital que ofreciera Jorge en el Carnegie Hall en Abril de 1974, y que causó verdadera sensación entre críticos y público, no mejoró mucho su situación. Si bien la RCA Victor le ofreció un contrato para grabar, Jorge grabó dos discos y la RCA súbitamente y sin explicación alguna canceló el contrato. Sin embargo, ese recital figura hoy en su totalidad en la serie recién sacada por la Philips "Los grandes pianistas del siglo XX".

Finalmente, en 1980 un inversionista californiano, Mac Finley, se interesó en el "caso Bolet". Ofreció invertir dinero en su carrera y trabajársela. Desde ese momento, bajo la dirección del genial y emprendedor hombre de negocios –convertido en empresario– que era Finley, comenzaron a lloverle a Jorge ofertas de las más prestigiosas orquestas, contrato exclusivo con la Decca de Londres, etc. Por supuesto, el reconocimiento mundial no se hizo esperar. Aclamado como "el más grande exponente del pianismo romántico", tanto Jorge como aquellos de nosotros que le rodeábamos y queríamos, saboreamos un tardío, pero delicioso sentimiento de vindicación personal.

Tenía Jorge poco más de 70 años. La historia de longevidad de su familia, acoplada con su propia naturaleza robusta y su vitalidad, presagiaban para él aún muchos años de vida productiva, recogiendo el fruto de tantos años de esfuerzo y sacrificio. De haber sido así, indudablemente se le hubiese reconocido como el "Magnifico Anciano del Piano", pero el destino siempre tiene otros planes: en Diciembre de 1988 enfermó Jorge Bolet. Aun enfermo, ofreció su último recital en Carnegie Hall en Abril de

1989 y se presentó en público por última vez en Junio de 1989, tocando un bello recital en el Teatro Philharmonie del Berlín occidental.

En su casa de Mountain View, California, el 16 de Octubre de 1990, murió Jorge Bolet, tal como había vivido: el perfecto caballero, el aristócrata nato, distinguido y elegante, aun en su lecho de muerte, emanando la nobleza y la ternura de su espíritu ya desencadenado.

Fue la ultima lección que de él recibí: aquel hombre que me había enseñado a tocar el piano, que me había también enseñado a vivir y a sufrir con la cabeza en alto –"como una reina"– me enseñaba, por último, a morir con dignidad y valentía.

Sus cenizas, de acuerdo con su voluntad, fueron dispersadas en la bahía de San Francisco. ¿Y su epitafio? No existe ninguno pero yo opino que, de haberlo, podría ser el siguiente:

"Insistió en tocar el piano a su manera,
    por fin el mundo le entendió
        y le siguió".

Aurelio de la Vega

La música cubana de arte en exilio

Aquí en Miami, tierra extranjera que un grupo de cubanos de todos los estratos sociales, económicos y culturales ha transformado en cuarenta años, hasta cierto punto, en una prolongación-espejismo de la isla geográfica y espiritual que quedó allá abajo, se habla en estos días por varias horas de lo que representa históricamente una cultura escindida en lo biográfico y en lo anímico. La Cuba oficial, la Cuba castrista que triunfó políticamente y fracasó económicamente, se afana en los últimos años en asegurar que la cultura cubana es sólo una -postura relativamente reciente que obedece a consignas concertadas y aprobadas, y que nace de la perocupación de los protagonistas culturales que se quedaron en Cuba por establecer cabezas de puente y playas de arribo para cuando eventualmente el barco castrista se hunda definitivamente. Estos mismos actuantes isleños, que aceptaron tácitamente por mucho tiempo los cánones estalinistas que parecían triunfar en un momento dado, son los mismos que por años aseguraban que Guillermo Cabrera Infante, o Julián Orbón, o Cundo Bermúdez, o Reinaldo Arenas, o Enrico Santí, o Gastón Baquero, o Aurelio de la Vega, o Luis Aguilar León, o Matías Montes Huidobro, u Horacio Gutiérrez, o Lydia Cabrera, o Carlos M. Luis, o Leví Marrero, u Octavio Costa –y tantos otros escritores, pintores, poetas, instrumentistas, historiadores, ensayistas y hacedores de cultura de muchos modos y maneras– no existían, privando así a las jóvenes generaciones de cubanos que se educaban en la Isla del conocimiento de la obra copiosa y notabilísima de todos estos hijos de Cuba. Dejando a un lado los importantes y a menudo valiosísimos logros que otros cubanos fuera de Cuba han aportado en los campos de la economía, la ciencia, las comunicaciones, la industria y el comercio, hoy nos concentraremos en explorar lo que le ha sucedido a a música cubana de arte –la cenicienta de las artes cubanas– que fuera de Cuba ha crecido y prosperado por cuatro décadas.

Respetada y conocida fuera de la Cuba oficial, y más allá, asimo, de esa parte de la sociedad cubana que por tantos años ha prosperado, crecido y sembrado raíces fuera de la Cuba plantada en el Mar Caribe, la música cubana clásica del exilio ha continuado su proceso creativo y ha aportado valiosísimos ejemplos estético-técnicos y artísticos a la historia de la música de arte occidental de nuestro siglo. La sucinta lista de compositores sobre los que hoy se ofrecen comentarios no puede ser exhaustiva, porque de seguro hay y habrá otros compositores cubanos fuera de Cuba cuya labor creativa puede ser aún desconocida o puede ser muy reciente. También interesa más plantear a grandes rasgos los parámetros estilísticos-creativos de los compositores que a continuación se mencionan que las meras biografías de los mismos o la recitación de sus listas de obras y sus logros profesionales internacionales.

Una rápida visión panorámica de los compositores cubanos de música de arte, que por años han trabajado fuera de Cuba, los agrupa en cinco conglomerados fundamentales:

Primero- Dos compositores, **Julián Orbón** (fallecido en Miami Beach en 1991) y **Aurelio de la Vega,** han sido identificados por la musicología internacional como los dos patriarcas de la música cubana de arte del exilio. Ambos nacieron en 1925, y son pues generacionalmente cercanos. Antoine Rampart los identifica como "la continuidad, medio siglo después, del binomio Roldán-Caturla". Orbón y De la Vega se caracterizan por una obra musical extensa e intensa, subrayada por una preocupación virtuosística en el tratamiento de los instrumentos y de la voz humana, por un constante control de la forma y de la urdimbre armónica (a menudo opulenta), por una brillante utilización de las fuerzas instrumentales, y por la creación de obras de gran aliento. Orbón tiene sus raíces en lo español, con Falla actuando como director espiritual, y mezcla en su paleta al Padre Soler con el son, al Canto Gregoriano con Mahler, y al cancionero asturiano con el *conductus.* De la Vega se nutre del atonalismo y serialismo centro-europeo, que le sirve de marco a sus nostálgicos melo-ritmos cubanos, y su música utiliza elementos electrónicos, formas abiertas, notación gráfica y un intenso vocabulario contrapuntístico-polifónico. Ambos compositores han recibido importantes comisiones y distinciones —Orbón formando parte de la prestigiosa y exclusiva Academia Norteamericana de Artes y Letras, De la Vega recibiendo dos veces el Premio Friedheim del Kennedy Center for the Performing Arts.

Segundo- Cuatro compositores –**Ernesto Lecuona, Joaquín Nin-Culmell, René Touzet** y **Paquito d'Rivera**– pertenecen a dos generaciones que se extienden desde las décadas de los 20, 30 y 40 hasta las décadas de los 60 y 70. Tres (Lecuona, Touzet, d'Rivera) presentan un perfil técnico-estilístico especial, de difícil ubicación, montados a caballo entre lo popular-comercial y lo clásico; uno (Nin-Culmell) perteneciendo por afinidad al mundo de la música española. **Ernesto Lecuona,** nacido en Guanabacoa en 1890 y fallecido en Islas Canarias en 1963, es uno de los compositores cubanos más conocidos internacionalmente. Su copiosa obra pianística y vocal ha sido extensamente difundida. Su teatro lírico de corte romántico novecentista, cercano a la zarzuela española, y sus numerosas incursiones al mundo bailable y cinematográfico norteamericano, le valieron fama y fortuna, pero le restan importancia a la calidad de su obra. Aunque salió de Cuba a principios de la década de los 60, es el único compositor cubano exiliado que el gobierno castrista no ha proscrito, y que reclama como suyo, posiblemente por las divisas que genera. **Joaquín Nin-Culmell,** hijo del pianista y compositor Joaquín Nin Castellanos, nació en Berlín en 1908, desarrolló casi toda su carrera musical en París y en los Estados Unidos, a donde emigró en 1938, y su música, de corte neo-clásico, está íntimamente ligada, estilística y estéticamente, a España, país que parece considerar su real patria espiritual. Aunque muchos musicólogos catalogan a Nin-Culmell como músico español, su ascendencia, y sus esporádicas obras imbuidas de elementos rítmicos cubanos —como son sus *Doce Danzas Cubanas* para piano, de 1985— lo acercan periféricamente a Cuba. **René Touzet,** residente por largo tiempo de Miami, por años activísimo compositor y pianista dentro del mundo popular bailable cubano, autor de numerosas canciones populares, es creador de una serie de finas danzas y contradanzas para piano de corte más clásico, que lo relacionan armónica y estilísticamente con el mundo nostálgico de Saumell y Cervantes. **Paquito d'Rivera** es mucho más conocido como compositor y arreglista de música de jazz que como compositor de música de arte. Su contribución frontal al desarrollo del jazz latino (jugosa mezcla de fórmulas jazzísticas y de elementos rítmicos de la música cubana) ha sido muy valiosa, subrayando con sus trabajos el origen caribeño del rag y de otras formas precursoras del jazz estadounidense. Recientemente, d'Rivera ha compuesto obras de corte más clásico y abstracto.

Tercero- Una generación perteneciente a las primeras décadas del exilio, un poco posterior biográficamente al binomio Orbón-De la Vega, que salió de Cuba ya formada musicalmente, comprende a Sergio Fernández Barroso, Antonino Hernández Lizaso, Enrique Ubieta, Armando Rodríguez, José Raúl Bernardo, Flores Chaviano y Tania León. **Sergio Barroso,** nacido en La Habana en 1940, reside en Canadá desde hace más de veinte años. Su fama se asienta principalmente en sus notables contribuciones a la música electroacústica, siendo Barroso uno de los más destacados compositores que en la palestra internacional han desarrollado con más efectividad la música de arte con sintetizadores. **Antonino Hernández Lizaso,** quien además de compositor es director de orquesta, fue el fundador del Festival "Re-Encuentro Cubano", desgraciadamente una bella idea de corta vida que ofrecía a los habitantes de Miami, donde reside, una inicial perspectiva, entre otras cosas, de la cultura musical clásica cubana presentada en forma orgánica. **Enrique Ubieta,** quien vive en Nueva York desde hace tres décadas, ha escrito música para siete películas –la más reciente, *Their Own Words,* ganó la Medalla de Oro en el Veintidosavo Festival Internacional de Cine– y numerosas obras orquestales y de música de cámara. Dentro de sus logros se encuentra el desarrollo de un sistema fotocromático de notación musical, donde se utilizan colores para resaltar aspectos dinámicos de una obra.

Armando Rodríguez arribó a Estados Unidos en 1985, y en 1991 recibió una importante beca del Estado de la Florida por su obra creativa. **José Raúl Bernardo,** en los Estados Unidos desde 1960, reside en Nueva York, donde recibió su Doctorado en Música de la Universidad de Columbia, institución de la cual fue asimismo profesor. Tras el estreno de su ópera T*he Child,* que tuvo lugar en Alemania con muy buen éxito, inició una nueva carrera como escritor. Su primera novela, *The Secret of the Bulls,* publicada por Simon and Schuster, fue calificada por Los Angeles Times, como "una de las mejores primeras obras de ficción de 1997". **Flores Chaviano** vive en España desde hace casi dos décadas. Guitarrista muy activo, ganó por oposición una Cátedra de Guitarra en el Real Conservatorio de Madrid, y en la actualidad es Director del Conservatorio de Segovia y de la orquesta de cámara de esa ciudad. Como guitarrista ha participado en numerosos festivales internacionales, y como compositor ha recibido importantes comisiones de la Fundación Príncipe de Asturias, del Centro para la Difusión de la Música Contemporánea, en Madrid, y de la Radio Nacional de España. Sus obras para guitarra, de gran vitalidad rítmica, forman parte del repertorio de muchos guitarristas, y su catálogo incluye obras instrumentales, corales y electrónicas. **Tania León** es una compositora de reconocida fama internacional cuya obra adquiere de continuo mayor importancia y relevancia. Su carrera como pianista, directora de orquesta y educadora corre paralela a sus logros creativos. En Estados Unidos desde 1967, León es Asesora de Música Latinoamericana para la American Composers Orchestra y Profesora de Música del Brooklyn College. Anteriormente fue Consejera para Kurt Masur y la Orquesta Filarmónica de Nueva York y Directora Musical del famoso Dance Theater of Harlem. Su primera ópera, *The* S*courge of the Hyacinths,* fue co-producida recientemente por la Opera de Ginebra y la Opera de Nancy et Lorraine, y recibió once audiciones bajo la dirección de la propia compositora. En 1998 le fue otorgado el New York Governor's Lifetime Achievement Award. La vigorosa música de León se caracteriza por el virtuosismo instrumental y el uso de elementos afrocubanos.

Cuarto- Una generación más joven, la cual estudió fuera de Cuba y cuya obra creativa se ha realizado exclusivamente también fuera de la

Isla, pero que sigue identificándose como cubana, agrupa a Odaline de la Martínez, Orlando Jacinto García, Raúl Murciano, Jorge Martí y Armando Tranquilino. **Odaline de la Martínez** nació en Matanzas en 1949 y emigró a los Estados Unidos en 1961. Tras estudios en este país y en la Real Academia de Música de Inglaterra se radicó en Londres, ciudad en la que fundó y dirige el internacionalmente conocido grupo de música de cámara *Lontano*, y desde la cual actúa por todo el mundo como directora de orquesta. Sus obras, casi siempre infiltradas con ritmos derivados de la música folklórica y popular cubana, emplean a menudo técnicas aleatorias. Recientemente estrenó una ópera en el Marin County Center, cerca de San Francisco. **Orlando García** nació en La Habana en 1954 y se trasladó a Estados Unidos con su familia en edad temprana. Discípulo de Morton Feldman, es actualmente Profesor de Música y Director de los Programas Graduados de Composición en la Universidad Internacional de la Florida, en Miami. Ha sido fundador del Festival Miami de la Nueva Música y del Festival Música de las Américas, en Miami. Muchas de sus composiciones, de tendencia minimalista, muestran un delicado y transparente uso de los timbres instrumentales, y exploran el silencio como parte de la urdimbre temporal de una obra. **Raúl Murciano** recibió su Doctorado en Música de la Universidad de Miami, donde es profesor en la actualidad. Mostrando un recio manejo de las voces y de los instrumentos, la música de Murciano muestra el uso de elementos rítmicos cubanos tratados miméticamente y transformados en variadas formas. Su obra, hasta el presente, culmina en *La Caza,* una cantata para voces y orquesta de amplias proporciones. **Jorge Martín** nació en 1959 en Santiago de Cuba y salió rumbo a Estados Unidos a los seis años. Estudió música en Yale College y recibió su Doctorado en Música de la Universidad de Columbia en 1990. Dentro de sus distinciones debe citarse un premio de la Academia Norteamericana de Artes y Letras. En 1993 su ópera *Tobermory,* estrenada en Nueva York, ganó el primer lugar en la Quinta Bienal para óperas de cámara patrocinada por la National Opera Association. **Armando Tranquilino,** nacido en Cuba, llegó a los Estados Unidos con siete años de edad en 1966. Estudió con Earl Brown y John Eaton en la Universidad de Indiana, fue profesor de música electrónica en la Universidad de Arizona entre 1989 y 1993, Profesor Visitante de la Universidad Internacional de la Florida, y se mantiene activo como compositor, director de orquesta y pianista. En 1988 su obra *Tragoidia-Kamoidia* recibió el prestigioso Primer Premio de la Dieciseisava Competencia Internacional de Música Electroacústica de Bourges, Francia; y

Quinto- La generación más reciente de compositores formados parcialmente en Cuba, y que emigraron en épocas recientes, que comprende a Felipe Julio Roloff y Viviana Ruiz, ambos residentes de Miami, y a Ileana Pérez Velázquez. **Julio Roloff,** tras participar en 1993 en el Quinto Foro de Compositores del Caribe, convocado por la Universidad de Puerto Rico, pidió asilo político en los Estados Unidos, y es un activo conferenciante y organizador de seminarios sobre diversos aspectos de la música cubana. **Viviana Ruiz,** llegada a Estados Unidos a principio de la década de los 80, se ha dedicado activamente a la enseñanza privada de la música en el área de Miami. Finalmente, **Ileana Pérez Velázquez** es profesora de teoría y composición en el Williams College, Massachusetts. Nació en Cienfuegos en 1964 y obtuvo su Maestría en música electroacústica en Darmouth College y su Doctorado en Música en la Universidad de Indiana. Antes de radicarse en Estados Unidos fue profesora de música electrónica en varias universidades de Colombia. Es autora de obras donde el tratamiento tímbrico revela gran imaginación.

Todos estos compositores cubanos mencionados han sido afectados de un modo u otro por el exilio a que se han visto sometidos. Para el compositor de música de arte, cuyo concepto estético-técnico ya de por sí lo sitúa en un plano no comercial, y por ende más ajeno a los afectos y efectos nacionales de primera mano, un exilio que lo lleva más allá de las fronteras patrias es menos traumático, en lo que se refiere a la obra creativa, que el que afecta al escritor o poeta, o aún al pintor. El escritor asienta su juego inventivo en la palabra, la cual está ligada directamente a un campo geográfico fundamentalmente intrasladable. El pintor se enfrenta a una vertiente doble: si hace una pintura realista, más o menos documental, se ata como el escritor a un paisaje socio-cultural y espiritual determinado, y tiene que interiorizar su imaginería al desplazarse a otro eje o clima anímico-geografico; si hace una pintura abstracta se salva, como el compositor, de enfrentarse a lo concreto, y puede resembrar su raíz más fácilmente en otro paisaje. Pero es realmente el compositor de música culta, cuyo arte es intrínsicamente abstracto, el artista que más se salva del trauma del exilio. Este se convierte en una experiencia personal más o menos dramática, pero no en una forzosa transmutación artística. Pero si bien su arte sonoro sin barreras geográficas logra readaptarse fácilmente a un mundo internacional, este propio arte sufre intensamente los embates que nacen de la falta de apoyo nacional-social. La música clásica, de por sí un arte siempre minoritario y elitista –usado el término no como posición superficialmente aristocrática sino como esencia fundamentalmente refinada y decantada– va siempre a necesitar de un apoyo nacional. Cuando esta emigración, como en el caso cubano, lo transforma en paria y en enemigo de un regimen totalitario que lo califica de traidor, la soledad se hace más trágica.

El hecho de que los compositores cubanos de música de arte hayan producido la mayor parte de su música fuera de Cuba –dada la grotesca y aparentemente interminable duración de un gobierno que les niega no ya vigencia sino existencia mediante la aplicación de la famosa cantaleta de "con la Revolución todo, fuera de la Revolución, nada"–, los coloca a la vez en una situación positiva y negativa.

En lo positivo, el compositor cubano de música de arte exiliado ha encontrado en los Estados Unidos o en Europa –obsérvese que ninguno de ellos se ha ubicado en parte alguna de América Latina, o en otros confines del planeta– un clima técnico-estético superiorísimo al que tendría en Cuba, donde un totalitarismo aplastante ha detenido el devenir histórico promoviendo una mentalidad creativo-estilística de *ghetto*. Este clima fértil –donde instrumentistas, cantantes, orquestas, asociaciones, casas grabadoras y publicadoras, centros académicos, contacto constante con importantes compositores de múltiples estéticas y demás puntales de una infra-estructura musical muy desarrollada, permiten el lujo y la ventaja de una ventana permanentemente abierta a lo internacional–, ha influido positivamente en el desarrollo artístico de los compositores cubanos exiliados. Evidentemente el grado de sofisticación técnico-estética que exhiben muchas de las obras de estos compositores no se hubiese logrado posiblemente a tal nivel de haber permanecido estos compositores en su tierra natal. Recuérdese y compruébese que en toda sociedad el índice más claro de un gran desarrollo socio-económico-cultural está dado en función directa al acrecentamiento de la música clásica, en todas sus formas, producida dentro de esa sociedad. En este aspecto, el compositor cubano de música de arte se ha beneficiado con y por el éxodo.

En lo negativo, más allá del trauma de ver la familia histórica cubana dividida y de comprobar el quiebre de su continuidad, el compositor cubano de música culta se siente solitario, aislado y suspendido en el tiempo. Perdido el apoyo oficial de un gobierno –apoyo que a todo compositor de música culta de cualquier nacionalidad o época le es importante– y perdido el apoyo fundamental de una nación que lo respalde y aúpe, el compositor cubano de música culta ha conquistado su lugar en el mundo artístico internacional por su total esfuerzo personal, a veces de proporciones heroicas. Tristemente nada le debe a sus conciudadanos, que lo ignoraban en Cuba, hace años, y lo siguen ignorando en el exilio de hoy. Las comunidades cubanas, emigradas y re-ubicadas en cualquier parámetro del mundo, han obtenido fascinantes y admirables buenos éxitos en el ámbito comercial, industrial, empresarial, deportivo, profesional, académico y personal, desarrollando una arrolladora cultura eminentemente mercantil de proporciones. envidiables y asombrosas. Pero ninguna de esas comunidades cubanas exiliadas, en ningún momento, se ha percatado de la existencia y de la importancia de los compositores cubanos de música culta. Cuba –que como apuntó Jorge Mañach nunca fue realmente nación– sufrió el trauma de que le troncharon tempranamente sus visiones histórico-culturales, y en el exilio seguimos sufriendo esa espantosa ceguera espíritu-cultural que confunde parámetros, oscurece perspectivas y hasta desconoce el valor político de la cultura como pilar fundamental de una sociedad. El compositor cubano de música culta, cuyos logros creativos son reconocidos por grupos extranjeros, por organizaciones extranjeras, por instituciones académicas extranjeras, por mecenas extranjeros, y hasta por gobiernos extranjeros, espera por un reconocimiento real a su labor creativa por parte de la comunidad cubana del exilio, espera por una comisión de obra costeada por uno de los muchos millonarios cubanos que existen, visibles e invisibles, en tantas partes del mundo, espera por un generoso y bien dotado premio que reconozca su esfuerzo, espera por un aplauso que lo haga sentirse como parte respetada de su propia comunidad.

Sería interesante saber hasta que punto esa ambientación internacional extranjera, con su alto caudal de apoyo técnico, y esa soledad, dentro de la comunidad cubana del exilio, se combinan para afectar positiva y negativamente al compositor cubano de música culta que realiza su labor fuera de Cuba. Sería fascinante investigar a fondo como esa dualidad del reconocimiento extranjero y del aislamiento frente a sus conciudadanos actúa para modificar su obra cuantitativa y cualitativamente. Y sería asimismo valioso analizar intensamente las fuentes, raíces, alcance y significación de esa oftalmía abrumadora por parte de la comunidad cubana del exilio, que hace que no se comprendan ni digieran esos sonidos que producen, con el aplauso de otros, los compositores cubanos de música culta exiliados.

Nunca hay que olvidar que estas músicas producidas fuera de Cuba siguen siendo eminentemente cubanas porque sus creadores son cubanos, y algún día serán parte fundamental de la historia artística de Cuba. Baste recordar que el más importante y sublime de los cubanos, ese José Martí que nos dio ala y perspectiva, plasmó casi toda su obra fuera de Cuba, y que ya en el siglo XIX, por causa de otros exilios estéticos o políticos, José White, Ignacio Cervantes, "Lico" Jiménez, Gaspar Villate y otros varios compositores cubanos, realizaron la mayoría de su obra creativa fuera de Cuba. En el caso de éstos, la historia ya los reubicó como compositores cubanos que ofrecieron valiosos aportes al desarrollo histórico de la música cubana; en el caso de la generación actual de compositores cubanos lanzados a los cuatro vientos por violentas turbulencias dictatoriales, la música que éstos han hecho allende Cuba formaron lo mejor y más sólido de la música cubana de arte del futuro. Esa certeza histórica será así la mejor recompensa a muchos esfuerzos creativos épicos, y devolverá a los protagonistas la certidumbre de un destino histórico bien cumplido.

Northridge, septiembre de 1999

PANEL: Poesía (1980-1999)
Moderador: *Leonardo Fernández-Marcané*

Luis Casas
Poeta

Tres poetas trascendentes del exilio cubano

Dedico este trabajo al poeta Luis Mario, que siempre ha abierto las puertas del "Diario Las Américas" a los verdaderos poetas cubanos del Exilio, y a la declamadora Bertila Pozo, que siempre ha prestado su voz a esos poetas.

I

Un poeta cubano que en 1959, ya exiliado en México, publica allí, su libro "Sangre en Cuba", primer libro escrito y publicado en el Exilio contra la tiranía castro-comunista; que en 1988 publica en Madrid, España, su famoso libro de poemas "Don Quijote en América", con prólogo nada menos que del universalmente célebre novelista y periodista español Ramón J. Sender, que posteriormente publica "Cuba y Ofelia: la muerte entre todos", con prólogo de Agustín Tamargo; que escribe y publica incesantemente en el Exilio artículos y poemas; que en 1993, pronuncia una histórica conferencia: "Poesía cubana en el exilio"; que en 1995 saca a luz su "Vida y Muerte de José Martí", en Miami; un poeta, digo, que desde 1959 hasta su muerte, acaecida en Miami en febrero de 1996 a edad avanzada, cubre no una etapa, ni dos ni tres, sino **todas las etapas culturales y políticas, especialmente las poéticas, del Exilio, en estos cuarenta años** y que no sólo fue "un poeta", sino "un poeta extraordinario", tiene derecho, posiblemente más derecho que nadie, a ocupar **el sitio de honor** en una oportunidad como ésta. Me estoy refiriendo al poeta Miguel González, que a pesar de su fama., inexplicablemente, sigue siendo un desconocido para muchos, y que, si no tuvo más fama, fue precisamente por la desidia y la desaprensión de estos mismos, y no por falta de méritos que le sobraban. ¡Y qué decir de sus obras poéticas publicadas en Cuba de 1944 a 1957 y que le valieron un diluvio de grandes elogios de los igualmente grandes Orestes Ferrara, Gabriela Mistral, Andrés Eloy Blanco, Federico de Onís, Germán Arciniégas, Alfonso Camín, Alberto Baeza Flores, Juan J. Remos, Carlos Márquez Sterling, Rafael Esténger... entre otros muchísimos!

Y no conforme con esa ingente labor en Cuba y en el Exilio, Miguel González dispuso, desde su lecho de muerte, la publicación de su libro póstumo: "Las manos que aplaudieron" (*Mi Voluntad Testamentaria*), que es el único ejemplo de poesía civil contemporánea, inmejorable, que conozco. Son once grandes gritos o poemas que se habían publicado sueltos, en distintas fechas, en periódicos y revistas, y que se editan después de la muerte de su autor, reunidos por primera vez, bajo ese sugestivo título que repito para que sea bien recordado: "Las manos que aplaudieron" (*Mi Voluntad Testamentaria*), con una magnífica introducción de Pedro A. Yánes, conmovedora, firmada en Miami, marzo de 1996.

Era –y es– mucho poeta este Miguel González, inmenso, que no cabe ni puede caber en los minutos que se me asignan: poeta raigal, aunque controversial, y apasionadamente cubano, tal como él mismo se nos retrata en su titulado "Soneto autobiográfico", escrito en Detroit, abril de 1961, y publicado en su monumental libro "Don Quijote en América", de 1988:

Mi infancia fue la infancia de un caballo de palo
y una yunta de bueyes hecha con dos botellas...
Nunca vi Reyes Magos detrás de las estrellas,
y menos que dejaran en mi choza un regalo.

Pero supe del águila, del reptil, del escualo,
del demonio con alas, de un arcángel sin ellas,
de hermosos huracanes, de rayos y centellas,
y de pinares lúgubres que todavía talo.

Soy (provisionalmente) basura entre basura,
transmito desengaños, soledad, amargura...
Soy (transitoriamente) un escombro entre escombros.

Más por la fe que tengo en mí mismo, yo sé
que aunque mil veces caiga, ya me levantaré
¡con un mundo de tierra luminosa en los hombros...!

II

Otro poeta valioso es Carlos Casanova Cancio. Y valiente, además. Mucho antes de escapar de Cuba, ya circulaban en el Exilio, con un seudónimo, sus poemas contra el castro-comunismo, que recorrieron el mundo en compañía de otros poemas de igual corte, de varios autores, firmados también con nombres supuestos. El que os habla es testigo y parte de aquellos días de ansiedad e inquietud, porque se encontraba entre esos autores.

Carlos Casanova, ya lo dije, es poeta. Y lo dice, ante todo, la propia calidad de sus poemas. Su definición de la poesía es tajante. Su soneto titulado "Poesía" la enmarca así:

Poesía

Nada puede turbar la arquitectura
que te sostiene. Se envanece el viento
en su absurdo bramar. Quiebra su intento
el fuego con su brava dentadura.

Intacta permanece tu escultura.
Contra viento y marea tu violento
y firme farallón. Tu paso lento
de elefante lunar con su montura.

Cabalgando con Dios por la amplia senda
en donde están los pastos luminosos
dialogando a las aguas su alegría.

Nada te pone fuera de la contienda.
Andas con tus pulmones vigorosos
desafiándolo todo, ¡Poesía!

Sólo un poeta trascendente, como Carlos Casanova, puede trascender la irrealidad de la vigilia para insuflarle, como en este soneto, la realidad onírica, trascendiendo al propio tiempo, también como en este soneto, la construcción y el régimen gramatical, para darle otra dirección al verbo a través del gerundio, una significación poética, con un simple cambio prepositivo de **con** por **a**: *"dialogando a las aguas su alegría"*.

Este soneto abre el libro de poemas titulado endecasilábicamente "Sale del verso el corazón ileso", de Carlos Casanova, que se publica en 1984, en Miami, a donde llega el poeta y ex preso político en 1980, por la vía del Mariel.

En 1981, con su poema *"Octubre"* que tres años después incluiría en este libro, Carlos Casanova es galardonado en Miami con el Primer Premio en el "Concurso Poético Manuel F. Artime". Tres miembros integran el jurado" Luis Mario, Rafael Esténger y el que os dirige la palabra. Dos años después, *"Octubre"* aparece, con todos los honores de una selección crítica esmerada y de una extensa difusión continental, en "Antología Poética Hispanoamericana" (Editorial Hispania, Volumen I). He aquí el poema premiado y antologado:

Octubre

*Como si en un recodo de mis sueños
me creciera de luz todo el instante
de aquel octubre que quedó en suspenso,
estás en un recuerdo de esta tarde.*

*Siento vibrar la misma primavera
y cada paso que estrené en tu viaje.
El corazón tiene el latido afuera
como cuando latió junto a tu carne.*

*Estás en un recuerdo caudaloso
que me asalta poblándome de antes.
Es una sensación de tiempo roto,
porque estás en la fecha de mi sangre.*

*Voy recorriendo todas las aceras
donde el rastro me llena de tus frases.
Estoy en el umbral de aquella estrella
que me puso una herida fulgurante.
Estoy con la mirada de tus ojos
cruzándome la altura del paisaje.
Gritando la medida de mi todo
en este respirar desde tu aire.*

*Atado a la sustancia de tu idioma
y envuelto en la emoción de lo palpable.
Tus manos se acercaron en las cosas
que guardan los colores más distantes.*

*Y donde va el silencio de la vida
a borrar el calor con su contraste,
encuentro el mismo brote de tu espiga
en el límite exacto de mi arte.*

*Estás en el recuerdo prodigioso
de este octubre que suena a octubre estable.
Parece que te has ido en un retorno
que cabe en el milagro de una tarde.*

Ya desde 1957 el nombre de Carlos Casanova es antológicamente conocido y reconocido por figurar en "Cuba: su joven poesía", pequeño gran libro de Angel N. Pou que "Lírica Hispana" publica en Venezuela y que es lanzado a todos los países del mundo, con ruidoso éxito de crítica y prensa.

Escribe Angel N. Pou sobre Carlos Casanova en aquella Antología: "Firme poeta, innecesariamente atormentado, su paisaje interior responde con ventajas a las exigencias del logro. Ha publicado en periódicos y revistas, pero siempre en proporción inferior a cuanto cabe esperarse de su obra, pacientemente burilada en el voluntario ostracismo que se ha impuesto. Nació en la provincia villareña, en 1928".

Es cierto lo que dijo Angel N. Pou de Carlos Casanova en 1957, incluyendo lo de su ostracismo –¡esa innata modestia suya!–, que sigue siendo tan actual, en Miami, cuarenta y dos años después, como lo era en Cuba cuarenta y dos años antes; tal vez porque "ostracismo" viene de "ostra", y de la ostra viene la perla. Eso es, en definitiva, con ostra o sin ella, la incomparable Perla, la Poesía incalculable, de Carlos Casanova Cancio. ¡Gracias, poeta, por ese legado, y por esa humildad!

III

Y llegando, ahora, al punto más interesante de esta brevísima exposición, y que es algo así como su cierre de oro, pero un cierre que no cierra: un "cierre" que "abre" todo un mundo de belleza: una poetisa, Noemí Fernández Triana, que a los trece años de edad escribe estos versos pulcros y llenos de verdadera poesía, sin expresiones retorcidas, sin rebuscamientos metafóricos, con esa *pureza de alma* que siempre la ha caracterizado y que no he sido yo el primero en señalar:

"Quiero subir a la más alta cumbre
y dormir sobre el manto de la nieve;
que el sol me transfigure con su lumbre
y que el viento me entone un canto breve".

"Mirar entonces desde las alturas
la mezquindad del mundo que deprime,
y libre el alma de tus ataduras
volar a la región de lo sublime".

Eso sólo, define una poesía. Eso sólo, define a una poetisa. Son versos dignos de cualquiera de las mejores y más famosas cantoras de América.

Algún tiempo después, Noemí Fernández Triana es presentada por un insigne poeta, el Maestro José Angel Buesa, su descubridor, en la revista "Poesías" (La Habana, febrero de 1959), con estas certeras y aleccionadoras palabras:

"Hoy se visten de gala estas páginas para presentar a un nuevo valor de la poesía cubana: Noemí Fernández Triana, cuyo retrato nos demuestra su extrema juventud. Sus versos nacen desde lo más hondo de su alma purísima, llenos de sentimientos tan profundos a los que bien podríamos llamar metafísicos. He aquí una pequeña muestra: *"Tu perfume sutil y querido/ embalsama la noche lunar;/ yo lo siento llegar confundido/ en el viento que viene del mar"*. Noemí Fernández Triana –continúa diciendo Buesa– comienza ahora a escribir poesía, poesía de la buena, sin poses de iconoclasta ni actitudes de pedante suficiencia: pero empieza bien. Bienvenida la joven cantora que enriquecerá la lírica cubana".

Y Buesa no se equivocó. Pocos años después, presentada elogiosamente por el Dr. José de la Luz León, escritor y diplomático cubano, y por la poetisa y escritora uruguaya Yolanda Leonard, Noemí Fernández Triana tuvo el honor de sentarse en la silla que ocupó Gertrudis Gómez de Avellaneda, y, desde ese mismo sitial, ofreció dos exitosas lecturas de versos, que fueron muy aplaudidas, en el ilustre y exclusivo Ateneo de La Habana, presidido entonces por el eminente filólogo Dr. José María Chacón y Calvo.

Respaldada por esa brillante labor, representando aquí lo que de allá traía, Noemí Fernández Triana llegó al Exilio a principios de 1971. Y en 1975, añadiendo a todo ello un nuevo y definitivo galardón, publica en Miami, con el nombre de Noemí Losa, su primer libro de poemas, titulado "Anclaje en el sueño", que ostenta extenso y elogioso prólogo del Poeta Nacional de Cuba, Agustín Acosta; prólogo cuyo manuscrito firmado conserva la poetisa entre sus más preciados documentos.

"Anclaje en el sueño" tuvo inmediata repercusión en la prensa. El ilustre escritor nicaragüense don Eduardo Avilés Ramírez, el mejor y más autorizado biógrafo de Rubén Darío, envió desde París un artículo laudatorio que se publicó, entre otros artículos de diferentes autores, en el "Diario Las Américas", y en el que, por ejemplo, dice: "La autora de estos poemas es, en esencia, cubanísima, es ella misma una flor de su isla, flor que respira y habla, medita y sonríe en cubano. Ama el mar, el mar cubano, y parece servirle de traductora, porque en efecto, el mar habla en sus versos".

Muchos de los poemas de este libro han sido recitados con gran éxito por distintas voces del Exilio y, además, figuran en prestigiosas antologías que han recorrido el mundo. Entre estos poemas sobresale el delicado soneto "Yo soy":

"Yo soy la flor recién cortada
que guarda su dolor para ella sola.
Igual que espuma que potente ola
arrastra en su furor sobre la rada.

A veces soy lucero en la alborada,
y otras soy cual batir de banderola
que al son del viento su ansiedad trémola
en medio de la mar desenfrenada.

Así dices que soy: como la brisa,
que en su girar eterno lleva prisa,
por ser muy semejante a la ilusión.

Pero aunque digas todas esas cosas,
para ti quiero ser como las rosas,
blancas de ensueño, o rojas de pasión".

En contraste con la delicadeza de "Yo soy", y también perteneciente al libro "Anclaje en el sueño", de 1975, se destaca un recio poema patriótico que siempre ha sido muy celebrado y que sitúa a su autora entre las voces más altas de la lírica cubana de todos los tiempos:

Fábula del cocodrilo dormido

Érase que se era un cocodrilo viejo,
manso como la orilla del mar en que vivía.
Los hombres le golpeaban duramente el pellejo,
y el enorme reptil apenas se movía.

Reptando entre las aguas azules de turquesa,
o dormitando solo en el profundo seno,
a veces una roca golpeaba su cabeza,
pero el lagarto siempre seguía tan ajeno.

Y así pasaba el tiempo con su cantera de años,
soportando el embate de todas las tormentas;
y su letargo a veces rompían los extraños
temblores que las olas formaban turbulentas.

Y sucedió que un día, el cocodrilo manso
cansado de su tedio se tornó en remolino;
y contestó los golpes, y dejó su descanso
del fondo de las aguas, para darse un destino.

Un destino hecho Patria en el mar antillano.
Hecho gloria, bandera, heroísmo aguerrido.
El cocodrilo aquel se hizo mapa cubano
y nunca, nunca más se ha quedado dormido.

Y como si todo ésto fuera poco, Noemí Fernández Triana ha colaborado en el "Diario Las Américas", en "El Miami Herald", y en "El Nuevo Herald" con una nutrida serie de artículos ensayísticos, ahondando en aspectos escasamente divulgados de nuestra poesía.

Yo hubiera preferido que otra persona se encargara de hacer este panegírico de Noemí Fernández Trina; porque, siendo ella mi esposa, pudiera parecer yo parcial o apasionado a los ojos de algunos. Pero, arrostrando las posibles críticas, y comprobando que esa otra persona no aparece, me atrevo a salir en defensa de mi Dama, tan olvidada, tal como habría correspondido a un Caballero de la Edad Media, por amor a la Verdad y a la Justicia.

Y como prueba fehaciente de que su constante ha sido esta trilogía que señaló Agustín Acosta: La Patria, el Amor y el Mar, he aquí, para terminar, en vísperas del Diez de Octubre, esa décima perfecta y perenne de Noemí Fernández Triana, fiel espejo de su *alma purísima,* sin greguerías ni retorcimientos:

Diez de Octubre: tu campana
sigue llamando a la lucha,
y en su tañido se escucha
la voz del alma cubana;
y se escuchará mañana,
lo mismo que el día aquel,
en su guerra sin cuartel
contra toda iniquidad,
llamando a la Libertad
la voz de Carlos Manuel.

Miami, 9 de octubre de 1999

Luis Mario
Diario Las Américas

Cuba exiliada en tres voces femeninas

Muchas voces poéticas ha dado Cuba. Las hay amordazadas o libres, todo depende de la geografía. "La libertad cuesta muy cara, –decía Martí– y es necesario o resignarse a vivir sin ella o decidirse a comprarla por su precio." Los desterrados abonamos con monedas de ausencia y nostalgia la deuda contraída por vivir en libertad. Y el poeta, esa sensibilidad aparte, sufre y canta. Canta y sufre y en ocasiones desgrana en versos la mazorca de oro de su patriotismo. Porque de cualquier recodo del pensamiento surge Cuba, como el personaje no invitado, pero siempre bien recibido. Y así sucede con los poetas, cuando sin un plan previo –la Poesía se resiste a la planificación– los versos se bifurcan en dos ramales y cruzan de un tema cualquiera hacia la navegable y atrayente zona del patriotismo.

Son muchas las poetisas exiliadas que han experimentado esa inclinación patriótica, pero la excluyente rigidez del reloj limita esta exposición a sólo tres voces. Son tres mujeres que le han cantado a Cuba, con temas que difieren notablemente entre sí, pero con una misma y dignísima desembocadura. Carmen R. Borges se inclina hacia la evocación de su abuelo mambí, Margarita Robles se afianza en una simple fotografía y Sara Martínez Castro se apoya en su hija. Tres propósitos que, indefectiblemente, las transportaron a Cuba. La primera se basa en el recuerdo –tiempo pasado–; la segunda repara en un curioso mapa en el cielo de Miami –tiempo presente–; la tercera le hace una encomienda a su hija cubana nacida en el extranjero –tiempo futuro.

Empecemos con Carmen R. Borges. Su abuelo fue Teniente del Ejército Libertador de Cuba en el pasado siglo. Antonio Maceo supo de su hidalguía y lo condecoró. Hay que ver el valor que tiene una condecoración cuando viene de esas manos. Y la nieta le canta a Aurelio Borges Hernández, con un soneto que, aparejado a su ternura familiar, presenta un notable hallazgo de equilibrio patriótico:

Mi abuelo era un señor con cicatrices.
Llevaba una medalla sobre el pecho
que le dio el General, por algún hecho
heroico, al combatir con los mambises.

La voz se le llenaba de matices
y su andar se tornaba más derecho

cuando evocaba el español acecho
y salían triunfantes y felices.

Así aprendí la historia verdadera,
cuando en las tardes de la primavera
sus cansadas rodillas cabalgué,

y era tornar al campo de batalla,
al machete, a la sangre, a la metralla,
a la manigua libre que heredé.

No hay que hacer un gran esfuerzo de imaginación para ver a la niña cabalgando en las rodillas del abuelo, aprendiendo la historia de su país heredado libre. Esa sola manifestación lanza a tierra la reiterada y tergiversadora propaganda de los falsos libertadores. Porque la mordaza, la cadena y la muerte no son ciertamente los instrumentos más adecuados para conducir a los hombres. Carmen Rosa lo sabe, y al invocar a su abuelo valiente, marca la ruta de los que han empinado su esfuerzo, como una oración redentora, ante el altar pragmático de la democracia.

Sigamos con Margarita Robles. En una hora crepuscular miamense alguien retrata las penumbras de la noche que se acerca. Como cosa de magia, la revelación de la foto trae un claro mapa de Cuba, formado por las nubes, en el que nadie había reparado. Y esta mujer cuya piel arde al fuego lento de la lejanía cubana, se desborda en imágenes poéticas. En la fotografía quedan impresas una casa, el cielo y el mapa de Cuba. Tres sustantivos que se robustecen con la imaginación desplegada en el tríptico inesperado de tres sonetos.

A esa casa, sin otra compañía
que un cielo azul en su dorado paso,
Dios quiso regalarle un bello día
a Cuba dibujada en el ocaso.

Si esa casa hablara –dice la poetisa– "nos diría: soy cubana". Acto seguido, la descripción de los pinos que, ex profeso, son desiguales para medir la distancia, y preceden los dos tercetos del segundo soneto:

Tú, la Cuba de entonces, detenida
en la sed de mirarte, con la herida
de aquel adiós de llanto y desconsuelo,

eres como el amor que se agudiza
y sigue perpetuado en la ceniza
negándose a llorar su propio duelo.

El mapa de Cuba, cocodrilo triste, necesariamente debía estremecer esta voz femenina de honda vocación patriótica. Porque en Margarita prima la desesperanza, y el símbolo plasmado en la cartulina de una foto le causa nuevas angustias. Así desemboca en el tercer soneto, derrotista, trágico, porque cuarenta años de opresión no pueden generar optimismo:

> Se despide el ocaso... el día bosteza,
> se dormirá junto al umbral del sueño.
> Del cielo llega ese fulgor isleño:
> es el amor de la naturaleza.
>
> El alma se detiene en la proeza
> y el corazón le dice: No es un sueño,
> es Cuba que te mira con su empeño
> de quedarse en tu amor. Por ella reza.
>
> Y reza el corazón como el mendigo
> cuando le hace preguntas al castigo
> por su destino cruel y su derrota;
>
> pero el Destino, imprevisible y mudo,
> niega toda respuesta y hace un nudo
> que aprieta el alma brutalmente rota.

Son las rutas vedadas por los años. La sinrazón del despojo. El polvorín del odiador en función de propietario absoluto. El pesimismo que canta, la desesperación que llora, el amor frustrado que, como un río a la deriva, desemboca en el salitre de la ausencia.

Concluyamos con Sara Martínez Castro. Hay en ella una inflaqueadora esperanza en el futuro. El sueño de sus muñecas quedó destrozado en un ayer de penurias irremediablemente compartidas. La voz de esta mujer, comprometida con la libertad, ha sido útil -insistentemente útil- porque ha denunciado desmanes, ha invocado la necesidad de la rebeldía, y ha llevado a Cuba el ruiseñor mensajero de un micrófono tan combativo como insumiso. Es la misma voz del médico patriota que le dejó el legado de una hija estadounidense con alma de isla. Y Sara, la exiliada que con su percepción de patria jamás se fue del todo, no pensando en ella, sino en la tierra criolla del tercer milenio, baja la vista y regresa al porvenir abrigada con la piel de su hija. Esta es su "Encomienda":

> Irás por mí, lo sé, un día lejano
> y tocarás la isla con tu acento.

Serás la sangre nueva que es más fuerte
que la huella impaciente de mis huesos.

Habrán quedado atrás el miedo inerte,
los sueños mutilados en enero,
una muñeca rota, el río difunto,
el hambre compartida sin remedio...

Irás por mí, sin darte por vencida
y al amparo cordial de un Padre Nuestro
tu asombro se alzará por cada esquina
de los cañaverales en desvelo...

Sabrás que el tiempo oculta sus pisadas
para que el llanto crezca en el silencio,
y que hay algo más fuerte que la ausencia:
el poder infinito del recuerdo...

Al final quedará tanta ternura
que en todos los caminos habrá versos,
la imagen del futuro que se salva
reclamará su sitio en los espejos.

Seré la que jamás se fue del todo,
la que no hizo su casa en el destierro,
la que vuelve a su punto de partida
para estrenar la magia del regreso...

Irás por mí, lo sé, un día lejano
y tocarás la isla con tu acento.

El mensaje es cristalino. La hija regresará por la misma ruta que trazó la madre. La Diana del después será la Sara del ahora. Ambas habrán quedado fundidas en un ayer de distancias, y así seguirán en un mañana de reivindicaciones. Los ojos nacidos en el extranjero podrán corroborar lo que aprendieron a ver a través de los ojos de la ascendencia. Para madre e hija es tiempo. Ya cercano el año 2000, que no es el principio del Siglo XXI, sino el año último del Siglo XX, también es tiempo para Cuba. Y en la bien intencionada hipérbole de este llamado Congreso del Milenio, yo quiero ver el símbolo esperanzador de tres mujeres, tres cubanas, tres poetisas: Carmen Rosa, Margarita y Sara, que iluminan con un ralámpago de amor a la patria cercanamente lejana, y evocan el retorno indispensable, esencial y absoluto de la libertad.

Obras citadas

"Evocación mambisa", de Carmen R. Borges, Diario Las Américas, 1ro. de marzo de 1996.

"Tú, Cuba, hasta el cielo", de Margarita Robles, Diario Las Américas, 23 de agosto de 1998.

"Encomienda", de Sara Martínez Castro, Diario Las Américas, 17 de mayo de 1998.

Gastón Álvaro Santana
Poeta

Meditación poética

Agradezco profundamente a la Asociación Nacional de Educadores Cubano-Americanos, a Herencia Cultural Cubana, a sus presidentes Dr. Jorge Salazar-Carrillo y Dr. Armando Cobelo; y muy especialmente al Secretario Ejecutivo de la NACAE Profesor Emérito Dr. Gastón Fernández de la Torriente, la oportunidad de participar en este panel sobre nuestra poesía del presente; y a mi amada esposa Aida, también le agradezco; pues, donde hay hombre siempre ha de haber mujer para ayudar nacer algún milagro.

Muy grato me es el honor de compartir con panelistas de los cuales me considero discípulo; como lo son: el moderador: Leonardo Fernández-Marcané, antiguo compañero de trabajo profesoral en Saint Tomas University; el poeta Alberto Hernández Chiroldes, profesor de Davidson College; a Luis Mario, el gran poeta y crítico literario del Diario Las Américas; y al académico, poeta, Luis Ángel Casas, descubridor y cultivador de la Rima Potencial, al que no veía, no se si él lo recuerde, desde una bella noche habanera, allá por la década del 50, cuando, en tertulia de aquel grupo llamado "Renuevo", nos encontráramos, en lugar que ahora se hace magia de nostalgia y ensueño; y me estoy refiriendo nada menos que a la residencia de la excelsa poetisa, bien llamada "La hilandera de Dios", y "Gran señora de Cuba": Ana Rosa Núñez, que en gloria esté, y cuya memoria ahora evocamos.

¿Qué más? ¿Qué pudiera decir de nuestra poesía de ayer, de mañana y de siempre? No soy literato. Los recursos retóricos me fascinan en vez de darme forma. Cuando escucho vocablos como *anáfora, asíndenton, hipérbaton, macarrónico, paduano* o *Carmina Burana;* me quedo perplejo, y pido ayuda a Érato –o a Luis Mario–; o me da por creer que me como *"Las granadas que de abejas murmuran"* en la gran fiesta de Mallarmé; o que me traga Lampalagua en innombrable asfixia Lezamiana, o se me ocurre decir en mal latín de liberto romano: *Carmina sunt poetarum opera.*

Y vean: como soy uno de esos invisibles poetas de la poesía de ahora, apelando a cordial benevolencia, me atrevo preguntar: ¿Saben cómo escriben: Yanitzia Cannetti, Edith Llerena, Pío Serrano, Carlos Verdecia (padre e hijo)? ¿Ya se leyeron "Las Caras del Amor"? ¿Quienes siguen las bellísimas composiciones de nuestro trovador Pedro Tamayo ¿Cuántos saben de las últimas pinturas de Lourdes Gómez Franca y de su poemario "El niño de guano": esa alumna exquisita de Víctor Manuelo? ¿O quién recuerda *"Pape Satán, Pape Satán Aleppe";* o de quién compuso: "La Pedrada" nuestro "Cuervo" y "Pepe del mar?" ¿Han leído ya ustedes "Texturas"? ¿Conoce alguien de un próximo poemario con nombre entre flor y hoja que pronto se publicará?

Pero ¿a qué factores, desafortunados, responsabilizar de tales "extravíos? ¿Será a la obra? ¿Nos faltarán las lámparas tenaces de la mesa de Verlaine; o desechar cien veces; y más las "tablillas" como Horacio; o de las rosas blancas de nuestro apóstol y maestro? ¿Y a quién culpar de semejantes olvidos? Seguro que a nosotros. A nosotros, los que con fruición buscamos "crítica objetiva", tertulias literarias, talleres de teatro. Sí, a nosotros: culpémonos primero que a nadie... porque cierto es, muchas veces, lo de las lámparas y lo de las tablillas y lo de las rosas blancas; y del no hablar todo lo alto y ser un gritar junto; y que nuestra voz no sea más fuerte que las campanas de las capillas en que se congratula el reiterado exordio.

Honrosas salvedades: ¡Gracias por tu obra, gran pintora cubana: María del Carmen Diez-Oñate! Gracias por iluminar con pinceles, creyones y espátulas a tu modo único, un "Libro de las horas" de nosotros los poetas, en este tiempo fiero de las globalizaciones; incluyendo a algunos de los perdidos de aquí y de ahora... ¡Gracias María del Carmen! ¡Gracias la otra María de Galería! ¡Gracias Helen Aguirre de Ferrer por tu apoyo en tu Diario y gracias Luis Agüero y al Papel Literario de Venezuela.

Y así, producto de esta sociedad, la sociedad que somos: americanos de todas las Américas en los Estados Unidos; las filosofías dejando abiertas tus telas a las ideologías que compartimos y antagonizamos. Entendamos: ¡Nosotros somos los bordadores del tapiz! ¡Nosotros, sociedad! ¡Nosotros época...! ¡Nosotros que también somos ustedes: nosotros: nosotros con nuestras patrias y nuestras raíces!

Critiquémonos, exijámonos, comprendámonos, regalémonos, utilicémonos: Nosotros, y ustedes... Sin ustedes no existimos: sin nosotros, sin ustedes nos diluimos; sin nosotros desaparecemos... ¡Hispanos! Ustedes sin nosotros, nosotros sin ustedes: morimos!

Este es mi mensaje: lo doy en el nombre del arte callado que hoy se ha podido expresar. Lo hago por ustedes, por todos nosotros...

Vendámonos, halaguémonos, difamémonos; pero no nos olvidemos... ¡Que nuestras ciudades ardan y se iluminen! ¡Miami, capital de Latino América! ¡Miami para todos: la poesía!

NACAE

LA ASOCIACIÓN NACIONAL DE EDUCADORES
CUBANO-AMERICANOS
Y
HERENCIA CULTURAL CUBANA
CO-AUSPICIAN

CONGRESO

CUBA: EXILIO Y CULTURA

7-9 de octubre de 1999

Miami Dadeland Marriott
9090 South Dadeland Blvd.
Miami, FL 33156

CNH

Reproducción del Programa del Congreso NACAE

CONGRESO
Cuba: Exilio y Cultura

COORDINADORES NACIONALES
Dr. Armando F. Cobelo
Dr. Julio E. Hernández Miyares
Dr. Eduardo Zayas-Bazán

COORDINADOR LOCAL
Dr. Gastón Fernández-Torriente

COMITÉ ORGANIZADOR
Ing. Benigno Recarey
Logística y Presupuesto

Dr. Leonardo Fernández-Marcané
Literatura

Dr. Aurelio de la Vega
Música

Dr. Matías Montes Huidrobo
Teatro

Dr. Jorge Salazar-Carrillo
Ciencias Sociales

Dr. José A. Madrigal
Sesiones Especiales

Eduardo Suárez-Rivas
Asesor, Medios de Comunicación

Federico R. Justiniani, MD
Finanzas

Dr. Ricardo Viera
Artes Visuales

COMITÉ DE APOYO

Juan Manuel Salvat	Modesto Maidique
Antonio Jorge	Eduardo J. Padrón
Hida R. Garcerán	Guarioné Díaz
Humberto Medrano	Luis J. Botifoll
Luis Mario	Ofelia Tabares Fernández
Ángel Cuadra	Hilda Perera
Ariel Remos	Horacio Aguirre
Octavio R. Costa	Monsg. Agustín Román
Ada Llerandi	Maitá Carbonell Acosta
Hugo Consuegra	Carlos Castañeda
Esperanza de Varona	Luis Aguilar León
Frank de Varona	José López Isa
Rosario Rexach	Agustín Tamargo
Nancy Pérez Crespo	León Ichaso
Aurelio de la Vega	Mari Rodríguez Ichaso
Marcos A. Ramos	Néstor Carbonell Cortina
Gustavo Pérez-Firmat	Alberto Luzárraga
Lorenzo del Toro	Elio Alba Buffill
Gustavo Godoy	Carlos Verdecia
Nilda Cepero	Orlando Rodríguez Sardiñas
Alberto S. Bustamante	Florinda Álzaga
Demetrio Pérez Jr.	

PRESIDENTES DE HONOR DEL CONGRESO

Rosa Abella

Zenaida Bacardí de Argamasilla

James Baker

Cundo Bermúdez

Alberto Bolet

Luis J. Botifoll

Msg. Eduardo Boza Masvidal

Agustín Castellanos

Jorge Castellanos

Octavio R. Costa

Rolando Espinosa

Manuela Fernández Fonseca

Adela Jaume

José I. Lasaga

Humberto Medrano

José M. Mijares

Rosario Rexach

Olimpia Rosado

Berta Randín

Raúl M. Shelton

Arístides Sosa de Quesada

René Touzet

Inscripción $35
Función teatral del viernes por la noche $15
Almuerzo-banquete del sábado, 9 de octubre $35

PROGRAMA

Jueves, 7 de octubre

Edificio Bacardí-Martini USA
2100 Biscayne Blvd

7:00-9:30 PM *Recepción de bienvenida*
Palabras de apertura de los coordinadores del Congreso: Armando F. Cobelo, Eduardo Zayas-Bazán, Julio E. Hernández Miyares

Reconocimiento y entrega de diplomas a los presidentes de honor del Congreso

Viernes, 8 de octubre

Miami Dadeland Marriott

8:00-9.00 AM *Inscripción. Se abre la exhibición de libros de escritores cubanos exiliados* (Salón Homestead)

9:00-9:20 AM *Breves palabras de apertura*
Alberto S. Bustamante, Presidente Junta Directiva, Herencia Cultural Cubana, Jorge Salazar Carrillo, Presidente, NACAE

9:30-10:50 AM **Panel I** (Junior Ballroom)
Los medios de comunicación
Moderador: Horacio Aguirre (Director del *Diario Las Américas*)
Panelistas: Ariel Remos (*Diario Las Américas*), Bernardette Pardo (Univisión), Agustín Tamargo (Radio Mambí)

Panel II (Salón Killian)
La narrativa
Moderador: José de Armas (Emérito, Dennison University)
Panelistas: Ofelia M. Hudson (Miami Dade Community College), Leonardo Fernández-Marcané (Emérito, State University of New York, Albany), Ellen Leeder (Barry University)

10:50-11:00 AM *Receso*

11:00-12:20 PM **Panel III** (Salón Killian)
Pedro Pan: su impacto en la cultura del exilio
Moderador: José A. Madrigal (Auburn University)
Panelistas: Rev. Bryan Walsh (Co-fundador Pedro Pan), James Baker, (Co-fundador Pedro Pan y Ex-Director Academia Ruston), Elly Villano-Chovel (Presidenta de la Fundación Pedro Pan)

Panel IV (Junior Ballroom)
Voces del "insilio"
Moderador: Juan A. Granados (The Cuban Center/El Centro Cubano)
Panelistas en ausencia: Raúl Rivero (Periodismo), Ramón Humberto Colás (Historia), José Prats Sariol (Literatura), José Hidalgo Gato (Economía)

12:30-1:00 PM	Monólogo dramatizado (Junior Ballroom) "*Monólogo de cualquiera*". Adaptación de Bernardo Marqués Ravelo inspirada en el personaje oportunista de la novela Mariel, de José Prats Sariol. Actuación: Orlando Casín.
1:00-2:30 PM	*Almuerzo por cuenta propia*
2:20-3:50 PM	**Panel V** (Junior Ballroom) *Arquitectura, ingeniería y escultura* Moderador: Alberto S. Bustamante (Presidente, Junta Directiva, Herencia Cultural Cubana) Panelistas: Nicolás Quintana (Florida International University, Ysrael A. Seinuk (Cooper Union, NY), Marc Andries Smit (Escultor) **Panel VI** (Salón Killian) *Poesía (1959-1980)* Moderador: Orlando Rodríguez Sardiñas (Radio-TV Martí) Panelistas: Rita Geada (Poeta), Yara González (Emérita, University of Hawaii), Armando Álvarez Bravo (El Nuevo Herald), Leonel de la Cuesta (Florida Internacional University)
3:50-4:00 PM	*Receso*
4:00-5:20 PM	**Panel VII** (Salón Killian) *Arte y cultura visual* Moderador: Ricardo Viera (Lehigh University) Panelistas: Ricardo Pau-Llosa (Florida International University), Juan Martínez (Curador), Miguel A. Bretos (Smithonian Institution) **Panel VIII** (Junior Ballroom) *Medicina y salud pública* Moderador: Federico Justiniano (Internista, Mount Sinai) Panelistas: Virgilio Beato (Internista), Pedro J. Greer (University of Miami)
8:15 PM	*Presentación de la obra teatral "Exilio" de Matías Montes Huidobro. Montaje y dirección por Dumé, Gran Teatro Cubano* (Grand Ballroom)

Sábado, 9 de octubre

9:00-9:30 AM	*Inscripción. Continúa la exhibición de libros de escritores cubanos exiliados* Salón Homestead
9:30-10:50 AM	**Panel IX** (Junior Ballroom) *Crítica literaria y de arte y estudios martianos* Moderador: Rogelio de la Torre (Emérito, Indiana University-South Bend) Panelistas: Eduardo Lolo (CUNY, Kinsborough Community College), Enrique José Varona (Historiador) **Panel X** (Salón Killian) *Educación* Moderador: Luis Gónzalez del Valle (University of Colorado) Panelistas: José López Isa (Emérito, Bergen Comminity Collage), Frank de Varona (Florida International University), Elio Alfa Buffill (Emérito, CUNY, Kinsborough Community College)

10:50-11:00AM	*Receso*
11:00-12:20 PM	**Panel XI** (Salón Killian) *Historiografía* Moderador: Jaime Suchlicki (University of Miami) Panelistas: Marcos A. Ramos (Historiador), Frank J. Díaz-Pou (Historiador), Juan Carlos Espinosa (University of Miami) **Panel XII** (Junior Ballroom) *Literatura cubana en inglés* Moderador: Maricel Mayor (Escritora y poeta) Panelistas: Isabel Álvarez-Borland (Holy Cross University), Gustavo Pérez-Firmat (Columbia University), Jorges Febles (Western Michigan University)
12:30-2:30 PM	*Almuerzo-banquete* (Grand Ballroom) Orador: Dr. Luis Aguilar León (Emérito, Georgetown University) Premio NACAE al Educador del Año: Dr. Antonio Jorge Presentación por Jorge Salazar-Carrillo (Florida Internacional University)
2:30-3:50 PM	**Panel XIII** (Salón Killian) *Ciencias sociales y economía* Moderador: Gastón A. Fernández (Indiana State University) Panelistas: Jorge Salazar y Antonio Jorge (Florida International University, Juan Clark (Miami Dade Community College) **Panel XIV** (Junior Ballroom) *Teatro* Moderador: Matías Montes Huidobro (Emérito, University of Hawaii) Panelistas: Julio Matas (Emérito, University of Pittsburg), Teresa María Rojas (Miami Dade Community College), José A. Escarpenter (Auburn University), Raúl de Cárdenas (Dramaturgo), Pedro Monge-Rafuls (Ollantay, NY)
3:50-4:00 PM	*Receso*
4:00-5:20 PM	**Panel XV** (Junior Ballroom) *Música* Moderador: Aurelio de la Vega (Emérito, California State University) Panelistas: Raúl Murciano (University of Miami), Teresa Escandón (University of Miami), Aurelio de la Vega **Panel XVI** (Salón Killian) *Poesía (1980-1999)* Moderador: Leonardo Fernández-Marcané (Emérito, State University of New York) Panelistas: Luis A. Casas (Poeta), Alberto Hernández Chiroldes (Davidson College), Luis Mario (*Diario Las Américas*), Gastón Álvaro Santana (Poeta)

NOTA DE AGRADECIMIENTO

Los organizadores del congreso "CUBA: CULTURA Y EXILIO" agradecen a las siguientes instituciones académicas y centros y órganos culturales y de comunicación su desinteresado y entusiasta apoyo a la consecución y éxito de este evento.

Instituciones y Centros Académicos y Culturales

Miami-Dade Community College,
Eduardo Padrón, Presidente

Institute for Cuban and Cuban-American Studies,
Jaime Suchlicki, Director

Centro Norte-Sur, Univ. of Miami,
Emb. Ambler Moss, Director

Círculo de Cultura Panamericano,
Elio Alba-Buffill, Secretario Ejecutivo

Museo Cubano,
Ofelia Tabares-Fernández, Presidente, Junta Directiva

Fundación Padre Félix Varela,
Rogelio de la Torre, Presidente

Pen Club,
Ángel Cuadra, Presidente

Colegio de Pedagogos Cubanos en el Exilio,
Rolando Espinosa, Presidente

Cuban American Nacional Council, Inc.,
Guarioné Díaz, Executive Director

Colegios de Abogados de La Habana (Exilio),
Gastón Fernández-Torriente, Decano

Colegio de Economistas de Cuba,
Antonio Jorge, Presidente

Órganos Culturales y de Comunicación

Anales Literarios

Caribe

Círculo

Ecos

Herencia

Hispanic

Ideal

L.S.R.

Nueva Prensa Cubana

Vista

Cuba Free Press

Ediciones Universal

Libre

Agradecimiento especial

Hispanic Heritage Council, Inc.
(Eloy Vásquez, Executive Director)

Diario Las Américas
(Dr. Horacio Aguirre, Presidente-Director

Barcadí-Martini
(Eduardo Sardiñas, Jr., Presidente)

El Nuevo Herald
(Carlos Castañeda, Director)

RECONOCIMIENTO

Benefactores
Ysrael A. Seinuk

Patrones
Top Sales Company, Inc.
Enrique J. Sosa
Inter-American Technologies Co.
Néstor T. Carbonell-Cortina
Florida Crystals Corporation

Amigos

Julio y María J. Hernández-Miyares
Eduardo y Gema Crews
Vicente P. Puig
José M. Arandia, MD
Virgilio Beato Núñez, MD
José M. Delgado, DDS
Jorge y Mariana Goytisolo
Salvador Juncadella, Esq.
Luisa M. García Toledo
Sonia Argilagos
Eduardo Zayas-Bazán
Eduardo y Carolina Tarajano
Modesto A. Maidique
Pedro y Julia Castillo
Ectore y Graciela P. Reynaldo
Antonio y Alicia Tremols
Pedro R. Segarra, MD
Hamilton Bank Foundation, Inc.
Juan A. e Ina Granados
Juan Antonio y Angelita Madrigal
Luis J. y Aurora Botifoll
Elías R. González

Asociación Nacional de Educadores Cubanoamericanos (NACAE)

Comité Ejecutivo

Dr. Jorge Salazar-Carrillo,
Presidente

Dr. Gastón J. Fernández de Cárdenas,
Primer Vice-Presidente

Eduardo Suárez-Rivas,
Segundo Vice-Presidente

Ing. Benigno Recarey,
Secretario

Federico R. Justiniani, MD,
Tesorero

Dr. Gastón Fernández-Torriente
Director Ejecutivo

Junta Directiva

Dr. Eduardo Zayas-Bazán, Presidente
María P. de Armas
Juan Clark
Armando Cobelo
Alicia Coro
Leonardo Fernández-Marcané
Gastón Fernández-Torriente
Gastón J. Fernández de Cárdenas
Rosa Herrera
Federico R. Justiniani
José A. Madrigal
Benigno L. Recarey
Jorge Luis Roméu
Armando Ruiz-Leiro
Jorge Salazar-Carrillo
Mauricio Solaún
Arístides Sosa de Quesada
Eduardo Suárez-Rivas
Frank de Varona

Herencia Cultural Cubana

Funcionarios

Armando F. Cobelo,
Presidente

Luis J. Pérez,
Vicepresidente

Bárbara Casanova,
Secretario

Fernando García Chacón,
Tesorero

Magali Aristondo,
Vice Tesorero

Isabel y Luis García,
Coordinadores

Comité Ejecutivo

Alberto S. Bustamante

Armando F. Cobelo

Fernando García Chacón

Malvina Godoy

Lourdes Quirch

David Cabarrocas

Junta Directiva

Alberto S. Bustamante, Presidente
Gerardo Abascal
David Cabarrocas
César Calvet
Salomé Casanova-Agüero
Armando F. Cobelo
Tina R. Fanjul
Rafael Fornés
Raúl B. García
Pedro E. Prado
Gabriel Prats
Juan Felipe García
Fernando García-Chacón
Malvina Godoy
Monserrat Gómez
Rafael Gómez
Celso González-Falla
Julio A. Martínez
Pedro G. Menocal
Luis J. Pérez
Sofía Powell-Cosío
Nicolás Quintana
Lourdes Quirch
Miguel A. Rodez
Marc A. Smit
Sorén Triff
Rafael Vadía

Tábula Gratulatoria

BENEFACTOR: Mr. and Mrs. Felix S. Sabatés
Charlotte, N.C.

PATRON: Dr. and Mrs. Enrique J. Sosa
Key Biscayne, Florida

FRIENDS: Mr. and Mrs. Aurelio Álvarez
Park Ridge, N.J.

Dr. and Mrs. Francisco Delgado
Miami, Florida

Mr. Elías González
Manhasset, N.Y.

Federico R. Justiniani M.D.
Miami, Florida

Dr. Julio E. and Fefa Hernández-Miyares
New York, N.Y.

Mr. and Mrs. Enrique López Balboa
West Orange, N.J.

Mr. Andrés Pumariega
Miami, Florida

Dr. Armando Cobelo
Miami, Florida

Ing. Benigno L. Recarey
Miami, Florida

Dr. Eduardo Zayas-Bazán
Key Biscayne, Florida

GRACIAS ESPECIALES A:
EDICIONES UNIVERSAL / Juan Manuel Salvat

Reunión del ejecutivo de NACAE. De izquierda a derecha: Federico R. Justiniani, Gastón Fernández-Torriente, Leonardo Fernández-Marcané, Julio Hernández-Miyares, Armando Cobelo y Eduardo Zayas-Bazán

Un grupo de organizadores del congreso con la comisionada de educación, Marta Pérez, y el comisionado de Miami-Dade, Javier Souto (centro). De izquierda a derecha: Jorge Salazar Carrillo, Armando Cobelo, Marta Pérez, Javier Souto, Gastón Fernández-Torriente y Eduardo Zayas Bazán.

Gastón Fernández-Torriente, Benigno Recarey, Eduardo Zayas-Bazán y Eduardo Suárez-Rivas.

El Dr. Antonio Jorge con el Premio al Educador del Año.

Conferencistas en el Congreso del Milenio:
Dres. Virgilio Beato, Federico R. Justiniani y Pedro Greer.

Octavio R. Costa, Luis Botifoll, Raúl Shelton, Humberto Medrano, Zenaida Bacardí de Argamasilla, y René Touzet.

Periodistas y organizadores del Congreso del Milenio:
De izquierda a derecha: Antonio Diéguez, Agustín Tamargo, Dr. Horacio Aguirre, Dr. Armando Cobelo, Dr. Alberto S. Bustamante y Dr. Ariel Remos.

Gastón Álvaro Santana, Luis Ángel Casas, Bertila Pozo,
Luis Mario y Alberto Hernández-Chiroldes

Luis Ángel Casas, Carlos Casanova, Noemí Fernández Triana,
Bertila Pozo y Leonardo Fernández-Marcané

Entre los asistentes al congreso: Dr. Luis Botifoll, Dr. Octavio R. Costa, Dr. Horacio Aguirre, director del *Diario Las Américas*.

Haydee y Frank de Varona (sentados) con Mercy y Rafael Robaina.
Irene de Varona (centro)

Vista parcial del público asistente al congreso.